本书系陕西省教育厅人文社会科学重点研究基地项目（12JZ006）最终成果

告别贫困的抉擇

——陕南生态移民可持续发展研究

GAOBIE PINKUN DE JUEZE

SHANNAN SHENGTAI YIMIN KECHIXU FAZHAN YANJIU

彭洁　冯明放◎著

西南交通大学出版社

•成都•

图书在版编目（CIP）数据

告别贫困的抉择：陕南生态移民可持续发展研究/彭洁，冯明放著．—成都：西南交通大学出版社，2015.11
ISBN 978-7-5643-4396-5

Ⅰ．①告… Ⅱ．①彭… ②冯… Ⅲ．①移民安置–可持续性发展–研究–陕西省 Ⅳ．①D632.4

中国版本图书馆 CIP 数据核字（2015）第 262334 号

告别贫困的抉择
——陕南生态移民可持续发展研究

彭　洁
冯明放　著

责任编辑　张慧敏
装帧设计　严春艳

印张　16.5　　字数　229千
成品尺寸　165 mm × 230 mm
版本　2015年11月第1版
印次　2015年11月第1次
印刷　四川煤田地质制图印刷厂

出版 发行　西南交通大学出版社
网址　http://www.xnjdcbs.com
地址　四川省成都市金牛区交大路146号
邮政编码　610031
发行部电话　028-87600564　028-87600533

书号：ISBN 978-7-5643-4396-5
定价：48.00元

前　言

移民问题历来被称为世界难题。无论是国内移民还是国际移民，因为涉及的问题和方面比较多，因此也就变得复杂和艰难。

中华人民共和国成立后，为解决贫困和水患问题，曾在全国范围内掀起了大规模的兴修水利的热潮，因此也带来了大规模的移民问题。20 世纪 50 年代后期，为兴修黄河三门峡水利工程，政府曾组织规模宏大的三门峡库区移民。20 世纪 90 年代，在经济快速发展的同时，部分地区生态环境恶化，为了改善生态环境恶化地区的环境状况，提高该地区居民生存环境和生活质量，便出现了与生态环境变化密切相关的生态移民。尽管对于生态移民的概念目前还有着不同的认识，但从广义的角度讲，近年来国内出现的灾害移民、工程移民、扶贫移民等在不同程度上都和生态环境的改变有着密切的关系，因此都可以归入到生态移民的范畴之中。如宁夏红寺堡地区、青海三江源地区、内蒙古阿拉善地区、甘肃干旱缺水地区等地区的移民以及三峡工程移民和汶川地震灾区移民，这些都是在全国有影响的规模较大的生态移民活动。毫无疑问，上述这些移民工作都取得了显著的成效，但是也面临不少复杂的问题，如 50 年代三门峡移民的遗留问题至今还困扰着人们。从国际上看，世界上一些大规模的国内移民，虽然对开发落后地区发挥了积极的促进作用，但也同样存在着这样那样的问题，甚至导致移民的失败。可见，移民问题确是一个比较复杂的难题。

陕南位于陕西南部地区，东西最长 525 千米，南北最宽约 300 千米，面积约 6.9 万平方千米，占陕西省总面积的 34.01%。区域内包括汉中、安康、商洛 3 市 31 个县（区），约 920 万人，人口约占陕西省总人口的 24%。历史上陕南山区受自然条件制约经济社会发展一直相对落后，近年来，国家在全国范围内确定了14个集中连片特困地区，陕南属于秦巴集中连片特困地区，而且还处于该片区的腹地，境内31个县（区）中24个为国家级贫困县。陕南山大沟深，地质环境脆弱，以泥石流、山体滑坡为主的地质灾害易发区占到该地区总面积的50%以上。历史上灾害频发，危害严重，防范难度较大，治理成本高，长期陷于“受灾—重建—再受灾”的恶性循环，给人民群众造成了巨大的生命损失和财产损失。仅在2001年至2010年的10年时间里，陕南地区因灾害死亡或失踪590多人，直接经济损失460多亿元。2010年7月至8月，陕南三市同期内多点暴发特大洪涝和地质灾害，再次遭受重大的人员伤亡和财产损失。灾情最严重的安康市，182人遇难或失踪，7名基层干部在救灾过程中英勇牺牲。面对这种严酷的现实，2010年年底，陕西省委、省政府审时度势，果断地做出了陕南移民搬迁的重大决策，受到了社会各方面的密切关注。之后，陕西省政府又通过了《陕南地区移民搬迁安置总体规划（2011—2020年）》，正式启动了陕南地区移民搬迁这一规模宏大的工程。

陕西省委、省政府做出陕南地区大规模移民搬迁的决策，除了自然灾害这一直接原因以及人们对自然规律和社会规律认识的深化之外，也有着深刻的社会经济背景。首先，国家以及陕西经济实力的增强，为大规模移民搬迁提供了物质基础。2010年，我国国内生产总值接近40万亿元人民币，并超过日本成为世界第二大经济体，与此同时，陕西省经济也有了较快的发展。2010年，陕西全省生产总值超过1万亿元，在全国经济规模排名第十六位左右，正是由于经济实力的增强，才有可能为大规模移民搬迁提供物质基础，而在此之前，即便是有这样的想法，限于物质基础也不可能将此事提到议事日程之上。其次，新一轮西部大开发为大规模移民搬迁起到了助推的作用。“十二五”以来，国家围绕西部大开发问题作出了一系列重大决策，特别是西部大开发和“十二五”规划的颁布与实施，使西部大开发的任务更加明确和具体，国家对贫困山区包括秦巴连片贫困地区扶贫开发的力度进一步加大，也在寻求和探索贫困地区脱贫致富的根本出路，而大规模移民搬迁无疑是一种可供选择的途径，在某种意义上也是治本之策。再次，国家经济结构调整和经济发展方式的转变为大规模移民搬迁提供了契机。西部包括陕南贫困地区之所以贫困，从产业经济学的角度看，与其经济结构的不合理以及生产方式的落后有着很大的关系。陕南山区至今仍保留着广种薄收的传统习惯和简单粗放的经营方式，不仅效益低下，也对生态资源的保护带来压力，因此，移民搬迁也是山区转变经济发展方式的必然选择。最后，国家统筹城乡发展以及新型城镇化建设为移民搬迁指明了方向。长期以来，陕南地区人口分布不尽合理，人口居住相对分散，这样不仅难以发挥人口以及经济的聚集效应，而且存在诸多安全隐患，这也是导致该地区长期贫困的重要原因。新型城镇化是社会文明进步的标志，也是社会经济发展的必然趋势，没有人口的城镇化和产业的聚集，也就没有现代化。可见，在国家新农村建设已经取得明显成效、统筹城乡发展各项措施正在全面落实的背景下，陕南大规模移民搬迁也有其必然性，也可以说是恰逢其时。

和以往的移民活动比较，此次陕南生态移民搬迁有四个鲜明的特点。一是搬迁规模宏大。按照陕南移民搬迁安置总体规划，从 2011 年到 2020 年 10 年时间里，陕南地区将移民搬迁 240 万人，约占陕西移民搬迁 280 万总数的 86%，占陕南总人口的 1/4。从严格意义上讲，如此有组织的大规模的移民搬迁历史上是没有过的。20 世纪 90 年代的长江三峡工程涉及移民约 140 万，而此次陕南移民搬迁人数几乎相当于三峡移民的两倍，正因为如此，有人将陕南移民称之为“有史以来规模最为宏大的移民搬迁工程”。二是移民类型多样。总体上我们可以将陕南移民归为生态移民的范畴，但是，如果具体分析，陕南移民的类型较多，也比较复杂，大致包括地质灾害避险移民搬迁、洪涝灾害避险移民搬迁、扶贫移民搬迁和生态移民搬迁 4 个类型。以上类型分别由陕西省国土资源厅、省水利厅、省扶贫办和省林业厅牵头负责。三是搬迁周期长。按照陕南移民搬迁安置总体规划，搬迁的时间期限为 10 年，搬迁将有计划、有步骤、分阶段实施。但移民从原居住地迁出，决不意味着移民的结束，后续还会面临一系列事情要做。四是所需投资规模较大。按照总体规划，陕南地区搬迁投资共需 1 109.4 亿元，主要包括移民建设投资 772.2 亿元，基础设施投资 140.9 亿元，公共服务及其他投资 159.4 亿元，自主拆迁投资 12.1 亿元，以及 24.8 亿元的土地整理项目投资。这仅仅是计划投资，还不是最终投资。考虑到物价上涨和通货膨胀的因素，这样多的投资还是难以满足搬迁的要求，特别是移民自身也需要有足够的积累。

作为饮着汉江水并长期在陕南工作的教育工作者，多年来，除了教学工作之外，我们一直关注着陕南经济社会发展中与自身专业相关的现实问题，并将一些观点和看法写成文字或形成讲稿，通过一定的形式传播出去，以此为区域经济社会的发展贡献自己的微薄之力。在省委、省政府作出陕南移民搬迁的重大决策后，我们意识到这是一个宏大而富有远见的决策，其影响将是极其深远的。因此，我们开始关注陕南生态移民搬迁问题，在学校领导的支持下，我校 2011 年成立了陕南移民研究中心，整合了学校的研究力量，在此基础上申报了一系列相关的科研课题，包括国家社科基金课题，对陕南生态移民搬迁的相关问题开展了较为深入系统的研究，以便为政府部门在生态移民决策中提供参考。《告别贫困的抉择——陕南生态移民可持续发展研究》这本书，就是我们对陕南移民搬迁研究的一个阶段性成果。

本书由 11 章内容组成，具体包括以下内容。

第一章　导论。本章主要阐述了本课题研究的背景和选题的目的意义，同时对国内外有关移民以及生态移民的研究情况做了简单的梳理和综述，在此基础上选择了课题研究的切入点、思路和方法，并对相关的几个概念进行了界定。

第二章　陕南生态移民可持续发展研究的理论基础。根据本课题研究的需要，笔者认为，能够作为生态移民可持续发展研究理论基础的理论体系，主要包括：马克思的人口迁移流动理论；人口迁移的推—拉理论；新古典主义移民理论；扶贫开发理论；可持续发展理论；生态文明理论。书中对这些理论做了简要介绍。

第三章 陕南生态移民的背景、特点及意义。本章简要介绍了陕南自然状况和社会经济状况，分析了陕南生态移民的背景，在此基础上，进一步分析阐述了陕南移民搬迁的特点和深远意义。

第四章 陕南生态移民可持续发展的因素分析。陕南地区的生态移民，作为一种以生态保护和消除贫困为两大主要目标的惠民工程，影响其可持续发展的因素是很多的，既有宏观的因素，也有微观的因素；既有经济的因素，也有非经济的因素；既有政府和市场的因素，也有移民个人的因素。本章针对其主要影响因素，作了框架性的分析。

第五章 国外移民开发及环境移民的经验与启示。从世界发展的历史来看，每个国家经济的起飞都伴随着大量的人口迁移或移民，除了必要时吸收国际移民外，国内也会出现大规模的移民。美国、加拿大、俄罗斯（前苏联）等国家，历史上都经历过大规模的国内移民。这些国家的国内移民既有成功的经验，也有失败的教训。本章重点介绍了国外移民中对我们现在实施的生态移民与可持续发展能够提供的借鉴与启示。

第六章 历史上陕南移民开发的影响及经验教训。历史是一面镜子，历史的经验值得重视。本章重点介绍了明清时期陕南地区大量移民涌入的简况及动因，进而分析了陕南地区大量移民涌入的原因，在此基础上进一步分析了明清时期移民对陕南经济社会发展的影响及其经验教训。

第七章 我国生态移民的历程与经验教训。本章回顾了 20 世纪 80 年代以来我国生态移民的历程和所经历的几个重要阶段，进而分析了我国生态移民的成效及主要经验，在此基础上，分析了我国生态移民的教训及启示。

第八章 陕南生态移民的现状与主要问题。本章主要分析了陕南生态移民的现状和进展情况，并进一步剖析了陕南生态移民可持续发展面临的主要问题及原因。

第九章 陕南生态移民可持续发展的目标与原则。本章分析了陕南生态移民可持续发展的主要影响因素，指出了陕南生态移民可持续发展面临的机遇与挑战，分析了陕南生态移民可持续发展的目标与主要原则，最后，结合陕南实际指出了陕南生态移民可持续发展应处理好的几个关系。

第十章 陕南生态移民可持续发展的案例分析。本章主要是通过近年来陕南生态移民过程中涌现的典型案例进行分析，以此对陕南生态移民的目标、效果进行验证，并从中发现带有倾向性的问题。几个案例带来的启示：生态移民搬迁的决策是正确的；生态移民搬迁已经取得了显著的成效；可持续发展的问题仍然需要高度关注。

第十一章 陕南生态移民可持续发展的主要对策。本章主要是针对陕南生态移民的现状和问题，从可持续发展的角度提出了相关的对策，包括：拓宽融资渠道，突破资金瓶颈；践行科学发展观，推进“科学移民”；选择好产业开发模式，推进产业集群的发展。

本书的创新之处在于，主要是运用可持续发展的理念和原则，具体分析陕南生态移民问题，并结合陕南地区的实际和陕南生态移民的特点开展研究，对陕南生态移民后续产业的发展问题给予了高度关注，强调“科学移民”，并在此基础上提出了相应的对策。生态移民兴起于20世纪80年代，但是，我国地域辽阔，各地自然条件差异较大，经济社会的发展也不平衡，各地生态移民面临的情况和问题也不尽相同，因此，必须具体研究不同地区生态移民的特殊性，这样所提出的对策和建议才会有较强的针对性。本书也是尽力这样做的，但是陕南生态移民问题是一个很大的课题，随着移民实践活动的推进，还有很多问题需要继续进行深入的研究，本书仅仅是开了一个头，进行了初步的探索，后续还有大量研究工作需要我们去做。

本书的不足之处在于，陕南大规模的生态移民还在进行之中，尽管笔者和课题组尽力跟踪研究，但实践还在不断探索之中，新情况和新问题层出不穷，使得我们应接不暇，对很多新的情况和问题短时间内还难以进行深入的研究、探索和把握，理性的思考总是比较滞后，也相对欠缺，这是其一；再者，要深入地研究陕南生态移民可持续发展问题，需要大量的、系统的资料，并且要进行一定的定量分析，我们课题组在调研中也很注意这一点，但限于陕南移民搬迁目前统计资料的缺乏，我们所能获得的精确的和系统的资料也有限，使得定量分析尚嫌不足，这对研究工作的深入也带来了不利的影响。在后续研究中，我们将尽力克服目前工作中的欠缺之处。

总之，由于笔者时间、精力和水平有限，书中难免存在这样那样的问题甚至错误，敬请读者不吝批评指正。

彭洁　冯明放

2015年10月

目　　录

第一章 导 论

一、问题的提出

马克思主义社会发展观强调，要正确处理好社会系统与自然系统的关系，促进人与自然的和谐发展，并指明了人的发展是社会发展的核心和最高目标。陕西省目前正在进行的陕南生态移民搬迁工程，正是基于正确处理“人与自然”的关系这一原则而开展的重大历史实践活动。

陕南地区地处秦巴山区集中连片扶贫开发重点地区，2011 年有人口 839 万，占全省总人口的 24.1%。陕南地形、地貌复杂，山体稳定性差；大部分地区山高坡陡，容易引发山洪、滑坡、泥石流等各类次生自然灾害。为改善山区居民的生产生活条件，消除自然灾害等因素对人们生命和财产安全构成的威胁，陕西省政府于 2011 年 5 月 6 日正式启动实施了被称为“新中国成立以来最大的移民工程”——陕南移民搬迁工程。按照工程规划，陕西省政府计划用十年时间（2011—2020 年），对陕南三市（安康、商洛、汉中）63.54 万户、240 万人（占陕南总户数和总人口的 21.98%和 26.38%）进行搬迁，这也远远超过了三峡工程的移民规模。移民搬迁地域涉及陕南 3 市 28 个县（区），基本要求是“搬得出、稳得住、能致富”。整个工程分为两个阶段：2011—2015 年，重点安排洪涝灾害和地质灾害频发易发区、贫困山区，生态移民搬迁安置约 140 万人；2016—2020 年，对其他 100 万人进行搬迁安置。陕南移民搬迁工作领导小组依据《目标责任书》对移民工作进行年度检查考核。

陕南生态移民搬迁工程，将居住在生态环境恶劣地区的居民迁出，不仅保护了人民的生命安全和财产安全，也是对生态环境系统的保护。同时，也为移民未来的发展打下了良好的基础。不仅如此，陕南生态移民搬迁工程在改善受灾地区人民的生产生活条件的同时，也突破了计划经济时代违背自然规律和客观经济规律的“人定胜天”的观念[①]，为陕南地区实现跨越式发展奠定了坚实的基础。此次陕南生态移民的目标是“搬得出、稳得住、能致富”。其中，“能致富”是长远目标，目的在于发展移民的后续产业，提高移民生活的水平，是陕南生态移民搬迁的根本。总之，陕南生态移民搬迁以后能否实现可持续发展的问题，是一个需要认真研究的重大课题，它不仅直接影响到移民当下的生计，也关系到此次陕南生态移民搬迁工作的成败。鉴于这一问题的分析具有重要的现实意义，本书将专门对其进行深入的研究。

（一）研究背景

我国深受自然灾害影响，自然灾害种类多样而且爆发比较频繁，我国平均每年受到各种自然灾害影响的人口多达 2 亿人，死亡数千人，需要转移安置的人口高达 300 万（《中华人民共和国减定规划（1998—2010 年）》）。进入 21 世纪之后，随着我国经济的高速发展和社会生产规模的不断扩大，自然灾害呈现出日益加重的趋势，频繁发生的自然灾害严重地制约了我国经济持续稳定地发展。就陕西省的情况来看，新中国建立以来，每隔 4 年左右，陕西南部的安康、汉中、商洛三市，就会爆发一次较大规模的自然灾害。2001 至 2010 年的 10 年间，陕南地区一共发生大小地质灾害 2 000 多起，灾害造成 590 多人死亡或者失踪，直接经济损失 460 多亿元。截至目前，陕南各类地质灾害隐患点共有 11 269 处，在 2010 年 7 月进入汛期以后，陕南地区多次遭受特大洪涝灾害和泥石流、滑坡、崩塌等地质灾害，新增地质灾害 965 起，88 人死亡、138 人失踪、6 人受伤，49 万间房屋受损，4.9 万公顷耕地损毁，这给陕南人民生命财产安全带来重大的损失。2008 年的汶川地震引发了陕南地区山体松动和山岩破碎，在强降雨的诱发下导致的地质灾害呈上升趋势。2010 年“7·18”特大暴雨泥石流造成安

① 罗宪祯. 必须突破把计划经济同商品经济对立起来的传统观念[J]. 商业研究，1986,(3).

康七堰村全组 22 户 78 间房屋全部被冲毁，12 人死亡、17 人失踪，水电路等基础设施全部损毁瘫痪。在七堰村遭受灾害重创的同时，安康、汉中、商洛三市的 28 个县（区）中，有 24 个县（区）遭受强降雨侵袭，177 万人受灾，因灾死亡 73 人、失踪 121 人，三市倒塌房屋 13 298 户、42 016 间，损坏房屋 46 860 户、140 315 间（《陕南地区移民搬迁安置总体规划（2011—2020 年）》）。

长期以来，陕南地区自然灾害经历了受灾—重建—再受灾—再重建的恶性循环，使得政府重复出资，群众重复出力，情况却得不到明显改善。有鉴于此，为了从根本上解决陕南自然灾害频发区人民群众的生命安全问题，陕西省委省政府于 2010 年作出了以移民搬迁的决定，力图从根本上解决陕西自然灾害地区的难题，而且把重点放在陕南地区。2011 年 5 月，计划历时 10 年、投资逾千亿元，被称为新中国成立以来“搬迁之最”的陕南生态移民工程正式启动，此次搬迁共涉及汉中、安康、商洛三市 28 个县（区），涵盖人口达 279 万，规模几乎相当于三峡库区移民的两倍。此次陕南生态移民搬迁的对象，主要包括遭受地质灾害和洪涝灾害威胁的群众，以及贫困户和处于偏远山地的群众。陕南生态移民搬迁工程的总体目标是“搬得出、稳得住、能致富”。近期目标是“搬得出”，目的在于保障灾区人民的生命安全；中期目标是“稳得住”，目的在于兴建基础设施保障移民生活，而长期目标就是“能致富”，搬迁以后必须重视发展后续产业，提高移民的生活水平，这也是陕南生态移民搬迁成败的根本问题。

移民迁出自然环境恶劣地区以后，如何实现可持续发展，这一问题至关重要。从经济角度看，如果移民安置区的后续产业开发不能适应当地社会经济发展的客观要求，无法为移民提供足够的就业机会，就会导致移民的收入难以提高，极易引发“稳不住”的现象，即已迁出的移民再次迁回原住地；或者在移民的生活没有得到明显改善的情况下，出于生活的需要再次出现破坏迁入地的生态环境等问题。要防止此类问题发生，必须把产业开发放在首位，做到先规划后开发、先开发再搬迁，把移民工作的重点放在移民迁出后应该从事产业开发的各类项目上，一方面要在移民正式迁入之前，规划好今后的产业发展道路；另一方面要保障移民迁出以后能受到相关的技能培训，掌握一门或多门劳动技能，提高移民的职业素养和发展空间，以适应产业开发的要求，切实为移民搬迁后“能致富”的目标提前做好规划。本书将以陕南生态移民搬迁工程的可持续发展问题作为切入点，主要探讨陕南生态移民搬迁的后续产业发展问题。

（二）研究的目的、意义

天蓝、地绿、水净、人与自然和谐发展的“美丽中国”是党的十八大报告为我们展现的美丽图景。十八大报告中指出:“面对资源约束趋紧、环境污染严重、生态系统退化的严峻形势，必须树立尊重自然、顺应自然、保护自然的生态文明理念，把生态文明建设放在突出地位，融入经济建设、政治建设、文化建设、社会建设各方面和全过程，努力建设美丽中国，实现中华民族永续发展。”这段话是说，在经济如此快速发展的中国，必须通过推进生态文明建设，保护好生态环境，产业结构、增长方式、消费模式必须转向资源节约型和环境友好型，才能实现中华民族的永续发展。

20世纪以来，人们经济活动的范围迅速扩展，对资源掠夺性的开发使地区性资源耗竭，环境问题正在演变成为全球性问题，全球的生态经济环境整体呈恶化趋势。作为发展中国家，我国人口规模庞大，人均资源占有率较低，而且人口与资源的地域分布也不均衡。毁林开荒、乱砍滥伐，加剧了生态环境的恶化。近年来，我国提出了走“可持续发展道路”“构建环境友好型社会”的战略方针。西部地区经济发展和生态环境建设等问题，引起了国内外诸多学者高度关注和政府的重视。在党的“十七大”报告上曾提出生态环境问题是影响西部地区经济发展的主要问题之一，并明确提出了“人与自然和谐发展”“生态环境良好”“生态文明”建设的主要内容，把“生态文明观念在全社会牢固树立”作为提高公众生态意识的重要内容。

“十八大”正式把生态文明建设纳入到中国特色社会主义事业的总体布局，强调树立尊重自然、顺应自然、保护自然的生态文明理念，把生态文明建设融入到经济建设、政治建设、文化建设和社会建设各个方面和全过程，努力建设美丽中国，实现中华民族的永续发展。陕南生态移民工程正是为了保护生态环境，通过移民搬迁的方式减少生态脆弱区的承载压力，帮助山区贫困人口脱贫致富的惠民工程。

陕南生态移民也是一个系统工程，它涉及经济、社会、资源、环境等多方面问题。移民的可持续安置是整个陕南地区经济、社会与环境可持续发展的基础和要求。移民安置必然涉及资源的重新配置与开发利用，而资源的开发利用总是在一定环境下进行，并对环境本身产生深远的影响。移民生产安置是移民再就业和劳动力转移的过程，与农业产业化、工业化、城镇化有着极为密切的联系。移民生活安置是在区域文化背景突变的前提下，移民生活方式和生活环境再社会化的一个适应过程。它不仅影响移民的迁出区，而且也会影响移民的安置区。从上述角度出发，研究陕南地区生态移民的目的，就是要在全面总结我国生态移民历史经验的基础上，探讨陕南地区生态移民与地区经济社会发展、资源开发利用和环境保护的关系以及移民后续可持续发展的途径和模式，更重要的是为我国西部地区生态移民理论的发展作进一步探索。

1. 研究目的

（1）总结经验。陕南生态移民是近年来陕西省政府工作中遇到的新问题，也是陕南地区经济社会发展中面临的新问题，虽然没有现成的模式可以照搬，但历史是一面镜子，以往其他国家移民的经验教训则可以借鉴。新中国成立以来，我国在治理黄河、长江过程中也出现过大量的库区移民，总结这些移民过程中的成败得失，也有助于我们做好陕南生态移民工作。此外，我国 20 世纪 90 年代以来在三江源、红寺堡、阿拉善等地开展的生态移民，也同样有经验教训，都可以为我们做好陕南生态移民搬迁工程提供有益的启示。特别值得强调的是，美国、以色列、苏联这些国家，都曾经历过大规模的国内移民，这些移民既有成功的经验，也有失败的教训，尽管国情及环境不同，一些成功的经验还是可以为我们的研究提供借鉴。

本书通过对国内外的移民理论和典型案例进行分析，来研究陕南生态移民搬迁过程中出现的问题,尤其是移民后续产业开发问题。通过实地调研考察，选取重点区域进行研究分析，进一步总结我国不同类型移民的规律和经验，为各级政府在移民搬迁工作中的决策提供依据。

（2）探索途径。本书研究的一个重要任务，就是探索切实可行的陕南生态移民搬迁以后可持续发展的模式和途径，特别是经济的可持续发展，也即产业开发问题。毫无疑问，陕南生态移民搬迁工程的关键，在于后续产业的开发，而产业开发的关键在于是否选择了科学的开发模式和途径。移民产业开发，本质上是属于产业经济学研究的范畴，其核心是区域主导产业的选择问题，而移民搬迁也是区域生产要素的大规模的流动，在国家经济发展方式转变和产业结构调整这样的背景下，如何把二者很好地结合起来，这是很值得学术界探索的一个问题。移民迁入地怎样因地制宜，确定好当地的主导产业，会直接影响到移民未来的生产生活。而要解决好这一问题，不仅需要先进的理念，也需要科学的方法，也就是说要按照产业发展演变的规律行事。

本书将采用实地调查研究的方法，选取汉中的宁强、镇巴、西乡、勉县和汉台区，安康的紫阳县和汉滨区，商洛的丹凤县等县（区）进行调查研究，获取陕南移民搬迁的第一手资料。在具体研究过程中，还要注意把重点调查与一般调查、实证分析与规范分析、定性分析与定量分析相结合，以期在多学科交叉研究中得出相关结论。除了运用调查法和文献分析法取得资料以外，本书还将采用案例分析法和比较分析法，以便使研究能够更为深入。

（3）提出对策。通过以上分析与研究，结合陕南三市的实际情况和产业发展的现有基础,针对陕南生态移民产业开发模式的选择问题，提出了可供选择的不同模式，即：旅游景点带动模式、工业园区带动模式、股份合作制带动模式、种养业产业化经营带动模式、特色产业带动模式和劳务输出带动模式。这些不同的模式需要在实践中不断发现、探索、完善，以便能够发挥应有的示范作用。

根据陕南的自然条件和以往经济发展的基础，结合产业集群的建立，对陕南生态移民搬迁后的产业发展，提出以下观点：发展以茶叶为特色的茶产品种植及加工产业集群；发展以柑橘为特色的果品种植及加工产业集群；发展以生猪养殖为特色的畜牧产业集群；发展以特种养殖为特色的水产业集群；发展以无公害反季节为特色的蔬菜产业集群；发展以优质地道药材种植及加工为特色的中药材产业集群；发展以观光农业为龙头的旅游产业集群，以供各级政府决策部门参考。

2. 研究意义

（1）理论意义。本书从马克思主义社会发展观的角度出发，着眼于陕南生态移民可持续发展问题的研究，比较不同的移民产业开发模式对移民生产生活带来的影响，揭示移民搬迁与农民增收以及产业开发之间的关系，探索陕南生态移民搬迁与产业开发的特殊规律。本书除了研究陕南移民经济可持续发展的问题之外，同时也要研究陕南移民的社会可持续发展和生态可持续发展问题。因此，本书对于完善生态移民问题研究的理论体系和内容有着重要意义，在某种程度上，也有助于丰富产业经济学、区域经济学以及可持续发展理论的研究内容。

（2）实践意义。陕南大规模的生态移民搬迁工程已经进行了整整四年，取得了巨大的阶段性成就，但是我们也应该认识到，陕南生态移民工程是一个长期的、艰巨的、复杂的系统工程。四年来，陕南地区迁出的移民共计 88 万左右，属于既有搬迁的需求又具有搬迁能力的人群，这是此次生态移民中相对容易实现搬迁的部分。但是，从长远来看，还有约 150 万的移民需要搬迁，今后面临的移民工作更具有挑战性，并且先前的经验并不能完全适用，今后的移民迁往何处？应该建立什么样的移民新村或小城镇？移民搬迁后应该进入哪个产业？通过什么方式或者途径进入？移民搬迁后能否“稳得住、能致富”？生态移民搬迁对区域经济会带来哪些影响？这些问题都需要进行系统的研究，以便为决策部门提供理论支持。大规模的生态移民是我国经济发展中面临的新问题，国内的研究资料还不够丰富，为了能够使移民搬迁问题顺利进行，迫切需要在实践中进行调查研究，并且把实践中的经验上升到理论高度，然后用以指导陕南生态移民搬迁的实践工作，本课题研究的实践意义也正在于此。此外，本课题的研究也可为陕南及陕西和谐社会的构建、统筹城乡发展以及推进城市化进程提供参考依据。

二、文献综述

（一）国外移民研究概况

在人类社会的发展历史上，关于移民的现象古已有之，因为生态环境变迁而发生过无数次“逐水草而居”的人口迁移活动，从某种意义上来说，都可以看成是“生态移民”。但是真正意义上的生态移民，以及“生态移民”这一概念的明确提出，却是由于近代社会经济的快速发展，导致了生态环境的恶化，为了改善生态恶化地区的环境状况以及提高该地区人民的生存环境和生活质量，于是就出现了与生态环境有高度相关性的生态移民现象。

1. 国外移民问题研究的两个重要阶段

近代国外移民理论的发展经历了两个重要的阶段。19 世纪末至 20 世纪初，伴随第二次产业革命的迅速发展，国际上出现了大规模的移民现象，学者们对于这些移民现象进行了广泛的研究。这一时期的研究，多偏重于从宏观上对移民的原因进行定性分析。19 世纪末，美国学者莱文斯坦（E.G.Ravenstein）在《移民的规律》（*The Laws of migration*）中提出了著名的“十一条移民规律”，他认为移民产生的根源，在于人们追求生产和生活条件的改善[①]。在莱文斯坦“人口迁移法则”的基础上，1938 年，学者赫伯尔（N.Herberle）认为，促使人们离开迁出地的“推力”和吸引人们移入迁入地的“拉力”，导致了人口的迁移。20 世纪 60 年代，李（E.S.Lee）总结了关于迁移量的六条规律和关于迁移者特征的七条规律。随着推拉力理论研究的逐步深入，唐纳德·博格（Donald.J.Bogue）提出了系统的“推力—拉力”理论（Push-pull theory）[②]。该理论具体分析了推力因素和拉力因素的构

① 廖正宏.《人口迁移》[M]. 台北：三民书局，1985：100-109.

② 曹向昀.西方人口迁移研究的主要流派及观点综述[J]. 人口科学，1995，1：45-47.

成要素和分类，博格认为：移民的形成原因是多样的，具体可以归结为内部消极因素构成的“推力”和外部积极因素构成的“拉力”共同作用的结果。内部的“推力”，诸如迁出地人口的增长、生存环境的恶化、收入偏低和较少的就业机会、政治压力等因素，是迫使移民迁移的内部动因；外部的“拉力”，诸如迁入地更好的生活条件、更多的就业机会、更高的收入以及政治自由等因素，是吸引移民迁移的外部原因。博格的“推力—拉力”理论，主要研究国际移民问题，但他的理论对于一个国家内部的移民也同样适用。“推力—拉力”理论注重于研究迁移的原因，即迁出地的消极因素和迁入地的积极因素对于迁移者的影响，因此选择用“推力—拉力”理论来解释陕南生态移民搬迁的原因也应该是比较符合实际的。

第二次世界大战以后，随着经济的高速发展，世界范围内大规模的移民热潮再次出现。世界粮农组织和世界银行以及西方的一些学者，展开了对战后移民问题的研究。与 19 世纪末至 20 世纪初期的研究相比，国外移民理论在第二阶段更加注重从个人的角度去分析移民的动因，比如对个人和家庭迁移的决策研究①、迁移规模和效益的研究，等等。以拉里·萨斯塔（Larry Sjaastad）为代表的新古典经济理论派，将移民理论研究提升到了一个新的高度。需要指出的是，战后人类的生产生活行为，引发了自然环境的一些突发性灾难和不可逆转的后果，例如南极上空臭氧层的破坏、温室效应、两极冰川消融导致的海平面上升、环太平洋台风现象的增加、核电站泄漏事故等原因，引发了洪涝、干旱、荒漠化、水土流失、山体滑坡、环境污染等次生自然灾害和生态环境恶化的问题，导致了大量生态移民的出现。因此，全球范围内逐步恶化的生态环境问题所引发的人口迁移现象，日益受到国际社会的广泛重视和关注。②

① C. M. PEARCE, J. L. MANUEL.Depth and timing of settlement of veligers from different populations of giant scallop, Placopecten magellanicus (Gmelin), in thermally stratified mesocosms[J]. Journal of Experimental Marine Biology and Ecology, 2004, (11): 187-214.

② STOJANOV, NOVOSAK. Environmental migration in China[J]. Geographica, 2006, (39): 65-82.

2. 生态移民与环境移民

关于生态移民的概念，一般认为，是由美国科学家考尔斯首次提出的，并将群落迁移的概念导入生态学。考尔斯强调，只有意识到继续在原地居住会对生态环境产生破坏，造成严重的后果，才会产生生态移民。[①]1974 年，莱斯特·布朗（Lester Brown）在《谁来养活中国》一书中，首次提出了“环境难民”的概念。1984 年的伦敦国际环境和发展学院的简报中，再次使用了这一概念。1985 年，埃及学者 El- Hinnawi 在撰写联合国环境规划署的报告中，使用了“环境难民”概念后，这一术语便被经常使用。1996 年，斯维因（Swain）使用了“环境移民”（environmental migration）一词[②]，他认为“环境移民”的提法比“环境难民”更具针对性。随后杜思（Doos）也肯定了环境因素在人口迁移中起着非常重要的作用[③]。目前，在国际范围内，学者们普遍把“环境移民”和“生态移民”作为同等概念加以使用。

（二）国内移民研究概况

国内对于移民问题的研究，起始于 20 世纪 80 年代，相关研究主要集中在移民的统计属性、空间分布、移民的影响因素、移民与城市化的关系、移民对区域经济发展的影响等领域。对生态移民的研究，则兴起于 20 世纪 90 年代。1993 年，任耀武等学者在研究中，首次使用了“生态移民”这一概念[④]。

随着我国生态环境的急剧恶化，尤其是 2000 年春天我国北方地区连续发生的强沙尘暴所造成的巨大影响使生态移民的理念很快引起共鸣。2002 年 12 月 14 日，国务院发布的《退耕还林条例》中首次使用“生态移民”这一概念。但迄今为止，以生态移民为主题的学术专著还

---

① 一迪.生态移民的困惑[J]. 华夏人文地理，2003(11)：135-138.

② SHEN JIANFA.Internal migration and regional population dynamics in China [J]. Progress in Planning, 1996,(45): 123-188.

③ BLACK, SESSAY. Forced migration, environmental change and woodfuel issues in the Senegal River Valley[J]. Environmental Conservation, 1997,(24):251-260.

④ 任耀武，袁国宝，季凤瑚.试论三峡库区生态移民[J]. 农业现代化研究，1993(1).

比较少，大多数的研究成果主要见诸各类学术期刊中。虽然目前有关生态移民问题的研究还比较初级，但不同领域学者从不同角度针对这一问题已经进行了不同程度的研究和探讨。近年来，国内生态移民研究涉及的主要问题有以下几方面。

1. 生态移民的概念

李东（2009）分析比较了生态移民不的同定义，指出了人们对于生态移民这一概念的认识还不够统一[①]。包智明（2006）指出，生态移民是因为生态环境恶化或为改善和保护生态环境所发生的人口迁移活动[②]，并对生态移民作出了多角度类别划分。李宁和龚世俊（2003）则认为，生态移民是指在生态系统中，由于多种原因造成了自然环境的恶化和自然资源的枯竭，因而导致了人口与自然环境矛盾的激化，人类为了生存而主动调整其自身与资源、环境之间的关系，以保持生态系统内部诸要素的相对平衡所进行的人口迁移[③]。桑敏兰（2004）认为，生态移民就是国外提出的环境移民，只是名称不同而已[④]。池永明（2004）[⑤]、皮海峰（2004）[⑥]等人也从不同角度对生态移民的概念进行了界定。

2. 生态移民的理论基础

王玉冰、马永杰（2010）指出，生态移民不仅有人口迁移理论的支持，还有可持续发展、生态恢复、生态经济、扶贫理论的支持[⑦]。盖志毅（2005）认为，科学发展观也是生态移民的理论基础[⑧]。总之，研究者普遍认为生态移民的理论基础是多方面的。

---

① 李东. 中国生态移民的研究——一个文献综述[J]. 西北人口，2009,（1）.

② 包智明.关于生态移民的定义、分类及若干问题[J]. 中央民族大学学报：哲学社会科学版，2006,（1）.

③ 李宁，龚世俊. 论宁夏地区生态移民[J]. 哈尔滨工业大学学报：社会科学版，2003,（1）.

④ 桑敏兰. 论宁夏的“生存移民”向“生态移民”的战略转变[J]. 前沿论坛，2004,（1）.

⑤ 池永明. 生态移民是西部地区生态环境建设的根本[J]. 经济论坛，2004,（16）.

⑥ 皮海峰. 小康社会与生态移民[J]. 农村经济，2004,（6）.

⑦ 王玉冰，马永杰. 生态移民研究综述[J]. 新财经，2010,（4）.

⑧ 盖志毅. 草原生态经济系统可持续发展研究[D]. 北京林业大学，2005.

3. 生态移民的影响因素

施国庆[①]、李华、张志辽[②]（2008）等人分别从资金约束、政策导向、资源整合、思想观念、法律因素、民族因素和制度保障因素等方面，对影响生态移民的因素进行了分析。而同一时期更多的文章，则是就生态移民过程中遇到的某一具体问题进行分析研究。

4. 不同区域生态移民状况

梁福庆、谭国太等对三峡库区的移民问题进行分析研究，周华坤、赵宏利对三江源地区的移民问题进行研究，梅花、达古拉等人对少数民族地区移民状况进行分析研究，这些研究都结合移民地的具体实际，进行了分析和论证，并针对存在的具体问题提出了相应的对策。此外，葛根高娃和乌云巴图、侯东民、苏大学等人，也对生态移民的战略意义、必要性与可行性也进行了分析和研究[③]。

5. 生态移民的分类

对于生态移民的分类问题，由于分类方法不同而使生态移民类型划分差异较大。皮海峰（2004）、张力威、范治晖、朱东惜（2005）等学者根据生态移民的直接目的及其在中国的实践，将生态移民进一步细分，大致分为以下几种类型：一是以保护三江源头生态环境不被破坏为目的的生态移民，如国家对“三江源”地区在海拔4500米以上居住的牧民实行的生态移民工程；二是以保护草原生态环境、治理风沙为目的的生态移民，如内蒙古阿拉善地区的移民工程等；三是因社会发展需要建立水利工程、电力工程为目的的生态移民，如被人们广泛关注的怒江开发和为保护水源不受污染引起的生态移民等；四是为了减少自然灾害为目的的生态移民，例如1998年长江中下游发生特大洪涝灾害之后，国家在安徽、湖南、湖北、江西4省实施移民建镇工程

① 周建，施国庆，李菁怡.生态移民政策与效果探析——以新疆塔里木河流域轮台县生态移民为例[J]. 水利经济，2009，(5).

② 张志辽. 生态移民的缔约分析[J].重庆大学学报，2008，(8).

③ 葛根高娃，乌云巴图. 内蒙古牧区生态移民的概念、问题与对策[J]. 内蒙古社会科学，2003，(2).

等；五是对因生态环境的恶劣引起的贫困而进行的以扶贫为目的的生态移民，如温州实施的移民下山脱贫工程等；六是为了保护稀有动植物在特定区域和名胜风景区进行的生态移民，如湖北神农架风景区移民和湿地可持续利用示范区的移民，等等[①]。

包智明（2006）以过去生态移民的成功经验为基础，对生态移民的分类做了翔实而具体的阐述，其主要类型有：一是依据是否政府主导而划分的生态移民，主要看是农牧民自发性的移民，还是以政府为主导的生态移民；二是依据对迁移是否有决定权而划分的生态移民，主要是看移民是自愿的迁移，还是被动的迁移；三是依据迁移整体性划分的生态移民，是整体迁移还是部分迁移，这主要是以区域内生态环境生存原则为基础决定是整体迁移还是部分迁移；四是依据主导产业划分的生态移民，主要是根据农牧民生产生活方式为基础，分产业不变型、非农牧型、饲养牲畜型和牧业转农业的生态移民[②]。苍铭（2006）认为，移民模式主要是以谋生手段和从事的产业及所处的空间距离相关，分为不同生产生活方式移民（这包括了农业型移民、农工相结合型移民和直接城市化移民）、长距离移民和短距离移民等[③]。

6. 可持续发展视角下的生态移民

对可持续发展视角下的生态移民的研究，学者们主要是从对生态移民必要性的分析展开的。

一是人口压力与自然环境承载力的生态移民。彭志光（2002）、方兵指出了西部地区生态环境的严重恶化和保护西部地区脆弱的生态环境的紧迫性；二是针对国家财政实力和生态移民产生的效益进行分析。秦玉才等人（2001）在讨论关于正确处理“退耕还林”“退牧还草”工程时，提出了把生态移民和“退耕还林”“退牧还草”紧密结合起来，更好地带动和促进农牧经济的可持续发展；三是生态移民改变了农牧民的生产、生活方式，并对他们固有的思想观念有直接影响。陈静、

---

① 皮海峰．小康社会与生态移民[J]．农村经济，2004，(6)．

② 包智明．关于生态移民的定义、分类及若干问题[J]．中央民族大学学报：哲学社会科学版，2006，(1)．

③ 苍铭．南方喀斯特山地及高寒山区生态移民问题略论[J]．青海民族研究，2006，(3)．

刘学敏等（2002）指出西北地区城镇化主要是靠生态移民特殊途径实现的。西北地区人口布局不合理是导致经济和生态环境恶化的主要原因。实现农牧民在农牧区与城镇之间的流动是改善生态环境承载力和调整产业结构合理化的必要途径。东日布（2000）在对阿鲁科尔沁旗地区扶贫生态移民工程的考察，提出了生态移民实施的重要意义，不仅转变了农牧区移民的传统思想，改变了他们传统原始的生产生活方式，还完善了农牧区经济发展政策[①]。

孟琳琳和包智明（2004）总结了学者们对于可持续发展视角下，实施生态移民必要性的理由：第一，西部地区土地广袤，气候干燥少雨，沙漠化比较严重，生态环境呈现出日益恶化趋势；第二，生态移民解决了人口数量的压力、人口分布压力与土地承载力之间的矛盾；第三，生态移民从根本上改变了人们的传统观念、生产生活方式，促进了城镇化发展的需要；第四，生态移民不仅起到保护环境的作用，还帮助农牧民快速脱离贫困，缩小了农牧民之间贫富差距所带来的矛盾。杨龙、贾春光等人（2004）指出，生态移民工程的实施对西部大开发战略起到了极大的推动作用[②]。乌云巴图（2003）和葛根高娃指出，生态移民本质是解决人与自然环境之间的协调关系问题。

7. 区域经济视角下的生态移民

学者们还从区域经济的视角，对生态移民相关问题进行研究，观点如下。

方兵、彭志光（2002）提出从“两高原”（黄土高原和云贵高原）向“两平原”（东北平原和长江中下游平原）移民的思路。[③]两高原区是生态移民重点迁出地，这既是中国生态环境最脆弱的地区，又是中国特困人口集中分布区。要使“两高原”区的贫困人口不断增加收入，又要恢复和保护两高原区的生态环境，最有效的办法就是向两平原移

① 孟琳琳，包智明．生态移民研究综述[J]．中央民族大学学报：哲学社会科学版，2004，(6)．

② 杨龙，贾春光，等．西北干旱半干旱区生态移民可持续发展策略探讨[J]．新疆师范大学学报：自然科学版，2004，(4)．

③ 方兵．加大国债扶贫移民力度切实保护西部生态环境[J].改革与战略，2002，(1)．

民。范红忠、赵晓东（2003）认为，由于西部地区生产条件差、经济落后，与其近距离移民，不如把西部生态脆弱地区的人民长距离移到中东部生产条件良好的经济发达地区，在生态改善的同时，实现移民的跨越式发展，较快地进入小康社会。[①]刘学敏（2002）从区域经济可持续发展的角度，李暗（2005）从民族地区经济发展和脱贫工作的角度，皮海峰（2004）从建设小康社会的角度，周竞红（2006）从可持续发展和和谐社会构建的角度分别进行了阐述[②]。

8. 新农村建设视角下的生态移民

学者们对生态移民在新农村建设中起到的积极的作用，也进行了研究。

侯东民（2002）认为，生态移民的可行性体现在两个方面：一是草原人口稀少，国家完全有能力对这部分移民进行安置；二是移民治理方式相对于其他治理方式，在财政上是最节俭和最有效的。东日布（2000）从生态效益、经济效益和社会效益三个方面肯定了内蒙古阿鲁科尔沁旗扎嘎斯台苏木的生态移民工程对于新农村建设取得的成效。刘学敏（2002）根据对鄂尔多斯市的调查研究，认为由于把生态脆弱地区的人口迁移出去，同时又把移民和禁牧以及舍饲圈养结合起来，生态环境得到了较好的恢复。同时移民以后，农牧民的生活条件也大为改善，生态移民提高了农地的利用效率，促进了移民地区的产业结构调整，新型农村牧区得到较好的发展[③]。东日布（2000）认为，生态移民扶贫是对牧区传统观念的一次更新，是传统生产方式的一场革命，是对牧区现行经济政策的完善发展延续提高，是对传统饲养方式的彻底变革，是对新型农村牧区的建设[④]。

值得指出的是，中国科学院的徐江等学者（1996）很早就关注了“环境移民”的问题，是我国关注这一问题比较早的学者之一。他认为，自然灾害、生态环境恶化和人为的破坏自然环境的行为等原因，造成

① 范红忠，赵晓东．西部生态移民问题及中东部地区在其中的作用[J].农村经济，2003，(7).

② 周竞红．民族地区的生态移民风险规避与和谐社会构建[J]．大连民族学院学报，2006，(4).

③ 刘学敏．西北地区生态移民的效果与问题探讨[J]．中国农村经济，2002，(4).

④ 东日布．生态移民扶贫的实践与启示[J]．中国贫困地区，2000，(10).

了人们生存环境的恶化，这是环境移民产生的根源。他区分了几种不同的环境移民的类型，进而作出了概念的界定。他认为，环境灾害移民是由地震、洪涝、干旱、滑坡等自然灾害导致的移民；环境生态移民是由荒漠化、水土流失等生态退化引起的移民；环境污染移民则是由水污染、土地污染、空气污染等引起的移民[①]。徐江等学者所提出的环境移民，与本书研究所界定的生态移民的概念比较接近。

（三）国内外生态移民研究概况的简要述评

上述国内外学者对生态移民和其相关问题的开拓性研究，取得了丰硕的成果，对我国生态移民的实践，无疑具有重要的理论指导意义。因为国内关于生态移民的研究起步较晚，从 20 世纪 90 年代末开始到现在，生态移民研究仍处于初级阶段，不管是从研究角度、视角、层次、内容还是方法等方面都还存在一些不足之处。这主要表现在以下几方面。

1. 研究内容方面

从研究的内容来看，研究的文章虽多，但就事论事，系统性还不够强，对经济不发达的山区生态移民研究较少，缺少对生态移民可持续发展的研究，尤其缺少对于山区生态移民与后续产业开发之间相互关系问题的系统研究。这一点，在陕南生态移民搬迁中表现得更为典型，大部分文章都属于工作调研或者报刊宣传，而对陕南生态移民可持续发展以及后续产业开发问题，进行系统性研究的论文和专著还为数不多。

2. 研究方法方面

从研究方法上看，目前对生态移民的研究主要以实地调研和统计研究为主，采用了一定的定量分析，但是定量分析与定性分析相结合的研究却很少。生态移民涉及的面比较广，如区域自然环境问题，生产生活问题，自然资源问题，区域居民稳定问题，人与动物、环境和谐发展问题及社会和经济可持续发展问题，等等，是一项系统而复杂

---

① 徐江，欧阳自远，程鸿德，林庆华.论环境移民[J].环境科学，1996，(3).

的工程。侧重定性分析就缺乏实证支持，研究结果就没有说服力，提出的相关对策也很难针对实际问题。所以，在研究生态移民研究问题上，我们要加强重视定量研究和实证研究相结合的方法。

缺乏对生态移民效果及影响的系统评估。当前国内生态移民的实践很多，但对移民完成之后的效果没有进行系统跟踪调查，对移民所造成的影响缺乏研究。研究者较多地采用了文献分析法，而在特定范围内采用参与观察和深度访谈的方法相对较少，尤其缺乏对生态移民之后持续跟踪的深度调研，而对于移民的生产生活问题进行具体研究，进而总结规律的实地调查研究还不多见。而生态移民效益是决策生态移民的依据，也是实施生态移民的主要出发点。因此，对生态移民效益的评估和影响还需要进行科学的探讨，对其可行性要进行科学有效的研究，找到适合我国西部地区生态移民的合理、科学、有效的评估方法。移民效果及评估是个亟待解决的问题，需要不断完善与提高，这也是今后生态移民研究的重点。

3. 研究角度方面

从研究角度来看，研究“移得出”的问题相对较多，而对“留得住、能致富”的问题，在研究方面尚缺乏系统性和前瞻性，而这一问题对生态移民至关重要，因为它直接关系到移民工程的成败问题。少数移民工程由于没有对可持续发展问题给予应有的关注，没有解决好后续产业开发的问题，不仅移民的生产生活受到了影响，而且也给当地社会的稳定带来了不利的影响。

因此，本书试图从陕南生态移民可持续发展的角度展开研究，特别是希望通过对陕南生态移民与产业开发关系问题的研究和探索，寻找适合陕南地区生态移民之后的产业开发模式和思路。

三、本书研究的思路、创新之处和基本概念的界定

（一）研究思路

本书拟采用实地调查研究的方法，选取汉中的宁强、镇巴、西乡、

勉县和汉台区，安康的紫阳县和汉滨区，商洛的丹凤县等县区进行调查研究，以便获取陕南生态移民搬迁的第一手资料。在具体分析研究过程中，还应该注意把重点调查与一般调查、实证分析与规范分析、定性分析与定量分析结合起来，以期在多学科交叉研究中得出正确的结论。除了运用调查法和文献分析法取得资料外，还将采用案例分析法和比较分析的方法，以便研究能够深入进行。

具体而言，本书将按照如下思路展开研究：对移民的相关概念和文献进行梳理和综述→针对陕南自然状况及社会经济发展状况，论述陕南生态移民搬迁工程的背景、意义及其特点→分析陕南生态移民搬迁工程的现状→分析陕南生态移民可持续发展面临的问题及其原因→提出陕南生态移民可持续发展的对策建议。如图 1-1：

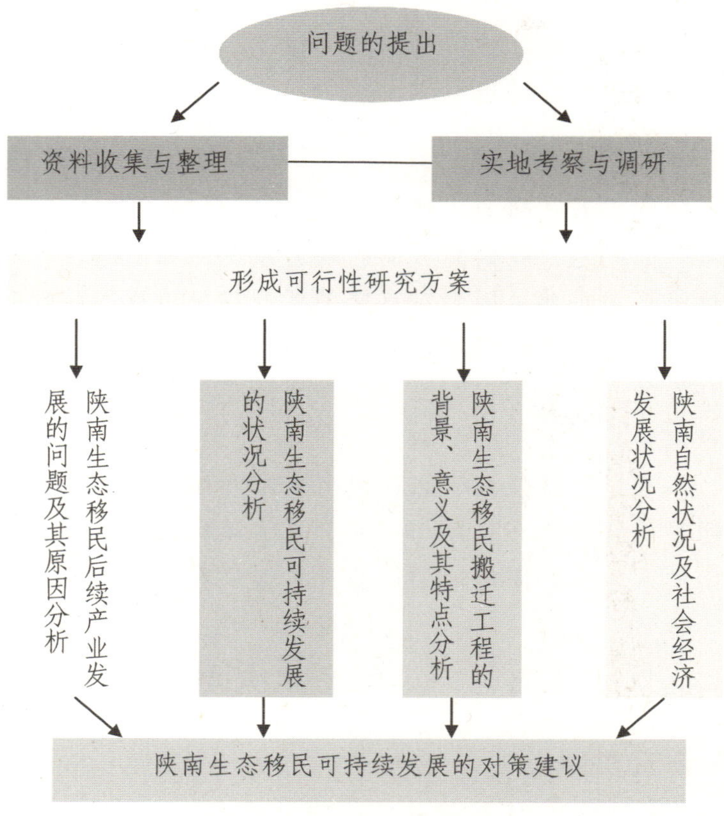

图 1-1 研究框架

（二）研究方法

本书采用了跨学科、多交叉的方法，如文献研究法、调查研究法、案例分析法等，对陕南生态移民搬迁的理论基础、实施过程、效益和问题进行梳理，并采用制度经济学的研究方法，提出相应的对策。

1. 文献法

通过搜集大量的国内外文献资料，了解各国尤其是发达国家移民搬迁的实践经验，对其进行分类归纳，理顺陕南移民与产业开发的理论脉络，并通过结合中国的实际情况，提出有一定参考价值的理论观点。

2. 问卷法

问卷调查采用户访的形式，进入移民社区或移民家庭，调查对象以家长为主，收集问卷调查资料。问卷的内容涉及移民的个人基本情况、移民前的生活状况、移民后的生活状况、移民的满意度、移民对政策的理解和期望等。

3. 观察法

深入移民点，在实地调查研究的基础上，采用参与观察或者局外观察的方法，收集有关移民在生产活动、日常生活和人际交往等方面的资料。

4. 案例分析法

采用定量资料分析和定性资料分析的方法。定量资料分析，采用专用的统计软件，对收集的问卷和官方统计的资料进行统计分析，归纳出陕南移民实践中的统计数据，对其进行分析和综合。定性分析则采用个案分析、谈话分析和历史数据进行比较分析，对收集的资料进行分类、归纳和整理，以文字、图表等行式，对陕南移民搬迁过程中出现的各种现象和问题进行分析。

5. 制度经济学分析方法

对陕南移民中相关的制度因素运用制度经济学的研究方法进行阐

释，并结合“决策模型”理论，揭示在以往的决策过程中，实施效果出现了偏差，进而提出了创新决策模型，平衡国家、政府和移民三者之间利益、加强制度创新的建议。

（三）创新之处

1. 研究内容上的创新

（1）本书强调解决生态移民搬迁过程中出现的突出问题，更注重移民后“造血”功能的提高，即依靠产业发展带动移民就业，提升移民的收入水平和生活水平，以避免“等”“靠”“要”现象的出现。

（2）本书更多地注重分析研究移民搬迁中“稳得住”和“能致富”的问题，以及二者相互制约、相互影响的关系。

（3）本书强调必须坚持可持续发展的理念，同时也要体现以人为本与和谐的理念，体现科学发展观。

2. 研究方法上的创新

（1）和以往的相关研究比较，本书尝试将产业经济学、发展经济学、区域经济学、计量经济学、社会学等相关学科不同的研究方法，应用于生态移民搬迁问题研究，在多学科交叉研究的基础上，进而提升研究成果的系统性。

（2）本书更加注重实地调查研究和实证分析方法的运用。

（四）相关概念的界定

1. 移民搬迁

移民搬迁本质上是一种人口迁移活动。移民是指那些由一个国家或区域，移动到并长期居留于另外一个国家或区域，在移居地从事生计性的经济活动，并被课以当地社会义务的个人或人群。移民通常有国际移民和国内移民之分。搬迁则是指撤离原来的所在地而另换地点。搬迁的同义词，有迁移、迁徙、迁居、移居、搬家等，这是搬迁的字面意义。我们通常把移民和搬迁两个词放在一起使用，实际上就是指的国内人口迁移，其中包括近距离迁移和远距离迁移。陕南移民搬迁是指陕西这一特定区域内，由政府主导的大规模的人口迁移活动，此次移民搬迁的安置方式以集中安置为主、分散安置为辅。

2. 生态移民

生态移民（ecomigration），是指为了保护某个地区特殊的生态环境，或者让某个地区的生态环境得到修复，将原本居住在自然灾害频发地区、生态环境恶化地区、生态环境脆弱地区的人口，搬迁至别的地方定居并重建家园的人口迁移。生态移民也指因自然环境恶劣，当地不具备就地扶贫的条件而将当地人民整体迁出的移民，如贵州省麻山地区，因水土资源不断流失而呈现“石漠化”（石质荒漠化）现象，当地人民失去生存的基本条件，因而不得不迁往他乡。因此，生态移民的原因应该是由生态环境因素所引起，即迁出区的人口规模远远超过区域生态环境的容量和承载能力所导致的，并非产业结构变动、桥梁公路水库等的兴建、地区的开发和重建等经济因素导致，也不是文化、战争、宗教等非经济因素等所引起的。从移民的目的来看，生态移民通过将生活在恶劣环境条件下的居民搬迁到生存条件更好的地区，一是可以减轻人类对原本脆弱的生态环境的继续破坏，使生态系统得以恢复和重建；二是可以通过异地开发，逐步改善贫困人口的生存状态；三是减小自然保护区的人口压力，使自然景观、自然生态和生物多样性得到有效保护。

学术界对生态移民这一概念的看法还不够一致，众说纷纭。[①]鉴于自然灾害（包括地质灾害和洪涝灾害）增多所导致的灾害移民，往往与长期生态破坏密切相关，而因贫困导致的扶贫移民也与自然条件恶劣相联系，因此，本书把陕西移民搬迁中的地质灾害移民、洪涝灾害移民以及扶贫移民等，统称为“生态移民”。

---

① 皮海峰，吴正宇. 近年来生态移民研究述[J]. 三峡大学学报：人文社会科学版，2008，(1).

3. 可持续发展

"可持续发展"（Sustainable Development）是20世纪80年代联合国世界环境与发展委员会提出的一个新概念，是人类对发展的认识深化的重要标志。1987年，世界环境与发展委员会在《我们共同的未来》报告中，首次阐述了"可持续发展"的概念。在该报告中，"可持续发展"被定义为："能满足当代人的需要，又不对后代人满足其需要的能力构成危害的发展。它包括两个重要概念：需要的概念，尤其是世界各国人们的基本需要，应将此放在特别优先的地位来考虑；限制的概念，技术状况和社会组织对环境满足眼前和将来需要的能力施加的限制。"换句话说，可持续发展就是指经济、社会、资源和环境保护协调发展，既要达到发展经济的目的，又要保护好人类赖以生存的大气、淡水、海洋、土地和森林等自然资源和环境，使子孙后代能够永续发展和安居乐业。可持续发展的核心是发展，但要求在保持资源和环境永续利用的前提下实现经济和社会的发展。其涵盖范围包括国际、区域、地方及特定界别的层面。可持续发展是科学发展观的基本要求之一。

目前，可持续发展已经成为全球长期发展的指导方针。它由经济、环境和社会三大支柱组成，旨在以平衡的方式，实现经济发展、社会发展和环境保护。

为了有效地实施可持续发展，1992年6月，118个国家的元首或政府首脑齐聚巴西里约热内卢，讨论实施可持续发展的具体方法。在这个被称为"地球首脑会议"的大会上，世界各国领导人通过了《21世纪议程》《气候变化框架公约》等一系列文件。会议确立了"可持续发展"理念，并用可持续发展概念，代替了工业革命以来那种"高消耗、高投入、高污染"不可持续的生产和消费方式。1992年12月，联合国大会还设立了可持续发展委员会，以确保上述会议成果得到有效落实。

2002年9月在南非约翰内斯堡举行的可持续发展世界首脑会议上，与会领导人通过了《约翰内斯堡可持续发展承诺》和《执行计划》，其中规定了重点更加突出的方针做法，既有具体步骤，又有可以量化和有时间限制的大小目标。大会还将“消除贫困”纳入可持续发展理念之中。

在2012年的“里约+20”峰会上，加强可持续发展机制建设成为本次峰会的主要议题。有效促进可持续发展的机制框架，是充分执行《21世纪议程》《执行计划》和应对各种新挑战的重要条件，不仅有助于统筹经济、社会和环保，而且有助于提高发展中国家的发言权和决策权，还有助于解决发展中国家资金、技术和能力建设等实际困难。

4. 产业开发

产业，指具有某种同类属性的经济活动的集合或系统。在传统社会主义经济学理论中，产业主要指经济社会的物质生产部门，一般而言，每个部门都专门生产和制造某种独立的产品，某种意义上每个部门也就成为一个相对独立的产业部门，如“农业”“工业”“交通运输业”等。

产业开发也称为产业发展，是指产业产生、成长和进化的过程，既包括单个产业的进化过程，又包括产业总体，即整个国民经济的进化过程。进化过程既包括某一产业中企业数量、产品或者服务产量等数量上的变化，也包括产业结构的调整、变化、更替和产业主导位置等质量上的变化，而且主要以结构变化为核心，以产业结构优化为发展方向。因此，产业发展包括量的增加和质的飞跃，包括绝对的增长和相对的增长。通常情况下，产业结构的变化和调整是产业开发的关键。①本课题研究中的产业开发着重探讨陕南生态移民中的产业选择问题。

5. 产业开发模式

产业开发模式也称为产业发展模式，是指产业（宏观的产业或某一特定的产业）在特定的发展阶段、特定国家或地区，具有特色的发

① 胡振军，黎与．关于发展青海三江源生态移民后续产业建议[J]．现代农业科技，2009，(3)．

展道路和方略，也即产业发展的一种典型化的形态[①]，包括产业组织的形式、资源配置的方式、产业发展的策略和产业的政策措施等。移民产业开发模式应该是多样的，不同地区在不同时期应当根据当地的具体情况，选择不同的产业开发模式。

6. 产业集群发展

产业集群发展是产业链有效整合，通过确立产业链环节中的某个主导企业调整、优化相关企业关系使其协同行动，提高整个产业链的运作效能，最终提升企业竞争优势的过程。产业链整合发展具有降低成本、创新技术、开拓市场、扩张规模、提高效益、可持续发展的强大竞争优势，同时它还是发展区域经济、促进产业转型的重要形式。产业集群发展是产业发展的趋势，产业集群发展的形式是各种类型的产业园区，这种园区可以在一定范围内实现资源的集中、产业的集中，最大限度地实现产业的聚集效应，提高企业的整体效益。

① 赵宏利，陈修文. PRA方法在生态移民后续产业发展项目选择中的应用[J]. 开发研究，2008，(5).

第二章　陕南生态移民可持续发展研究的理论基础

任何问题的研究都需要一定的理论指导。陕南生态移民可持续发展研究，同样离不开正确的理论指导。以往的学者从不同角度，对生态移民可持续发展相关问题开展过一些理论研究，同时也涉及生态移民可持续发展研究的理论基础，这些对于我们的研究提供了不少有益的启示。目前看来，生态移民可持续发展研究的理论体系主要包括：马克思主义人口迁移流动理论、推-拉理论、新古典主义移民理论、扶贫开发理论、可持续发展理论、生态文明理论。

一、马克思主义人口迁移流动理论

马克思和恩格斯始终重视人口理论问题的研究，他们从辩证唯物主义和历史唯物主义的科学的角度出发，在研究人类社会经济形态和生产方式的基础上，创立了马克思主义的人口理论，人口迁移流动理论则是人口理论的一个重要组成部分。马克思主义人口迁移流动理论认为，人口规律是由生产方式决定的，社会存在作为人类的物质载体，作为社会历史的物质基础，是指各种物质要素的总和，主要包括三个因素：地理环境、人口因素、物质资料的生产方式。在这三种因素中，地理环境和人口因素是影响社会发展中的重要因素，但起决定作用的是物质资料的生产方式，由于生产力内部各要素不断趋于平衡，社会化大生产必然导致人口的迁移和流动。首先，从劳动力和生产资料结合的方式来看，劳动力和生产资料的结合方式是一个趋于平衡的动态过程①，因此劳动力和生产资料的不平衡，必然导致二者相互寻求最

① 中央编译局．马克思恩格斯全集[M]．北京：人民出版社，2008，24：34．

佳结合方式来达到平衡，最终实现生产和利润的最大化，因此产生了人口的流动和迁移；其次，不断扩大的社会分工，也会导致人口迁移和流动。马克思和恩格斯指出："分工不仅使物质活动和精神活动、享受和劳动、生产和消费有各种不同的人来分担这种情况成为可能，而且成为现实。"①

因此，人口的迁移和流动不仅是不同劳动职能部门分工的主观要求，也是劳动者与劳动职能的客观要求。此外，商品经济的发展极大地促进了人口的迁移和流动。传统的自给自足的农业经济形态将劳动力束缚在土地上，交换的需求很少，无法形成规模化的市场，因此人口的流动性很小。随着资本主义的发展，传统的农业经济和商品经济此消彼长，国内国际市场不断扩大，加之交通、电讯的发展，打破了空间和时间的界限，加快了物流、人流和信息流的周转速度。

在《资本论》中，马克思和恩格斯阐明了人口迁移和流动的社会性和历史性，揭示了在资本主义社会，由于资本有机构成的提高会导致大量的产业后备军，并指出："工人人口本身在生产出资本积累的同时，也以日益扩大的规模生产出使他们自身成为相对过剩人口的手段。这就是资本主义生产方式所特有的人口规律"。②

资本主义发展过程中，随着资本的集中，大量的小生产者避免不了破产的命运，他们不得不离开自己的土地和家园，加入到产业后备军的行列中，为了谋生，他们不得不进行迁移和流动。马克思对于资本主义条件下人口规律以及迁移流动问题的分析，始终和资本主义生产方式联系在一起的。

尽管我们今天的社会条件与马克思、恩格斯生活的年代有着很大的不同，但是作为市场经济，必然要求各种生产要素自由流动，以适应市场开拓和社会发展的需求，也必然伴随着人口这种生产要素的流动。因此，马克思、恩格斯的人口迁移流动理论，对我们今天开展的生态移民仍然具有一定的借鉴意义。

---

① 中央编译局. 马克思恩格斯选集[M]. 北京：人民出版社，1995，3：368.

② 中央编译局. 马克思恩格斯全集[M]. 北京：人民出版社，2008，23：692.

二、人口迁移的推－拉理论

人们为什么要背井离乡进行迁移?早在 19 世纪末，美国学者莱文斯坦就指出:“举凡峻法酷律、苛捐杂税、恶劣的气候、糟糕的社会以及强制行为的存在（如奴隶的买卖和贩运）等，都曾造成而且仍在引发人们背井离乡。不过，这些移民在规模上远比不上求富裕的本能所酿成的移民大潮。”[①]莱文斯坦试图寻找移民的动力机制，认为人口迁移并非完全盲目无序的流动，而是遵循着一定的规律。1938 年，学者赫伯尔（R. Herberle）指出，迁移是一系列力量引起的，这些力量包括促使一个人离开一个地方的“推力”和吸引他到另一个地方的“拉力”，他将莱文斯坦提出的吸引力（拉力）扩展为“拉力”和“推力”。到了 20 世纪 60 年代，李（E.S.Lee）提出了迁出地与迁入地相关的正负因素，这实际上是“推力”与“拉力”的另一种表述。学者们逐渐在莱文斯坦研究的基础上,形成了著名的“推拉理论”。他们认为,“推”和“拉”双重因素决定了国际移民的存在和发展。随着“推—拉理论”研究的深入，博格（D.J.Bogue）进一步发展和完善了这一理论，他比较全面而又简明概括地列出了 12 个方面的“推力”因素和 6 个方面的“拉力”因素。

“推力”是指迁出地存在某些不利于生存和发展的因素，因而就会产生种种排斥力，迫使人们离家出走，一般包括政治因素、经济因素、自然灾害以及其他特殊的因素，它可以是对某一地区具有普遍性影响的因素，也可以是某一小群体遭遇的意外或不幸，如经济萧条、严重失业、粮食缺乏、人口过剩、生态环境恶化、外族入侵、内战爆发、政治迫害、种族歧视、宗教矛盾，等等。例如，我国历史上闽南一带的人们向外移民，主要是由于地少人多，再加上连年灾荒，人们只好向外谋求生路，他们漂洋过海，足迹遍及东南亚各地，甚至到达大洋彼岸。如今，闽南之所以成为远近闻名的侨乡，与当年的迁移有着密切的关系。“拉力”是指迁入地所具有的吸引力，不一定是因为

① E.G.RAVENSTEIN.The Laws of Migration[J]. Journal of the Royal Statistical Society, 1889, (52): 241-305.

迁入地的条件比迁出地优越，而是因为迁入地表现出较多的谋生和发展的机会，或者仅仅是对于某一小群体而言有特殊的机遇，如国外的劳工需求量大、就业机会较多、能够获得某些方面的自由（诸如政治自由、免受宗教迫害的自由）等。此外，某些团体或个人的诱骗也是一种“拉力”。

综观“推－拉理论”，大都着眼于研究移民的动因，即迁出地的消极因素和迁入地的积极因素对迁移者的影响。人们往往认为迁出地必有种种消极因素形成的“推力”，把当地居民“推出”原居住地，“推”往异国他乡；而迁入地则必有种种积极因素所形成的“拉力”，把外地居民吸引进来。“推－拉理论”是研究移民迁出地与迁入地之间，由于自然环境和社会经济发展的空间差异，而形成的推拉力的外部机制及移民个体差异的内部机制的一种理论与方法，它的理论框架较为宏大，因而学者们经常往里面放入各种“填充物”，用以解释移民的动因。

“推－拉理论”作为一种移民理论，实际上存在很大的缺陷，尽管列举的“推力”和“拉力”因素很多，但如果仔细分析，仍然是比较模糊的概念，只能作为定性的比较研究，很难确定“推力”和“拉力”的强度，这就使其只能起到对移民做一般性现象解释的作用，而且“推－拉理论”并不能解释移民的全部动因，有些强制性的移民与原居地的“推力”并没有直接的关系，对特殊的情况还要进行特殊分析。伴随着一些研究者不断细化和深化，对“推”“拉”因素进行罗列与剖析，“推－拉理论”受到了各种批评，具有代表性的观点主要有：（1）推－拉理论将迁移看成被“推”、被“拉”的过程，忽视了移民群体的主观能动性；（2）为什么在相似的“推”“拉”因素的作用下，同一群体中有的人走上了移民道路，而有的人却没有？（3）“推－拉理论”无法解释当原先存在的“推”“拉”因素发生变化之后，为什么移民行为并不一定立刻终止，反之，在一些个案中，某些“推”“拉”因素并未发生明显变化，而移民行为却减少或下降了？（4）移民行为完全是“推”“拉”因素作用下的“理性选择”吗？难道其中不存在偶然的恣意妄为吗？针对这些批评，学者们开始更多地关注“主动移民”的动因问题，也更多地着眼于分析究竟是哪些因素、在什么情况下形成了导致移民行为的“推力”或“拉力”，以及相似的“推力”或“拉力”如何在不同的对象身上产生不同的效应，而不再简单地罗列各种不同的“推”“拉”因素。

尽管“推－拉理论”已经受到了一定质疑和挑战，但是，这一理论仍然对我们当今研究移民问题具有重要的启发和借鉴意义。就陕南生态移民而言，迁出地自然生态环境恶化，易受暴雨、地震等灾害的影响而导致严重的泥石流、山体滑坡灾害；山路崎岖、交通不便；山区闭塞、人民生活水平难以提高等因素，导致了陕南灾区“一方水土难养一方人”的局面，形成了强大的“推力”。“拉力”因素包括：迁入地良好的生态环境、现代化的基础设施、便利的交通条件以及后期更多的就业机会。由于我国国情的特殊性，政府在移民工程中扮演着主要角色，因此在陕南生态移民搬迁的“推力”“拉力”理论中，应该引入政府“支持力”的概念，这样更能客观地分析陕南生态移民问题。因此，我们应该认识到：陕南生态移民工程是综合迁出地的“推力”、迁入地的“拉力”和政府的“支持力”，相互综合作用的结果。

三、新古典主义的移民理论

新古典主义经济理论，首先由拉里·萨斯塔于 1962 年提出，经迈克尔·托达罗进一步建构而最终形成。该理论直接脱胎于发展经济学家阿瑟·刘易斯于 1954 年提出的“利用无穷劳动力资源来促进经济发展”的模型，从经济学的角度，分析了国际迁移行为产生的动因。新古典主义的移民理论，把古典主义经济理论的供需表应用于迁移，认为国际人口迁移是由全球劳动力供需分布的不平衡所引起的劳动力调整过程，是个人希望通过迁移来获得收益最大化的超越国界的人口流动。该理论将宏观的结构因素同微观的个人取舍结合起来。在宏观层面上，它考察的是相对价格差异形成的生产要素的地域分布。

该理论认为，在经济发展快而且劳动力缺乏的国家，比在经济发展慢且劳动力充裕的国家可以得到更高的工资收入，在定量分析迁出国与迁入国之间的工资差距的基础上，得出以下结论：国家之间工资上的差距，是产生移民的根源，该差距实则反映了两国间的收入和福利差距；人口流动可以消除这种差距，而差距的消除又意味着人口迁移的停止。在微观层面上，该理论解释了个人何以因国家间经济结构上的差异而背井离乡。该理论认为，移民行动是有理智的主体选择的结果，是一种个人自发、自愿的行为。个人经过对所处之境和所期之境的比较，对成本效益的估算，权衡了种种选择，自然要前往回报最多的地方。因此，国际移民取决于当事人对付出与回报的估算，当移民后的预期收入明显高于为移民而付出的代价时,移民行动就会发生。从这个意义上说，移民是一种人力资本的投资行为。人们总是选择机遇最多的地方，也许可能不是当时工资水平最高的区域，但是迁移者认为，从长远来看，其掌握的知识、经验和语言能力等会赢得更多的收入。

新古典主义的移民理论，简明而合情合理，由于它建立在比较具体的数据统计分析基础的基础之上，因而引起了人们的兴趣。波多黎各人向美国的迁移，常常被研究者作为验证新古典派关于国际移民理论的案例。起码在这一理论提出来以后的20年时间里，它一直主导着社会科学中的移民理论，是迄今最有影响的移民理论之一。

然而20世纪80年代中期以后，移民现象更加错综复杂，国际移民的性质、特点都不同于以往，新古典主义经济理论遇到了困境。新古典派认为只要工资差距大于迁徙成本，人们就会迁移，可是在欧洲，各国间的工资和福利水平存在着明显的差距，而人口的流动却很少，甚至有些国家之间的工资、福利水平差距极大，移民人数同样很少。事实也证明，成为移民的往往是那些面临经济与社会变故的社会中层人士，而极少是不掌握任何移民资源的最贫困的人群。新古典主义经济理论很难解释这种现象，这也使该理论具有了致命的弱点。这种现象说明，经济差异是移民的重要原因，但绝不是唯一的原因，甚至不是最主要的原因。新古典主义经济理论的另一个问题，在于它无法解释相似国家的人口何以有着不同的移民倾向。例如，为什么阿尔及利亚人通常移民到法国，而经济发展水平相似的土耳其人却往往移民去德国?另外，新古典主义经济理论的一些说法，如跨国移民会逐渐消除移民迁出国与迁入国之间的生活福利差距，以及当两国间工资差距等于迁徙成本时移民才停止等，也并不符合当今的现实情况。尽管新古典派不断修补自己的理论，但也难以改变它与现实南辕北辙的困境。

新古典主义经济理论遇到的困境，在于它自身的缺陷，在于它单一、片面、机械地简化了移民的相关因素，进而以静止的眼光看待问题，而对移民、对社会浑然不加区别。更确切地说，新古典主义经济理论无视非经济因素的影响，而这些因素特别是政治因素，对移民问题的影响是举足轻重的。历史和现实都表明，国家，特别是移民接收国，在移民的形成和发展的各个环节中都扮演着重要的角色。当今世界，自由流动是例外，限制流动才是常规，各国普遍都对他国人入境采取限制的政策。新古典主义经济理论本来是关于相对价格如何造成生产要素流动的理论，在限制性移民政策面前往往失效。在理论上，一个可能的移民也许会把这一因素作为移民的附加成本和投资风险而左右权衡，然而现实中并没有多少移民能够对迁移的付出与回报做出准确的计算，从而追求最高的收益。迁移相对自由的时代已经成为历史，在迁移与不迁移的问题上，政治因素的作用往往要远远大于国家之间工资差异的影响。总之，新古典主义经济理论不足以揭示当代国际移民的真实状况，也不能预测其发展趋势。

20 世纪 90 年代斯塔克（Oded Stark）提出的“劳工移民的新经济学”（The new economics of labour migration），对新古典主义的移民理论作出了重要的修正。斯塔克认为，新古典经济学家只是从理想状态下去设想市场的运作，而现实中移民的出现并不仅仅局限于两个国家之间的收入差距，还应该包括移民获得资金和安全就业的需求，以及对付经济与社会危机的需要。[①]

尽管新古典经济学的移民理论的某些前提在现实中并不存在，影响移民的因素是多方面的，但是，新古典经济学的移民理论侧重从经济的角度特别是从“成本-收益”的视角研究移民问题，这一点还是很有价值的，对于我们今天研究生态移民也有一定的借鉴意义。

① O.Stark.The Migration of Labour[M].Oxford:Black well，1991.

四、扶贫开发理论

国外学者对扶贫开发问题的研究早于我国，他们称之为反贫困理论，经过半个多世纪的发展，形成了较为完善的理论系统。

(一) 纳克斯提出的“贫困恶性循环”理论

美籍爱沙尼亚经济学家、哥伦比亚大学教授纳克斯（Nurkse），于1953年在其著作《不发达国家资本的形成》一书中认为，发展中国家之所以贫困，主要不是因为这些国家（或地区）内部资源不足，而是因为这些国家（或地区）的经济中存在着若干个互相联系、互相作用的“恶性循环系列”，最突出的是经济中存在着两个恶性循环：一个是因为低收入而导致的低储蓄、低资本形成、低生产率、低产出、再到低收入；另一个是低收入导致的低购买、低投资、低资本形成、低生产率、低产出、再到低收入。这两个循环相互作用、互相影响，阻碍了经济的持续发展，从而使发展中国家（或地区）长期处于经济停滞和贫穷的困境之中。纳克斯认为发展中国家要发展经济，走出贫困，就一定要加大投资力度，提高国民储蓄能力，进而促进资本的积累与形成[①]。

“贫困恶性循环”理论的核心是要说明，发展中国家（或地区）要加快经济发展，摆脱贫困，打破恶性循环，必须大规模地增加投资，增加居民储蓄，促进资本的积累和形成。纳克斯的“贫困的恶性循环”理论，反映了发展中国家（或地区）贫困的重要特征，并初步探讨了产生贫困的根源和摆脱贫困的途径。但是，它的理论过分强调了储蓄和资本积累对经济发展的重要性，因而受到了一些学者的批评。

(二) 纳尔逊的“低水平均衡陷阱”理论

这一理论是由美国经济学家纳尔逊（Nelson R.R）于1956年提出来的，该理论主要描述了人均国民收入增长缓慢的情况下，人口增长

---

① 纳克斯·雷格纳. 不发达国家的资本形成[M]. 北京：商务印书馆，1986.

与国民收入持久的均衡状态。纳尔逊认为，发展中国家（或地区）经济主要表现为人均收入处于维持生命或接近于维持生命的低水平均衡状态，即所谓的“低水平均衡陷阱”。他认为，只要人均收入低于人均收入的理论值，国民收入的增长就被更快的人口增长所抵消，使人均收入倒退到维持生存的水平上，并且固定不变；当人均收入大于这一理论值，国民收入超过人口的增长，从而人均收入相应增加，直到国民收入增长下降到人口增长为止，在这一点上，人口增长和国民收入达到新的均衡。因此，在一个最低人均收入水平增长到与人口增长率相等的人均收入水平之间，存在一个“低水平均衡陷阱”。在这个陷阱中，任何超过最低水平的人均国民收入的增长都将被人口增长所抵消，这种均衡相对也处在稳定状态。发展中国家（或地区）必须进行大规模的资本投入，使投资的增长和产出的增长超过人口增长，才能冲出“低水平均衡陷阱”[①]。

“低水平均衡陷阱”理论，从多方面探讨了发展中国家（或地区）贫困的原因，分析了资本稀缺、人口增长过快对经济增长的阻碍，强调资本积累和形成，对摆脱 “低水平均衡陷阱”的决定性作用。“低水平均衡陷阱”理论比较深入地说明了贫困的恶性循环的产生以及发展中国家（或地区）经济贫困落后的主要原因是人均收入过低、导致储蓄能力过低、投资量小和资本形成不足；而人均收入低的原因又在于资本积累和资本形成的不足。这一理论对于我们今天开展的生态移民以及扶贫开发仍然有借鉴作用。

（三）舒尔茨的人力资本理论

1960年舒尔茨在著名的“人力资本投资——一个经济的观点”的演说中提出：经济发展受诸多因素的影响，但最重要的是人的因素。他还认为人的质量水平决定了经济发展水平，而贫困国家经济落后的根本原因，就在于人力资本的缺乏和对人力资本投资的漠视，而20世纪50年代起，促进美国农业生产产量和生产率提高的主要因素就是

① 郭熙保，习明明. 发展经济学研究的最新进展[J]. 山东大学学报，2010（3）：1-10.

人的能力和技术水平的提高。他还认为在现代经济中，人的知识、能力和综合素质等人力资本的提高，对于经济增长的贡献，远远比物质资本和劳动力数量的增加更为重要[①]。舒尔茨关于人力资本的主要观点包括以下几方面。

1. 人力资本的积累是社会经济增长的源泉

人力资本的积累之所以是社会经济增长的源泉,其主要原因在于，一是因为人力资本投资收益率超过物力资本投资的收益率。舒尔茨认为，人力资本与物力资本投资的收益率是有相互关系的，人力资本与物力资本相对的投资量，主要是由收益率决定的。收益率高说明投资量不足，需要追加投资；收益率低，说明投资量过多，需要相对减少投资量。当人力资本与物力资本二者之间投资收益率相等时，就是二者之间的最佳投资比例。在二者还没有处于最佳状态时，就必须追加投资量不足的方面。如果当前相对于物力投资来说，人力资本投资量不足，必须增加人力资本的投资。二是人力资本在各个生产要素之间发挥着相互替代和补充的作用。舒尔茨认为，现代经济发展已经不能单纯依靠自然资源和人的体力劳动，生产中必须要提高体力劳动者的智力水平，增加脑力劳动者的成分，以此来代替原有的生产要素。因此，由教育形成的人力资本，在经济增长中会更多地代替其他生产要素。例如，在农业生产过程中，对农民的教育和农业科学的研究、推广和应用，可以代替部分土地的作用，促进经济的增长。

舒尔茨还通过具体数量化计算，进一步证明人力资本是经济增长的源泉。他运用自己创造的“经济增长余数分析法”，估算了美国1929—1957年国民经济增长额中，约有33%是由于教育形成的人力资本所作出的贡献。教育促进经济的增长，是通过提高人们处理不均衡状态的能力的具体方式来实现的。所谓处理不均衡状态的能力，是指人们对于经济条件的变化、更新所作出的反映及其效率，即人们根据经济条件的变化，重新考虑合理分配自己的各种资源，比如财产、劳动、金钱及时间等。舒尔茨称这种“分配能力”为处理不均衡能力。

① 舒尔茨. 人力资本的投资[J]. 经济学译丛，1980 (9).

这种能力的取得与提高，主要是由于教育形成的人力资本的作用。这种“分配能力”可以带来“分配效益”，从而促进个人或社会的经济增长，增加个人和社会的经济收入。

2. 教育也是使个人收入的社会分配趋于平等的因素

舒尔茨认为，人力资本的增加可以使经济增长，提高个人收入，从而使个人收入社会分配的不平等现象趋于减少。通过教育可以提高人的知识和技能，提高生产的能力，从而增加个人的收入，使个人工资和薪金结构发生变化。舒尔茨认为，个人收入的增长和个人收入差别缩小的根本原因，是人们受教育水平的普遍提高，是人力资本投资的结果。教育对个人收入的影响主要表现如下。首先，工资的差别主要是由所受教育的差别引起的，教育能够提高工人收入的能力，影响个人收入的社会分配，减少收入分配的不平衡状态。其次，教育水平的提高会使因受教育不同而产生的相对收入差别趋于减缓。舒尔茨认为随着义务教育普及年限的延长,随着中等和高等教育升学率的提高，社会个人收入不平衡状况将趋于减少。再次，人力资本投资的增加，还可以使物力资本投资和财产收入趋于下降，使人们的收入趋于平等化。舒尔茨指出，在国民经济收入中，依靠财产收入的比重已经相对下降，依靠劳动收入的比重在相对增加，其中人力资本对经济增长的贡献也随之增加。

（四）缪尔达尔“循环积累因果关系”理论

这一理论是瑞典著名经济学家缪尔达尔在1957年提出的,后来经过卡尔多、迪克逊和瑟尔沃尔等人发展并具体化为模型。缪尔达尔等人认为，在一个动态的社会过程中，社会经济各因素之间存在着循环累积的因果关系。某一社会经济因素的变化，会引起另一社会经济因素的变化，这后一因素的变化，反过来又加强了前一个因素的那个变化，并导致社会经济过程沿着最初那个因素变化的方向发展，从而形成累积性的循环发展趋势。与其他研究贫困与反贫困问题的学者所不同的是，缪尔达尔试图在经济、政治、制度、文化、习俗等更为广泛的层面上，研究欠发达国家贫困的原因。他用系统论的方法研究经济发展，提出了著名的“循环积累因果关系”理论，以此解释不发达国家（或地区）因收入低下而导致的愈来愈贫穷的困境。“循环积累因果关系”理论用制度的、动态的、演进的方法，从另一种角度来研究发展中国家（或地区）的贫困问题[①]。

缪尔达尔认为，产生低收入是社会、经济、政治和制度等方面的因素综合作用的结果。但是其中一个最重要的原因是资本稀缺，资本形成不足，以及收入分配制度上的不平等。为此，他主张通过权力关系、土地关系、教育等方面的改革，实现收入平等，增加穷人的消费，以提高投资引诱。缪尔达尔贫困与反贫困理论的最大特点，在于他突破了纳克斯的悲观论点，强调通过制度上的一系列改革，来提高资本形成和收入的增长。同时他还主张采取“地区不平衡发展”战略，即通过发达地区的优先发展，形成“扩散效应”来带动其他地区的发展。因此，这一理论成为后来发展经济学中的“不平衡发展”理论的主要依据之一。

五、可持续发展理论

（一）可持续发展理论的提出

可持续发展理论是当今最有影响的发展理论。这一理论的形成经历了相当长的历史过程。20 世纪 50 到 60 年代，人们在经济增长、城市化、人口、资源等所形成的环境压力下，对增长=发展的模式产生怀疑并展开了讨论。1962 年，美国女生物学家莱切尔·卡逊（Rachel Carson）发表了一部引起很大轰动的环境科普著作《寂静的春天》，作者描绘了一幅由于农药污染所形成的可怕景象，惊呼人们将会失去“春光明媚的春天”，这在世界范围内引发了人类关于发展观念上的争论。10 年后，两位著名美国学者巴巴拉·沃德（Barbara Ward）和雷内·杜

① 汉斯·迈克尔·特劳特温. 累积进程与极化发展：缪尔达尔的贡献[J]. 王爱君，译. 经济思想史评论，2010（1）.

博斯（Rene Dubos）的著作《只有一个地球》问世，它把人类生存与环境的认识提高到一个新的境界，即可持续发展的境界。同年，一个非正式国际著名学术团体罗马俱乐部发表了有名的研究报告《增长的极限》，明确提出了“持续增长”和“合理的持久的均衡发展”的概念。

1987年，以挪威首相布伦特兰为主席的联合国世界与环境发展委员会发表了《我们共同的未来》的研究报告，正式提出可持续发展的概念，并以此为主题，对人类共同关心的环境与发展问题进行了全面地论述，受到了世界各国政府组织和舆论的极大重视，标志着可持续发展理论的产生。1992年在联合国环境与发展大会上，可持续发展得到与会者的共识与承认。随后这一理论不断发展，人们对可持续发展这一概念的内涵进行了深入的挖掘和扩展，从不同角度加以阐述。国内学者关于可持续发展问题也做出了大量研究，叶文虎认为，可持续发展是既满足当代人的需求，又不损害后代人满足其需求的能力；既满足一个地区或一个国家的需求，又不损害别的地区和国家满足其需求能力的发展。[①]吴季松认为，可持续发展一方面必须对资源合理开发和节约使用，另一方面必须预防和治理环境污染，来维护生态系统的平衡。[②]

（二）可持续发展理论的内涵

从全球普遍认可的概念中，我们可以梳理出可持续发展有以下几个方面的丰富内涵。

1. 共同发展

地球是一个复杂的巨系统，每个国家或地区都是这个巨系统不可分割的子系统。系统的最根本特征是其整体性，每个子系统都和其他子系统相互联系并发生作用，只要一个系统发生问题，都会直接或间接影响到其他系统的紊乱，甚至会诱发系统的整体突变，这在地球生

① 叶文虎. 创建可持续发展的新文明——理论的思考[M]. 北京：北京大学出版社，1995.

② 吴季松. 水资源及其管理的研究与应用——以水资源的可持续利用保障可持续发展[M]. 北京：中国水利水电出版社，2000.

态系统中表现得最为突出。因此，可持续发展追求的是整体发展和协调发展，即共同发展。

2. 协调发展

协调发展包括经济、社会、环境三大系统的整体协调，也包括世界、国家和地区三个空间层面的协调，还包括一个国家或地区经济与人口、资源、环境、社会以及内部各个阶层的协调，持续发展源于协调发展。

3. 公平发展

世界经济的发展呈现出因水平差异而表现出来的层次性，这是发展过程中始终存在的问题。但是这种发展水平的层次性若因不公平、不平等而引发或者加剧，就会由局部而上升到整体，并最终影响到整个世界的可持续发展。可持续发展思想的公平发展包含两个维度：即时间维度的公平和空间维度的公平。时间维度上的公平是指当代人的发展不能以损害后代人的发展能力为代价；空间维度上的公平则是指一个国家或地区的发展不能以损害其他国家或地区的发展能力为代价。

4. 高效发展

公平和效率是可持续发展的两个轮子。可持续发展的效率不同于经济学的效率，可持续发展的效率既包括经济意义上的效率，也包含着自然资源和环境的损益的成分。因此，可持续发展思想的高效发展是指经济、社会、资源、环境、人口等协调下的高效率发展。

5. 多维发展

人类社会的发展表现出全球化的趋势，但是不同国家与地区的发展水平是不同的，而且不同国家与地区又有着异质性的文化、体制、地理环境、国际环境等发展背景。此外，因为可持续发展又是一个综合性、全球性的概念，要考虑到不同地域实体的可接受性，因此，可持续发展本身包含了多样性、多模式的多维度选择的内涵。因此，在可持续发展这个全球性目标的约束和制导下，各国与各地区在实施可持续发展战略时，应该从国情或区情出发，走符合本国或本地区实际的、多样性、多模式的可持续发展道路。

（三）可持续发展的主要内容

在具体内容方面，可持续发展涉及可持续经济、可持续生态和可持续社会三方面的协调统一，要求人类在发展中讲究经济效益、关注生态和谐和追求社会公平，最终达到人的全面发展。这表明，可持续发展虽然缘起于环境保护问题，但作为一个指导人类走向21世纪的发展理论，它已经超越了单纯的环境保护。它将环境问题与发展问题有机地结合起来，已经成为一个有关社会经济发展的全面性战略。具体来说，包括以下几个方面。

1. 经济可持续发展

可持续发展鼓励经济增长，而不是以环境保护为名取消经济增长，因为经济发展是国家实力和社会财富的基础。但可持续发展不仅重视经济增长的数量，更追求经济发展的质量。可持续发展要求改变传统的以“高投入、高消耗、高污染”为特征的生产模式和消费模式，实施清洁生产和文明消费，以提高经济活动中的效益，节约资源和减少废弃物。从某种角度来看，可以说集约型的经济增长方式就是可持续发展在经济方面的体现。

2. 生态可持续发展

可持续发展要求经济建设和社会发展要与自然承载能力相协调。在发展的同时，必须保护和改善地球的生态环境，保证以可持续的方式使用自然资源和环境成本，使人类的发展控制在地球承载能力之内。因此，可持续发展强调了发展是有限制的，没有限制就没有发展的可持续性。生态可持续发展同样强调环境保护，但它不同于以往将环境保护与社会发展对立起来的做法，可持续发展要求通过转变发展方式，从人类发展的源头和根本上解决环境问题。

3. 社会可持续发展

可持续发展强调社会公平是环境保护得以实现的机制和目标。可持续发展指出，世界各国的发展阶段可以不同，发展的具体目标也各不相同，但发展的本质应该是相同的，包括改善人类生活质量，提高人类的健康水平，创造一个保障人们平等、自由、教育、人权和免受暴力的社会环境。这就是说，在人类可持续发展的系统中，经济可持续是基础，生态可持续是条件，社会可持续才是目的。在新的世纪，人类应该共同追求的是以人为本位的自然-经济-社会复合系统的持续、稳定、健康的发展。

作为一个具有强大综合性和交叉性的研究领域,可持续发展涉及众多的学科，可以从不同方面展开。例如，生态学家着重从自然方面把握可持续发展,理解可持续发展是不超越环境系统更新能力的人类社会的发展；经济学家着重从经济方面把握可持续发展，理解可持续发展是在保持自然资源质量和其持久供应能力的前提下,使经济增长的净利益增加到最大限度；社会学家从社会角度把握可持续发展，理解可持续发展是在不超出维持生态系统涵容能力的情况下,尽可能地改善人类的生活品质；科技工作者则更多地从技术角度把握可持续发展，把可持续发展理解为是建立极少产生废料和污染物的绿色工艺或技术系统。

总之，可持续发展就是通过妥善处理好人与人、人与自然之间的关系，在确保整个生态系统长久的平衡、良性循环和不超过资源环境长久承载能力的根本前提下，实现人、经济、社会全面、平等、协调、持久的发展。要实现可持续发展，我们必须做到：第一，注重代内和代际发展权利和机会上的平等，不能有损人利己的行为，不能将一个区域的发展建立在损害其他区域利益的基础上，不能“吃祖宗饭，断后人粮”；第二，要改变人与自然之间征服与被征服的关系，强调二者是和谐共存的关系；第三，要始终建设和保护好生态自然环境，不能以牺牲生态自然环境为代价，片面追求经济增长；第四，要促进人的全面发展、经济发展和社会发展的统一和协调，不可偏废。可持续发展的这些理念，对于我们做好生态移民工作至关重要。

六、生态文明理论

生态文明是指人类遵循人、自然、社会和谐发展这一客观规律而取得的物质与精神成果的总和；是指人与自然、人与人、人与社会和谐共生、良性循环、全面发展、持续繁荣为基本宗旨的文化伦理形态，以建立可持续的生产方式和消费方式为内涵，以引导人们走上持续、和谐的发展道路。生态文明的哲学基础，是人与自然的关系问题，也是自古以来哲学研究的基本问题，每一种文明都有其特定的人与自然的关系意识，并且这种意识渗透到人类生活的各个领域，在某种程度上支配着文明的兴衰。

生态文明是人类文明的一种形态，强调人的自觉与自律，强调人与自然环境的相互依存、相互促进、共处共融，既追求人与生态的和谐，也追求人与人的和谐，而且人与人的和谐是人与自然和谐的前提条件。生态文明要求人们在生产和生活中要能够遵循生态学原理，谋求建立人与自然和谐相处、协调发展的关系；在增殖资源的基础上开发利用自然资源、发展经济，同时建设良好的生态环境；建立具有“经济发展-环境保护-社会公平与稳定”等基本功能的和谐社会；依靠不断发展的科学技术，进行适度规模的社会生产与消费，以同时满足人的物质需求、精神需求和生态需求，实现社会与自然的永续发展。可以说，生态文明是人类对传统文明形态，特别是对工业文明进行深刻反思的成果，是人类文明形态和文明发展理念、道路和模式的重大进步。工业文明改变了人类的生产方式和生活方式，给人类带来了巨大的财富，但同时也带来了巨大的灾难。在工业文明时代，人力和资本是稀缺资源，而生态资源被认为是取之不尽、用之不竭的。但是随着生态环境日益恶化，自然资源过度消耗，导致的环境恶化和能源危机问题，经济学家开始认识到生态资源已经成为最重要的稀缺资源。于是大量的经济学研究开始将目光投向生态环境资源的有效配置，生态环境的产权、定价、保护、生产以及循环经济等问题，这一研究为生态文明奠定了经济学基础。

中国虽然堪称地大物博，资源丰富，然而中国是世界上人口最多的发展中国家，无论哪种资源，人均占有量在全世界都是很低的。同时，由于中国的经济增长基本是建立在高消耗、高污染的传统发展模式上，因此出现了比较严重的环境污染和生态破坏的情况，发达国家上百年工业化过程中分阶段出现的环境问题，在中国集中出现，环境与发展的矛盾日益突出。资源相对短缺、生态环境脆弱、环境容量不足，已经逐渐成为制约中国可持续发展的瓶颈。

党的十八大报告指出，建设生态文明，是关系人民福祉、关乎民族未来的长远大计。面对资源约束趋紧、环境污染严重、生态系统退化的严峻形势，必须树立尊重自然、顺应自然、保护自然的生态文明理念，把生态文明建设放在突出地位，融入经济建设、政治建设、文化建设、社会建设各个方面和全过程，努力建设美丽中国，实现中华民族的永续发展。十八大报告还强调要坚持节约资源和保护环境的基本国策，坚持节约优先、保护优先、自然恢复为主的方针，着力推进绿色发展、循环发展、低碳发展，形成节约资源和保护环境的空间格局、产业结构、生产方式、生活方式，从源头上扭转生态环境恶化的趋势，为人民创造良好的生产和生活环境，为全球生态安全作出贡献。

生态文明理论虽然与可持续发展理论之间存在着密切的关系，但它绝不等同与可持续发展理论。生态文明理论是我们党结合自身国情需要，所进行的理论创新，包含了更多的中国元素，也可以说是对可持续发展理论的超越。这一理论对于我们研究生态移民与可持续发展问题，有着极其重要的指导意义。

第三章　陕南生态移民的背景、特点及意义

一、陕南生态移民搬迁的背景

自新中国成立以来，陕西南部的安康、汉中、商洛三市，几乎每隔 4 年左右就发生一次规模较大的自然灾害。陕南地区由于山区面积广大，降水丰沛等原因，受到自然灾害（地震、暴雨等）时容易引发更严重的次生地质灾害（山体滑坡、崩塌、泥石流等）。由于陕南多山地，山区农民居住条件艰苦，交通非常不便，再加上夏季（雨季）多发地质灾害，严重威胁到了山区人民群众的生命安全和财产安全。因此，从分析陕南地区的自然状况和社会经济状况展开研究，有助于我们深化对陕南地区生态移民可持续发展问题的认识，也有助于我们在研究过程中得出科学的结论。

（一）陕南自然状况

陕南指汉中、安康、商洛三市，因位于陕西省南部而称为陕南，东经 105°30′50″～111°1′25″，北纬 31°42′27″～34°25′40″，西、南、东部分别与甘、川、渝、鄂、豫五省市接壤，北部自西向东分别与宝鸡市、西安市、渭南市毗邻。汉中、安康、商洛 3 市共辖 28 个县（区）。土地总面积 70 220.07 平方千米，占全省土地总面积的 34.13%。陕南自古就是连接西北与西南、东南的通道，也是辐射川陕甘鄂的主要物资和信息的集散地之一。

1. 气候状况

陕南属于我国南北过渡地带，地理位置的特殊性决定了其气候的独特性：西部属于北亚热带季风气候区，东部为北亚热带与暖温带过渡带；年平均气温 12.1～13.7°C，年降水量 734.1～1 089.1 mm，年日

照时数 1 395 ~ 1 729 h，年平均无霜期 210.4 ~ 243.4 天。陕南气候温和，雨量充沛，四季分明。

2. 地形地貌

陕南北接秦岭，南邻大巴山脉，中部是汉水谷地和丹江平原。这样的地形特点决定了该地区拥有丰富的水资源、生物资源和矿产资源。陕南 96%的土地面积属于长江流域，其中汉江和嘉陵江均为长江的一级支流，丹江为汉江的一级支流；黄河流域主要分布在该地区东部的商洛市洛南县，约占区域面积的 4%，其主要河流为洛河。其中宁强、南郑、西乡、镇巴和镇坪等县是由灰岩组成的山地。汉江谷地较为开阔，自古以来就是连接陕西和四川的主要水道。

3. 自然风光

陕南由于植被保护较好，森林覆盖率高，到处是一片绿色的景象，其优越的生态环境和宜人的气候条件，与西北塞外的黄土沟壑和大漠风情的格调迥然不同。旅游资源与关中、陕北乃至整个西北地区相比，具有很大的差异性、互补性和吸引力。不仅如此，陕南地区的自然风光也很奇特，汉中的南湖、红寺湖、南沙湖以及褒河的石门栈道，山水辉映，风景秀丽；安康的瀛湖、香溪洞、南宫山等重要景点和岚皋的漂流，都有其独特的魅力；商洛丹凤的丹江漂流、柞水的溶洞、商州的牧护关度假区、镇安的木王森林公园等，成为该地的旅游的名片。这些绚丽多姿的自然生态，为陕南现代观光农业的发展提供了得天独厚的条件。

（二）陕南社会经济状况

1. 历史文化积淀深厚

陕南汉水流域是中华民族的发祥地之一，有很多历史文化遗迹。汉中除了是汉王朝的发祥地外，三国的历史遗迹也处处可见。古汉台、紫柏山、张良庙、武侯祠、武侯墓，等等，都记载着两汉三国的历史旧事。这里还留有很多宗教文化的遗迹。安康的历史遗迹也遍布全境，有古遗迹、古窟寺、摩崖石刻以及近代的文物遗址650余处，道教、佛教、伊斯兰教、天主教等寺、庙、观、堂集中于安康市区。安康平利的女娲文化、石泉的鬼谷子文化、汉阴的三沈文化，也都有着独特的文化魅力。商洛在历史上曾经是京畿长安通往东南的重要门户，也是秦楚交兵、宋金鏖战的古战场，为古代兵家必争之地。汉王刘邦因取道商洛故先于项羽而得咸阳。明末农民起义领袖李自成，也在此屯兵养马、重振军威，以至于东山再起。清初农民起义军白莲教首领王聪，也曾经率军转战过商洛。后来在革命战争年代，南洛曾经是鄂豫陕革命根据地的中心区域。

2. 经济发展相对落后

陕南经济发展近几年虽然取得了较大的成绩，但如果和关中、陕北做一对比，经济发展还是相对落后。尽管在“十一五”以来，陕南三市经济增长呈逐年加快的趋势，2010年GDP增长14%以上，2011年增长15%，2012年增长14%以上，达到1 644亿元。2011年地方财政收入102亿元，比2010年翻了一番多。2011年陕西城镇居民人均可支配收入为20 734元，汉中为19 827元，商洛为19 998元，安康为20 300元，均低于陕西省平均水平；农民人均纯收入为5 763元，汉中为6 181元，商洛为5 425元，安康为5 860元，汉中略高一些。2010年，陕南规模以上工业增加值增幅都在40%以上，比上一年增长31.8%。装备制造、有色冶金成为突破发展的重要支柱，有4户企业年销售收入达到20亿元以上，10户达到10亿元以上。现代中药、绿色食品初具规模，成为农民增收的主要来源。商贸、旅游等第三产业增加值284.43亿元，占GDP的比重为37.4%，比全省平均水平高4.5个百分点。同时，陕南是全省水稻和油菜的主要产区，农业基础地位相对稳固，现代农业发展快速。

如果将上述的发展现状进行横向比较，就不难看出，陕南经济在整个陕西省的经济发展中相对落后，地位还不够突出。

从2010年的经济数据来看，陕南的汉中、安康、商洛三市GDP总量分别为：509.70亿元、327.06亿元、285.90亿元，在陕西省全省的位次分别为第 7 位、第 8 位和第 9 位。全省关中、陕北、陕南三大地带的 GDP 分别为 63.35%、26.06%和 10.93%，可见，陕南经济在陕西经济发展中是相对落后的。2012 年陕西省十市一区生产总值及经济增长直方图也说明了同样的情况，见表 3-1 和图 3-1：

表 3-1　2010 年陕西省十市一区生产总值及比重

地市	GDP 总量（亿元）	占全省 GDP 比重（%）	位次
西安市	3 241.49	32.34	1
榆林市	1 756.67	17.52	2
咸阳市	1 098.68	10.96	3
宝鸡市	976.09	9.74	4
延安市	885.42	8.54	5
渭南市	801.42	8.00	6
汉中市	509.7	5.09	7
安康市	327.06	3.26	8
商洛市	285.90	2.58	9
铜川市	187.73	1.87	10
杨凌示范区	47.29	0.47	11
合计	10 021.53		

注：表 3-1 数据是根据《2010 年陕西省国民经济与社会发展统计公报》计算而来

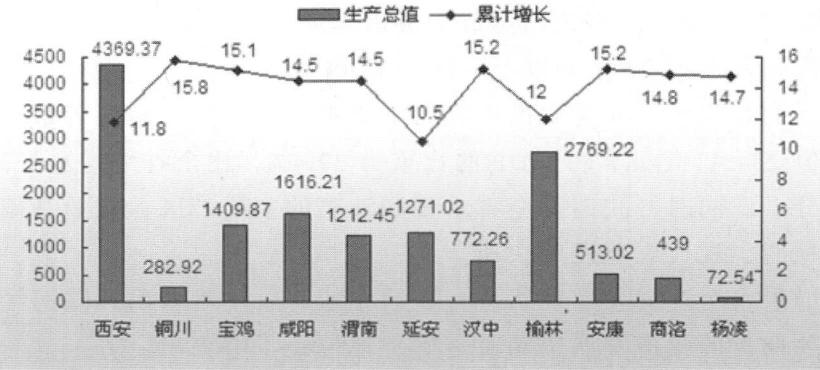

图 3-1　2012 年陕西省十市一区生产总值及增长直方图

注：图 3-1 数据是根据《2012 年陕西省国民经济与社会发展统计公报》数据绘制

（三）陕南生态移民搬迁的决策背景

自然灾害多、贫困程度深、生态责任重、发展差距大，这是陕南地区经济发展面临的实际情况。如何摆脱自然灾害侵袭、加快脱贫致富的步伐，与全省同步进入全面小康社会，是陕南人民的强烈愿望。陕南生态移民搬迁工程正是在这样的背景下，顺应了广大人民群众发展意愿和时代的要求，为破解陕南发展困境而作出的重大决策。

1. 应对自然灾害是这一决策的直接动因

陕南地区山大沟深，地质环境脆弱，以泥石流、山体滑坡为主的地质灾害易发区占到陕南地区总面积的50%以上。历史上灾害频发，毁灭性危害严重，而且防范难度较大，治理成本高，以至于长期陷于“受灾—重建—再受灾”的恶性循环之中，给人民群众造成了巨大的生命和财产损失。仅在2001年至2010年的10年时间里，陕南地区共发生地质灾害2 000多起，因灾死亡或者失踪的就有590多人，直接经济损失达460多亿元。2010年7月至8月份，陕南三市同期内多点暴发特大洪涝和地质灾害，再次遭受重大人员伤亡和财产损失。灾情最重的安康市，有182人遇难或者失踪，7名基层干部在救灾过程中英勇牺牲。时任省委、省政府主要领导的同志曾多次深入重灾区，指导抢险救灾的工作，也切身感受人民群众家园被毁、失去亲人的巨大悲痛。他们面对陕南地区经济发展面临的艰难困境，认真倾听基层干部群众避灾安居的强烈呼声，深入剖析原址重建、反复受灾的根本原因。经过大量的调查研究，他们深刻地认识到，只有顺应自然规律，才能远离灾害的源头，也才是应对自然灾害的治本之策，才能走出“受灾—重建—再受灾”的恶性循环。在这种科学观念的支配下，陕西省委和省政府的领导们达成了实施陕南避灾移民搬迁的共识，下定了搬迁的决心。

2. 推动扶贫攻坚是对这一决策的主要考量

贫困是陕南地区面临的又一个重大挑战，而且与自然灾害相伴而生、相互影响、互为因果。经过多年的扶贫开发，陕南地区贫困状况有了一定的改善，但发展不足仍然是最主要的矛盾，“三农”问题远未从根本上得到解决，减贫任务依然非常艰巨，这一问题也是陕西全面建设小康社会的“短板”。2011 年底，陕南三市经济总量仅为全省的 11.4%，农村居民人均收入仅为全国平均水平的 71%；陕南三市所辖 28 个县（区）中 27 个处于秦巴山区连片特殊困难地区，其中 24 个为国家级重点扶贫县。通过 2014 年的贫困识别，陕南三市还有贫困人口 303.5 万人，占全省贫困人口总数的 67%。其中，因灾致贫和因生存条件差致贫的人口为 288 万人，占陕南三市贫困人口的 95%。这些群众基本上散居在偏远深山，基础设施非常落后，而且建设和维护的成本特别高，基本公共服务难以有效地覆盖，长期以来发展受限，群众增收困难，生活艰苦，因灾致贫、因灾返贫的现象十分突出，是扶贫工作的重中之重，也是难中之难。面对这些群众，只有实施整体的搬迁，彻底改善他们的生存环境和生活环境，才能从根本上帮助他们突破环境制约，加快脱贫致富的步伐。

3. 解决生态难题是这一决策的长远谋划

由于历史等诸多原因，陕南大量人口长期依山而居，靠山吃山的现象非常普遍。传统的生产方式和生活方式，对自然资源形成了过度的依赖，导致资源承载与生态修复能力不断下降，从而使生态问题日益严重。而陕南又是我国南水北调中线工程最重要的水源涵养区，也是国家主体功能区划确定的生态保护功能区。保持生物多样性和水质洁净安全，已经成为陕南地区的法定责任。因此，陕南地区不仅要加快经济发展，还承担着越来越重要的养护山水、治理生态的任务。要把散居在中高山地的众多群众整体搬迁，集中安置，将会极大地减少对山林的开发破坏，从源头上解决生态保护面临的难题，从而促使陕南地区通过优化人口布局，转变生产方式和生活方式，实现经济、社会与大自然的全面协调与可持续发展。

4. 新发展阶段的综合财力和群众意愿是这一决策的先决条件

下川道进城镇，通过搬迁脱困脱贫是山区广大群众世世代代的梦想，但是直到今天，因为经济发展进入了新阶段，政府才有了足够的财力，也才具有了实现梦想的可能性。改革开放以来，我国经济平稳快速地增长，综合国力不断增强，国家对减灾扶贫的投入力度也在不断增加，工业反哺农业、城市支持农村的力度越来越大，这也为陕南生态移民搬迁提供了有力的宏观政策保障。“十一五”期间，陕西经济始终保持在两位数以上增长，2010 年全省生产总值达 10 123.48 亿元，财政收入达 1 801.11 亿元，政府可以投入更多的力量促进陕南地区的开发建设。同时，陕南各地经济社会的发展速度也在逐年加快，城乡居民的收入水平也在稳步提高，这也为实施大规模的移民搬迁提供了必要的经济支撑。随着经济社会的发展，农村居民生产生活水平的提高，居住在大山深处的绝大多数群众产生了走出偏远深山、进入城镇川道的强烈愿望，特别是随着农村劳动力的大量转移，新生代农民群体常年在城镇务工或者创业、生活，耳濡目染了现代的城市文明，人们的思想观念、生存理念、生产方式、生活习惯和认识水平等各方面都发生了深刻的变化，他们渴望在城镇拥有自己的立身创业之地，期望把父母儿女接出大山，共享城市文明，过上更加美好的生活。而让这一美好愿望变成现实的，正是新时期经济发展积聚的财力。因此，新发展阶段的综合财力和群众的意愿，为陕南移民搬迁奠定了可行可为的坚实基础。

5. 促进城乡公共服务均等是这一决策的基本要求

陕南山区共有 240 多万群众，分散居住在偏远的深山，由于居住分散而且自然条件差，导致了大部分山区的基础设施严重滞后，公共服务匮乏，产业支撑脆弱。如果这种传统的分散居住和与之相应的生产生活方式不从根本上改变，不仅难以实现基础设施、公共服务的均等化，也难以实现特色产业发展的集约化和规模化，更难以与陕西全省同步实现小康社会的目标。因此，只有引导和动员山区群众易地搬迁，适度规模集中居住，实现人口布局的调整与聚集，才能促进资源与产业的集约，有利于完善公共服务功能，进而有效地改善民生，使有限的公共资源投入惠及更多的群众，让公共资源发挥最大的效益，进而促进和加快实现城乡公共服务的均等化。基于对陕南地区实际情况和发展基础的把握，特别是对陕南防灾减贫工作的重新审视，对政府财力、群众承受能力的理性分析，经过深入调研论证和广泛听取意见，陕西省委、省政府决定按照移民搬迁与新型城镇化、农业现代化"三位一体"，系统谋划、统筹推进的方式，实施陕南移民搬迁。这是坚持以人为本、生命至上、敬畏自然、主动避灾的科学抉择，是高度重视民生，破解自然灾难之殇与贫穷落后之困的治本之策，也是立足经济社会协调可持续发展大局，促进陕西城乡发展一体化，全面建成小康社会的重大战略举措。

二、陕南生态移民搬迁的特点

为了保证陕南生态移民搬迁工作的顺利开展，陕西省委、省政府结合陕南地区经济社会发展和减灾扶贫的实际情况，制定了《陕南地区移民搬迁安置总体规划（2011-2020 年）》。进一步明确了陕南移民搬迁的总体目标、范围对象、安置政策和保障措施。陕南三市分别根据省上的战略部署，出台了移民搬迁实施规划及安置点布局、基础设施和公共服务配套、产业体系建设规划，并在具体实施中积极探索、认真总结、不断完善，确保了移民搬迁工作有力有序有效地推进。

陕南生态移民搬迁的总体目标是：从 2011 年起，用 10 年的时间，搬迁移民 60 万户共 240 万人。具体实施分为两个阶段：2011～2016 年，重点实施避灾搬迁移民、贫困山区移民和生态移民，安置 38 万户共 140 万人；2017～2020 年，实施移民搬迁安置 22 万户共 100 万人。总的要求是："搬得出、稳得住、能致富"。在规划期内，陕南各市要积极实施城乡一体化的发展战略，逐步建立和完善层次结构合理、布局有序的城乡结构体系，建立与经济发展水平相适应的社会保障体系，着力把搬迁安置区建成现代化的新城镇和社会主义新农村，确保移民群众有安全、经济、实用的住房，享受便利、均等的公共服务，收入水平和生活水平能够显著提高。

此次陕南移民搬迁，和以往的移民搬迁相比较，具有以下五个鲜明的特点。

（一）搬迁规模宏大

此次陕南生态移民搬迁，涉及汉中、安康和商洛三市 28 个县区、60 万户居住在深山半坡、滑坡点等危险地带的 240 万人口，约占陕西 279 万移民搬迁总数的 86%，占陕南总人口数量的 1/4 左右。尽管自从 20 世纪 90 年代以来，一些生态保护区或者贫困地区也进行过不同规模的生态移民，如青海三江源地区、宁夏红寺堡地区、内蒙古阿拉善等地的生态移民，都具有相当大的规模，尤其是著名的三峡工程，移民接近 150 万人，但本次陕南的移民工程规模宏大，移民的人数几乎相当于三峡移民的两倍。因此，此次移民搬迁也号称历史上规模最大的生态移民工程，其影响是可以预见的。

此次移民搬迁，不仅规模宏大，要求也高于以往的生态移民。按照陕南移民“总体规划”，不仅要求让群众脱离险境，住上新房，还要求新房必须选址在地质水文条件安全的地区，有较为丰富的可开发土地和耕地，还要便于居民出行。而原住地将统一进行退耕还林等生态修复、地质治理。“确保每个行政村有卫生室；全面解决移民群众子女义务教育阶段的上学问题；争取每户至少有 1 个以上劳动力接受劳务输出培训或实用技术培训；基本实现移民安置地区通广播电视、通电话。”可以说，如此要求高、规模宏大的移民搬迁，是新中国建立以来罕有的。

（二）移民类型多样

由于陕南移民搬迁涉及的移民类型多样而且比较复杂，笔者在研究中总体上把陕南各种类型的移民，定义为生态移民，即广义上的生态移民。因为不同类型的移民，都在不同程度上和生态环境的变化有关，若进一步对陕南移民搬迁的类型进行具体划分，大致可以划分为以下四个类型：即地质灾害避险移民搬迁、洪涝灾害避险移民搬迁、扶贫移民搬迁和狭义的生态移民搬迁。地质灾害避险移民搬迁，是指对居住在地质灾害活动频繁，滑坡、泥石流、崩塌、地面塌陷等地质灾害严重地区的农户进行搬迁；洪涝灾害避险移民搬迁，主要针对长期受到洪水灾害及其引发的次生灾害威胁地区的农户进行搬迁；扶贫移民搬迁，主要是对交通和基础设施建设困难、维护成本高，生产生活条件极差，农民生活贫困、增收困难、生存环境恶劣地区的农户进行搬迁；狭义的生态移民搬迁，主要是指对历史文化遗址、风景名胜区、森林公园、水源涵养区、水源地和生态敏感脆弱地区范围内，因群众生产生活对生态环境产生潜在威胁和负面影响，为了保护生态环境对在此地居住的农户进行搬迁。不同搬迁类型的移民所占比例见图 3-2。

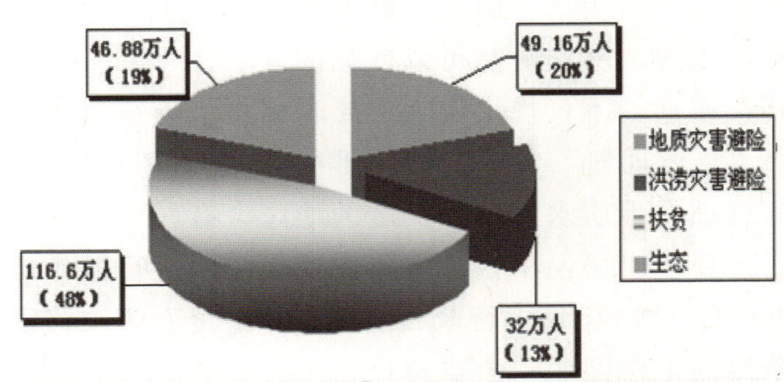

图 3-2 陕南 240 万移民搬迁类别及其比例分布图

数据来源：《陕南地区移民搬迁安置总体规划》

（三）搬迁周期较长

按照陕南移民搬迁安置的总体规划，搬迁的时间期限为 10 年，搬迁将有计划、有步骤、分阶段实施。搬迁以后有住房，这是移民群众的首要需求，也是生态移民搬迁政策保障的重点。移民搬迁安置规划首先明确住房标准。依据搬迁户家庭人口和实际的需求，确定人均不超过 25 平方米的住房标准，分别提供 60、80、100 平方米三种住房类型，由移民群众可以进行自主选择。家庭确实有困难的，可以适当扩大住房面积，其中集中安置最大不超过125平方米，分散安置最大不超过140平方米。超标准超面积部分的费用全部由搬迁群众自行负担。其次是拓宽住房来源。施行集中新建、原址重建、分散自建、城镇购房、安排保障性住房等多种方式，优先保障移民群众的基本需求。再次是提供住房补助。政府对集中安置户每户补助4.5万元，分散安置户每户补助3万元，特困户和危困户每户增加补助1万元，四层以上楼房化安置户每户增加补助5 000元。对于五保户和孤寡老人，免费提供住房或纳入公益性敬老院供养。对符合规定条件的搬迁群众，在确保一户一宅的前提条件下，及时核发土地使用证和房屋产权证，让群众安心、放心。

需要强调的是，10年搬迁时间结束以后，并不意味着整个生态移民搬迁工作的终结。新的移民进入迁入地之后，需要一个漫长的适应过程，才能完全完全融入。另外，更为重要的是，移民产业发展和生产生活问题解决得如何，也更需要时间来检验。所有这些，都决定了移民搬迁是一项长期的、艰巨的系统工作，同时也需要有专业研究人员为移民搬迁工作的顺利进行提供理论上的指导。

（四）所需投资较大

据2011年初步测算，陕南地区搬迁投资共需1 109.4亿元，考虑到物价上涨和通货膨胀的因素，按年均5%的通胀率测算，10年所需要的动态投资接近2 000亿元。这样大的投资要完全满足移民搬迁的资金需求，还是比较困难的，所以对需要搬迁的移民来说，自身也需要有足够的积累。实践证明，强化资金保障，这是实施陕南生态移民搬迁的关键，而且资金问题也直接影响到移民搬迁的进程。为了最大限度地减轻基层和群众的负担，防止出现因为搬迁导致贫困的问题，陕西省建立了省级主导、市县配套、社会参与、群众自筹的多元化的资金筹措机制，根据最新的统计测算，移民搬迁一共需要投入资金1 400亿元，其中需要整合中央相关专项资金517亿元，省级预算安排、整合省级专项资金285亿元，市县配套131亿元，搬迁户自筹以及投工投劳467亿元。省政府成立了陕西陕南移民搬迁工程有限公司，按照“封闭运作、快速周转、保本微利”的运作模式，计划10年筹措60亿元，用于陕南移民搬迁项目启动和资金周转。国家财政部确定从2013年起，三年内补助专项资金40亿元，并且要积极引导社会资本，参与移民搬迁的基础设施、公共服务设施及其相关配套产业的建设。

（五）政府主导搬迁

本次陕南移民搬迁，是政府发动和主导的一次大规模的民生工程，也是造福子孙后代的生态建设工程。移民搬迁本身是一项复杂的系统工程，加强组织领导、完善制度机制，是移民搬迁得以顺利进行的根本。为此，陕西省建立了省级领导、市级协调、县级实施、部门指导的运行体制，省政府及陕南三市分别成立了移民搬迁工作领导小组及其相关的办事机构，统筹协调和组织实施移民搬迁工作，并且先后出台了《陕南地区移民搬迁安置工作实施办法（暂行）》《陕南移民搬迁安置补助资金筹集与管理办法》《陕南移民搬迁安置住房建设项目管理办法》等一系列规范性文件，同步建立了移民搬迁规划编审、任务分解与考核、住房项目管理、专项资金管理、产业扶持等一系列制度机制。

在坚持和体现政府主导的同时，政府在陕南移民搬迁工作中也充分听取和尊重群众的意愿和要求。在搬迁时间、安置地点、安置方式及房屋面积等方面，均由群众进行自主选择。突出了避灾、安全，统筹安排移民搬迁的安置布局，充分调动群众的积极性和主动性，逐户签订搬迁协议，并且按照轻重缓急有序推进。在具体做法上，一是突出集中安置为主。本着节约土地资源、提升公共服务效益、提高城镇化水平的原则，坚持把以市为单位的集中安置率逐步提高到90%以上，城镇安置率逐步提高到60%以上。在县城、集镇和工业园区附近，采取社区化集中安置；对各类安置社区严格限定宅基地面积标准。二是合理选址布点。统筹考虑立地条件、资源承载和发展潜力，坚决避开自然灾害隐患点和生态保护区，坚持靠城、靠镇、靠园区，把浅山川道、公路沿线、城镇周边等发展条件好的地方，作为规划集中安置点的优先选择，并合理确定安置规模。对本地不具备安置条件的，鼓励实行跨行政区域搬迁安置。三是强化建房项目管理。搬迁安置房项目建设，实行政府负责制，单元式安置项目坚持统规统建，实行"一个安置社区、一个项目主体、一个项目法人"的管理模式和工程质量责任追究"终身制"，从严控制成本，保证建设的质量。

截至 2014 年年底，陕南移民搬迁工程已经完成投资 456.7 亿元，完成移民搬迁 26 万户 88 万人；累计建设 30 户以上的集中安置点 2 027 个，其中 30～100 户小型安置点 1276 个，100～500 户中型安置点 589 个，500 户以上的大型安置点 162 个；建成集中安置房 24.51 万套 2 480.1 万平方米，安置 24.310 97 万户 86.571 9 万人，已经搬迁入住的共 20.635 2 万户 73.137 2 万人，集中安置率达 88.63%，城镇安置率达 70.23%。

三、陕南生态移民搬迁的意义

如此大规模的生态移民搬迁，是陕西省委、省政府为了彻底改善山地危居群众生产生活条件、促进人口布局结构调整的重大决策；是应对自然灾害，保护人民群众生命财产安全的科学抉择；同时也是改善民生和加快全面小康社会建设的现实需要。实施移民搬迁，不仅是一项避灾安居工程、扶贫治本工程、生态建设工程，也是推动统筹城乡发展，促进新型工业化、城镇化、农业现代化三化同步的重要抓手和转变经济发展方式的重要载体。具体分析陕南生态移民的意义，主要有如下几个方面。

（一）是实现中国梦和推进生态文明建设的需要

"中国梦"是以习近平为总书记的新一届党中央领导集体的政治宣

言，它回应了社会对国家未来的期盼，道出了全国各族人民的心声，凝聚着全国各族人民的共识。坚定不移地推进生态文明建设，是“中国梦”宏大诗篇的应有之义。党的十八大报告中特别强调：“把生态文明建设放在突出地位，融入经济建设、政治建设、文化建设、社会建设各方面和全过程。”这是我们党站在全局的高度，要求全党和全国人民，要更加自觉地珍爱大自然，更加积极主动的保护生态环境，以促进经济、社会和生态的协调发展，实现中华民族的伟大复兴的“中国梦”。陕南生态移民搬迁，是在陕南推进生态文明建设和实现“中国梦”的具体步骤和措施，这一举措既反映了陕南自然灾害多发区人民的心声和愿望，也反映了地方党委、政府对生态文明建设重大意义的认识的深化。

（二）是落实科学发展观的客观要求

陕西属于自然灾害多发地区，陕南地区尤为严重。过去人们更多地把注意力放在减灾和防灾上，每年政府都要为此拨出专款实施救灾，或者发动群众向灾区捐款捐物，但灾难总是每隔几年就重复出现，因此减灾、防灾这种方法，不能从根本上解决问题。虽然国家扶贫开发政策已经实施了多年，但是由于山区较为封闭，群众的思想观念落后，传统的以钱物救济为主的方式，只能在短期内发挥作用，未能从根本上改变人们的生存环境以及观念和习惯，很难提高贫困人口的素质和能力，因此效果也不够明显。另一方面，从经济的角度看，比起“年年受灾，年年救灾”的恶性循环来，采取釜底抽薪的移民措施，反倒是最经济和最有效的办法。此次陕南大规模的生态移民搬迁，避开山梁陡坡、险滩沟壑，选择安全地带建设安置点，对“隔山为邻、十里同村”的偏远山区群众进行集中安置，使群众彻底远离了“灾害源”。搬迁前的土墙房、石墙房、木头房变成砖混结构的楼房，抗灾能力大幅提升。与2010年相比，陕南地区地质灾害和洪涝灾害伤亡率分别下降 80%和 70%，近四年没有一户移民因灾受损，这打破了陕南山区长期以来“受灾—重建—再受灾”的恶性循环，使搬迁群众彻底告别了地质洪涝灾害的威胁，人身安全得到保障，财产价值得到突破性提升。

（三）是坚持“以人为本”原则的具体体现

陕南自然灾害增多，既有历史的原因，也有现实的原因。陕南位于秦巴山地，地质灾害相对较多。历史上，尤其是清朝末年，在“湖广填四川”的大移民过程中，其中就包括陕南地区。历史上大量的移民，导致了陕南地区人口过盛，生态环境也因此遭到了一定程度的破坏。新中国建立以后，人口的快速增长，毁林开荒更加频繁，这种现象进一步加剧了陕南的生态环境危机。2008 年汶川“5·12”大地震，导致陕南大部分山体松动、岩石破碎，发生地质灾害的频次明显增加，这些自然灾害威胁到更多人的生命安全。正是在这样的背景下，陕西省委、省政府才当机立断，决定实施为期 10 年的大规模移民搬迁工程，立足于从根本上解决陕南人民的居住安全问题。可见，这一重大决策是党和政府坚持“以人为本”原则的具体体现，也是一项利国利民的重大民生工程。

（四）是陕南地区群众脱贫致富的现实选择

陕南秦巴集中连片特困地区，属于国家确定的 14 个集中连片特困地区之一，除少数县区不属于贫困县之外，陕南绝大多数县区都属于国家级贫困县。由于陕南自然条件较差，生存环境恶劣，这里的贫困人口比例一直比较高，贫困面仍然较大，某些地方贫困程度仍然很深。那么，怎样才能实现陕南地区移民的脱贫和致富？事实证明，单纯的扶贫工作往往事倍功半，甚至更多的扶贫投入也难以实现稳定的脱贫。“与其扬汤止沸，不如釜底抽薪”，与其“愚公移山”，不如移民搬迁。[①]通过移民搬迁的方式，首先解决移民的生命安全问题，其次通过集中安置和产业开发，形成产业聚集区，并且以产业带动就业，让大量的移民具备一技之长，通过良好的技能脱贫致富。陕南移民搬迁把贫

① 冯亮，彭洁.陕南移民搬迁应有系统的观点[J]. 新西部，2011（24）.

困户、特困户搬迁作为重点，优先实施搬迁。四年已累计搬迁贫困户13万户41万人，安置特困户2.6万户6.7万人。通过“一点一策、一户一法”逐户规划致富产业，落实增收措施，配套社会保障，促进贫困群众脱贫致富。同时，农民下山进城入镇到社区，发展意识不断增强，思维眼界不断拓宽，创业就业途径更加宽泛，分工分业步伐加快，正在由传统农民向新型农民、职业农民、产业工人、市场主体转变。搬迁群众人均收入由2011年搬迁之前的4 151元上升到2014年7 478元。四年来，陕南三市减少贫困人口41万人。通过陕南移民搬迁，在集约、节约投资的情况下，加快了脱贫步伐。

（五）是实施可持续发展的现实需要

人口、自然环境和生产力发展水平之间，只有保持协调的比例关系，才能有利于地区和人口的可持续发展。生态移民正是积极适应这一经济规律的战略举措。从历史经验和现实的选择来看，生态移民搬迁是保护生态环境的最有力的途径。陕南地处秦巴山区，山势陡峭，很多地方本身就不适宜人类居住，加之上个世纪人口猛增，远远超过了当地生态环境的承载能力。人们为了生存，不得不毁林开荒，滥砍滥伐，对自然资源进行了掠夺式开发和经营，结果破坏了自己赖以生存的资源和生态环境，有的地方生态环境恶化严重，甚至陷入了“越垦越穷、越穷越垦”的恶性循环之中。陕南移民搬迁工程把生态环境保护摆在重要位置，通过移民搬迁、人退林进，实现了陡坡地退耕还林、还草，缓解了人口与资源的矛盾，有效地减少对自然环境的人为侵扰，对生活垃圾和污水进行集中处理，改变了农村面源污染不易控制的局面，为天然林保护、山区生态功能的恢复奠定了基础。陕南移民搬迁工程实施以来，实现宅基地腾退面积3.4万亩（其中：复垦2.1万亩，还林1.3万亩）。陕南年均治理水土流失2 400平方公里、植树造林126.7万亩，植被覆盖率提高了4.5个百分点，森林覆盖率达到了57.8%，保护了陕南的生物多样性和生态主体功能。汉江出境水质保持在二类以上，保障了国家南水北调中线工程的水源安全。因此，从长远的发展来看，陕南地区除了要继续控制人口的过快增长之外，还要积极地推进移民搬迁，优化人口资源的分布结构，尽快减轻退耕还林和生态环境保护的压力。也只有如此，才能实现陕南地区经济和社会的可持续发展。

（六）是推进了城乡发展一体化需要

按照移民搬迁规划，把偏远山区的群众搬迁到水、电、路、电视、通讯、网络等基础设施较为完善，教育、文化和医疗等服务便捷的新型社区，移民的生活方式发生了极大的转变，生活质量也明显提高，搬迁群众享受了和城市居民一样的待遇。陕南移民搬迁同工业化、城镇化、信息化、农业现代化结合起来，分类引导农民就地、就近有序进城入镇，走出了一条移民搬迁倒逼城镇化，加快山区实现新型城镇化的可行道路。目前，50%以上的集中安置点都进入了城镇规划区，共计有 65 万搬迁群众进城入镇，陕南三市的城镇化率也提高了 6.99 个百分点，城乡之间的差距进一步缩小，城镇化水平进一步提升。

（七）是促进区域经济发展的需要

陕南移民搬迁工程实施四年来，明显促进了陕南地区经济的发展。已经直接为陕南发展注入投资 507.14 亿元，撬动相关投资 580 亿元，带动了建材、物流、劳务中介、餐饮服务、家居装修等相关产业的发展；陕南移民搬迁使相当一部分群众走出农村、进城入镇，加速了农村土地流转和规模经营，催生了现代农业园区、家庭农场、产业大户等适度规模经营的蓬勃兴起，加快了农业现代化的进程。集中安置促进人口集聚，带动资源要素进一步优化配置，推动了现代农业、新型工业、生态旅游业等相关产业的较快发展，拉动社会消费大幅上升，促进了陕南经济社会的协调发展。在经济下行压力较大的背景下，陕南经济增速连续四年均高于全省平均水平，城乡居民收入水平与全省差距进一步缩小。

第四章　陕南生态移民可持续发展的因素分析

陕西省委、省政府对陕南生态移民搬迁总体要求是，“搬得出，稳得住，能致富”，我国移民实践已经多次证明，“搬得出”的问题相对容易解决，而“稳得住、能致富”的问题相对复杂得多。“稳得住、能致富”的问题实际上就是一个可持续发展的问题。如何在移民搬迁之后，解决“能致富”的问题就显得尤为重要，因为这一问题的解决，也才能够实现“稳得住”。

陕南地区的生态移民，作为一种以生态保护和消除贫困为两大主要目标的惠民工程，影响其可持续发展的因素是很多的，既有宏观因素，也有微观因素；既有经济因素，也有非经济因素。本章主要针对其主要影响因素，做一框架性的分析。

一、宏观环境因素

宏观环境因素一般指特定时期的政治法律环境、经济发展水平、社会与文化环境和技术环境等，这些因素对人的思想和行为都会产生影响。陕南生态移民搬迁不可能脱离特定的环境，而且这些环境因素和生态移民搬迁与可持续发展之间，存在着密切的关系。

（一）政治法律环境

政治法律环境是指对生态移民可持续发展具有现实和潜在作用与影响的政治力量，同时也包括对生态移民可持续发展加以影响的法律法规等。这方面涉及的具体影响因素主要有以下三个方面。

1. 政府机构

这里的政府是广义的政府，实际上就是政府机构。政府在政治法律环境中扮演着重要的角色，是政治法律环境的重要主体，同时也是法律法规和政策的制定者、监督者和实施者。面对生态环境恶化导致的生态贫困和自然灾害现象的频繁发生，陕西省政府做出了移民搬迁的重大决策，而且将生态移民作为当前和今后政府决策的重点内容。政府作为生态移民的组织者以及生态移民可持续发展的保障者，在政府主导的移民项目实施中，政府如果不能够有效地组织好生态移民的投资、为生态移民提供持续发展的机会和创造条件，就是一种失职行为，也会制约生态移民的可持续发展。

政府在移民搬迁的过程中，担负的主要职责包括以下三方面。（1）组织。生态移民是一项耗时长、涉及范围广、投资巨大的系统工程。政府为了推动生态移民工程的顺利实施，通过大量的投资，精心地组织协调，积极地宣传动员，为移民搬迁提供生产生活所需要的基础设施，并为移民搬迁的后续产业发展创造条件，促成生态移民可持续发展的实现。因此，作为移民搬迁的主要推动者和实施者的政府，在组织规划、组织投入、组织实施、组织保障等方面都负有重大而且不可推卸的责任。无论哪个方面出现组织问题，都会影响到整个生态移民的可持续发展。（2）协调。生态移民搬迁之后能否实现可持续发展，需要政府各部门的充分协调与配合，这是生态移民可持续发展的重要要求。扶贫部门、财政部门、住建部门、交通部门、水利部门、电力部门、国土部门、人力资源社会保障部门、民政部门、发改委、国资委等相关部门，都要做到相互配合并各司其职，才能保证生态移民可持续发展的顺利实现。但是，在实践中，各部门之间因各种原因，互相推诿扯皮、部门自身不作为的情况却时有发生，造成生态移民各项工作出现脱节，无法落实相关政策和执行规划。政府要确保生态移民的可持续发展，各个相关部门为后续发展所提供的资金、就业、社保、日常生活等方面的保障是至关重要的，任何一个部门不配合或不作为，都有可能影响整个生态移民可持续发展的最终实现。（3）规划。规划是政府工作的一项重要内容，在陕南移民搬迁中规划的地位和作用显得更加重要。“凡事预则立，不预则废。”如果组织实施中规划没有前瞻性，就可能会阻碍生态移民各项相关工作有序开展；如果规划不全面、不科学，就可能会出现布局不合理的情况，结果就会造成资源的浪费；如果对后续产业发展规划不到位，生态移民可持续发展也难以实现。在规划编制和实施的过程中，重点是处理好与生态移民可持续发展相关的诸多重要问题之间的关系，主要体现在三个方面。一是处理好移民与土地、水等自然条件之间的关系。生态移民的目标之一就是要恢复和改善生态环境，因此，在编制生态移民规划时应该事先考虑是否有利于利用自然资源与条件的优化配置，是否能够改善迁出地的生态环境，是否不会破坏迁入地的自然条件。如果处理不好生态移民与自然资源和条件之间的关系,这无疑会违背生态移民的初衷。二是处理好生态移民与利益相关者主体之间的关系。政府必须处理好自身与移民、设计规划专家、基层干部之间的关系，使不同部门的工作更好地衔接，否则就会影响生态移民可持续发展。三是处理好政府与区域发展之间的关系。生态移民必须与区域社会经济发展相结合，应该是以最有利于促进区域发展的方式来组织实施和安排移民搬迁，否则就会限制区域经济和社会的发展。

2. 资金投入

资金投入是生态移民可持续发展的重要保障，生态移民所需配套的土地资源开发、住房建设、基础设施建设、后续产业发展等都需要大量的资金投入。鉴于生态移民带来的较大的社会效益和公共效益，政府对此负有不可推卸的责任。以城镇集中安置模式为主要安置模式的生态移民要实现可持续发展，关键的问题就是解决移民的后续发展问题，这涉及就业、教育培训、产业扶持、社会保障等诸多的公共物品,政府通过提供充分而必要的公共物品来维持社会生活的协调运转，而政府投入是上述问题得以实现的基本保证。目前生态移民的资金，主要有政府出资和移民自筹两部分组成。城镇集中安置模式由于城镇建房费用高，基础设施建设费用高，所以，作为主要投入者的政府，必须积极主动地保障资金投入。如果资金缺乏，必然阻碍移民的可持续发展，严重挫伤移民建设新家园的积极性，也会严重影响生态移民的效果。因此，随着政府经济能力的增强，政府应该为移民新家园的建设给予更多的支持。

3. 政策法规

政策制定和监督执行是中央政府和地方政府的责任，地方政府又对政策实施负有主要的责任。因此，政策能否有效实施既定的政策，与政策本身及其政策执行效益有着密不可分的关系。首先，中央政府和地方政府出台保障生态移民顺利实施的相关政策，如住房政策、土地政策、户籍政策、产业政策、就业政策、财税政策、惠农政策和社保政策等,这些都对生态移民的顺利开展发挥着至关重要的保障作用。政府各部门除了形成协调配合的机制以外，还需要制定相应的需要部门配套的政策，如住建部门出台了相应的住房政策，国土部门出台了相应的土地政策，扶贫部门出台了相应的产业发展政策，交通水利电力等部门出台了相应的基础设施建设方面的政策，等等。如果政府部门这些相关的配套政策缺失或不够协调，不仅会影响到部门之间协调合作的机制的建立，而且会造成实施过程缺少统一的行动纲领。这样就必然会影响生态移民可持续发展的实现。其次，即便配套政策齐全，政策执行过程中也不可避免地会遇到一些实施障碍，主要表现在三个方面：第一，负责具体执行政策的机构或部门执行政策时存在实施障碍。因为利益关系，导致地方政府在执行政策时，有时往往会与中央政府博弈，地方政府以自身利益为目标，只选择对自身有利的政策或者敷衍和对抗对自身不利的政策，导致政策变形或走样。第二，政策执行成本较大时存在的实施障碍。任何一项新政策的实施都需要投入成本，一是解决执行过程中出现的冲突和矛盾需要的成本投入；二是执行过程本身也需要较大的投入。在经费紧张的情况下，无疑增加了政策执行的难度。第三，政策设计与现实不相符存在的实施障碍。即便是精心设计的政策，也可能会与现实不相符，可能需要及时修订和完善，否则会直接影响到生态移民可持续发展的实现。还需要指出的是，我国生态移民虽然开展已经有 20 多年的历史了，但至今还没有一部专门针对生态移民或国内移民的法律，在一定程度上存在无法可依的情况。另外，一些政策也需要上升为法律，以便使其规范化、相对固定化，但在生态移民搬迁过程中，这项工作一直是滞后的，这对生态移民的顺利开展也是不利的。

（二）宏观经济环境

包括在宏观经济环境中的因素，体现一个国家或地区一定时期内经济发展阶段和发展水平、经济制度及市场体系、收入水平、就业率、通胀率、财政预算规模和财政收支平衡状况、贸易与国际收支状况等。在此，我们主要分析对宏观环境影响最大的国内生产总值和工业增加值。

1. 国内生产总值

国内生产总值（GDP）是指一个国家或地区所有常住居民在一定时期内（一般按年统计）生产活动的最终成果。国内生产总值的增长速度一般用来衡量经济增长率（也称“经济增长速度”），它是反映一定时期经济发展水平变化程度的动态指标，也是反映一个国家经济是否具有活力的基本指标。对于发达国家来说，其经济发展总水平已经达到相当的高度，经济发展速度的提高相对来说比较困难；对经济尚处于较低水平的发展中国家而言，由于发展潜力大，其经济发展速度可能达到高速甚至超高速增长。这时就要警惕由此可能带来的诸如通货膨胀、泡沫经济等问题，以避免造成宏观经济过热。因此，在宏观经济分析中，国内生产总值指标占有非常重要的地位，具有十分广泛的用途。国内生产总值的持续稳定增长是政府追求目标之一。尽管我国经济已经进入到“新常态”阶段，国内生产总值已经稳居世界第二位。今后的增加和过去相比将会更加注重增长的质量和效益，增长率会有所降低，但是，我们也应看到，正是由于过去的高速发展才为我们今天实现生态移民创造了条件，尤其是提供了物质基础。

2. 工业增加值

工业增加值是指工业行业在报告期内以货币表现的工业生产活动的成果，是衡量国民经济的重要统计指标之一。工业增加值等于工业总产值与中间消耗的差额。工业增加值率则是指一定时期内工业增加值占工业总产值的比重，反映工业生产的经济效益水平。测算工业增加值的基础来源于工业总产值，即以货币表现的工业企业在一定时期内生产的已出售或可供出售的工业产品总量，反映一定时间内工业生产的规模和总水平。工业属于三次产业中的第二产业，一个国家或地区，没有强大的工业，就不可能成为现代化国家。"无工不富"不仅仅是对于区域经济而言，对于一个国家来讲也是如此。因此工业发展水平在很大程度上反映一国的现代化水平。目前，我国正在积极推进工业结构的调整，它是整个产业结构调整的一个重要组成部分。近年来，随着工业对国家经济贡献的增加，从国家层面来看，以工补农，工业反哺农业才成为可能，扶贫开发包括生态移民的力度才能够加大。

二、区域经济发展因素

影响生态移民的区域经济因素，实际上就是市场的因素。因为一个区域内经济发展的状况如何，往往取决于市场发育的状况。区域经济因素是影响移民可持续发展的基础条件，可以从三个方面来分析：一是经济发展基础；二是产业发展水平；三是城镇化的水平。

（一）经济发展基础

实施生态移民的地区，一般都是贫困地区，普遍存在着经济发展落后，工业化、城镇化水平相对较低，第三产业发展缓慢的现象。就移民问题安置来讲，目前，在我国省际之间、市际之间的远距离大规模的移民的可行性是很小的。生态移民绝大多数是以县内安置为主的，因此，必然会受到区域经济发展水平，尤其是县域经济发展状况的影响。从这个意义上也可以看出，促进经济发展是一个区域生态移民可持续发展顺利实施的基础。一方面，生态移民是一项宏大的工程，这种从无到有的建设过程需要大量的资金投入，必须有充足的财力为保障，只有当经济发展达到一定的水平时，才能为生态移民可持续发展提供稳固的物质基础。另一方面，由于经济发展水平低下，安置地的交通、通讯、水电、学校、医院等公共基础设施不完善，移民就会面临看病难、出行难、上学难等问题，这些问题如果不能够很好地解决，生态移民可持续发展则难以实现。同时，按照移民“推—拉理论”，如果迁入地和迁出地相比，没有更多的优势特别是经济发展水平上的优势，也就对移民缺乏应有的吸引力。因此，区域经济发展水平应该是生态移民重点考量的一个因素。

（二）产业发展水平

产业发展水平能够在很大程度上反映一个区域的经济发展水平，因此对特定区域内生态移民的进程和状况有着很大的影响。产业的发展会直接影响到移民的收入和再就业问题，从农业中转移出来的移民，特别是青壮年移民，若是不能及时地被迁入地产业吸纳，将严重影响移民的可持续发展。一个区域的产业发展水平和产业结构之间存在着密切的关系，严格意义上讲，产业结构的状况决定产业的发展水平，在开展生态移民搬迁的贫困地区，普遍存在着产业结构落后的问题，突出的表现是二、三产业发展水平低，所占比重小，也就是工业化程度低，服务业不发达。因此，要提高产业发展水平，就必须优化产业结构，实现产业结构的高级化。在城镇集中安置模式下生态移民就业问题的解决，必须要依靠工业和服务业的发展，仅仅依靠传统农业安置生态移民就业，不仅不符合工业化、城镇化和现代化的发展方向，而且所能够吸纳的劳动力数量也是十分有限的。此外，生态移民迁入地产业的发展还需要考虑两个方面的因素，一方面，移民迁入地在自然资源、人才、技术等方面是否具备产业发展所必需的条件和潜力；另一方面，产业发展还要受到政治、社会、心理、市场、自然环境等多个外在方面因素的影响，而这些因素也构成了产业发展的基础。迁入地只有具备这些基础，产业才能获得良好发展。

（三）城镇化水平

城镇化水平是社会文明进步的标志，也是区域经济发展程度的一个重要标志。城镇化对于减少农村人口，实现农民再就业，增加农民收入都有着十分重要的意义。生态移民坚持走城镇化道路，是经济社会发展的趋势，也是生态移民可持续发展的重要选择。但是，也应看到城镇化是经济发展的结果或者说是伴随着经济发展而产生的，只有当经济发展到一定水平时，城镇化才有可能实现，生态移民可持续发展所需要的后续产业发展也才能够实现。从这个意义上讲，城镇化一方面能够促进生态移民的健康发展；另一方面，人口的集中、产业的聚集也有利于城镇化的实现。城镇化发展水平与生态移民可持续发展的关系表现在三个方面：一是城镇化水平通常用市人口和镇人口占全部人口的百分比来表示,用于反映人口向城市聚集的过程和聚集程度，通过生态移民可以加快人口聚集的过程；二是通过生态移民的聚集，促使移民从农业领域向非农产业领域转移，促进了第二产业、第三产业的发展；三是城镇化和产业发展之间具有相互促进、相互制约的关系，城镇化发展为产业发展开拓了更大的发展空间，而产业发展又能够吸纳大批的移民就业，提高移民收入。

（四）迁入地自然条件

生态移民迁入地的土地、资源等自然条件是否具备，也是制约生态移民可持续发展的重要因素之一。移民迁入安置地如果没有足够的土地资源用于住房和相关的基础设施建设，生态移民可持续发展必然会因此而受到影响。此外，水资源短缺是人类所面临的最大问题，生态移民迁入安置地以后，如果没有足够的水资源供给，移民缺乏日常生活和生产所需要的水资源，移民可持续发展也就无从谈起。生态移民搬迁本身就是为了保护生态、摆脱贫困而进行的一项工作，尤其要防止在迁入地造成新的生态问题或者产生新的贫困问题。因此，要保证生态移民的可持续发展，就应该特别注意移民迁入地的科学选址。

三、微观环境因素

如果说宏观环境因素和区域经济发展因素就是指大的社会背景因素的话，那么生态移民在迁入地形成的社区、移民就业所在的企业或单位、与移民日常生产生活联系紧密的各种民间组织和机构，则是他们生存的微观环境，也就是小社会。

（一）社区组织

居民社区化管理是目前众多国家普遍选择的社会管理模式，我国也不例外,近年来我国在社会管理中也逐渐出现了社区化管理的趋势，因此各地也组建了规模不同的新型居民管理社区。和其他组织机构相比，社区具有不可替代的功能，如管理功能、服务功能、保障功能及教育功能。生态移民迁入地建立的移民新村，也就是形成了新的社区，新建的社区应当发挥社区的功能和作用。这样，生态移民迁入安置地以后，也就可以随机纳入社区化管理的轨道，移民社区主要在管理、服务、保障及教育方面发挥着重要功能和作用。

1. 管理职能

社区管理就是管理生活在社区中的居住者的社会生活事务，移民进入新社区以后，最有效的管理方式就是将移民户籍和社会保障纳入属地管理，确保移民与迁入地原有的居民享有同等的社会保障政策和公共服务。如果无法实行属地管理，一方面很难获得原居民的认同感，另一方面移民在新迁入以后也会因为缺少归属感，很难融入当地的生产和生活之中。此外，属地管理在一定程度上也有助于生态移民传统社会组织，如村寨组织部分功能的延续和发展，有助于提高移民的社会适应性。

2. 服务职能

社区服务就是为社区居民提供社会化服务,社会化服务是否健全，是制约生态移民可持续发展的因素之一。对于移民而言，社区服务功能主要应体现在四个方面：一是为移民提供卫生保健服务，如社区医院、计划生育、免疫接种、公共卫生等；二是为移民提供文化体育服务，如广播、文体、娱乐活动场所以及开展各种文化娱乐活动等，其中文化活动主要是为了传承传统文化和传统社会组织所必须开展的活动，可以通过文艺表演、开展传统文化活动等方式为移民提供传承传统文化的环境和条件；三是为移民提供治安调解服务，如保证居民生命财产安全，调解家庭和邻里纠纷，提供法律咨询服务，办理户口，等等；四是为移民提供心理疏导服务，及时进行心理疏导以提高移民的社会适应性，实现生态移民的可持续发展。

3. 保障职能

社区保障主要是为了救助和保护社区内的弱势群体。迁入新社区的移民，由于部分人群存在社会适应性问题，无疑成了社区新的弱势群体，社区必须为这些移民提供教育、医疗卫生、养老保险、失业保险、社会救助、社会福利和慈善等社会保障，以确保移民的生产和生活，进而实现生态移民的可持续发展。应该看到，这种保障功能目前在移民社区管理中还是一个薄弱环节，今后随着国家社会保障体系的建立还需要进一步完善。

4. 教育职能

社区有着重要的教育功能，是社会教育的一个重要方面。教育，尤其是在居民的文明素质和文化修养提高方面，发挥着重要的作用。社区教育功能的发挥，首先，要为移民子女提供完成学前、小学、初中、高中教育所需要的就学环境，确保移民子女进入新社区完成学业；其次，社区教育应该为移民提供实用的教育培训机会，开展关于就业技能、文化传统、心理疏导、社会礼仪、休闲娱乐等方面的多种教育培训；再次，为了使原居住地居民更快地接纳移民，对原居民的宣传教育也是社区必须开展的教育活动。只有具备了一定的文化知识和文化修养，原有居民才能更快地认同移民，移民也才可能更好地适应新的环境。在社区教育职能的发挥上，既要有必要的硬件设施，也要在软件建设上进一步加强。

（二）企业组织

这里的企业特指移民迁入地所在的企业，也是指已经有部分移民进入其中工作的企业，换句话讲，就是和移民有联系的企业。企业在创造利润、对股东负责的同时，还要承担对员工、消费者、社区和环境的社会责任。企业履行社会责任有助于解决就业问题，有助于保护资源和环境，实现可持续发展，有助于缓解贫富差距，消除社会不安定的隐患。城镇集中安置生态移民的模式是实现移民可持续发展的关键，集中安置有利于生态移民后续产业的发展，而后续产业发展的关键，在于移民能够获得稳定的就业机会。在诸多的社会组织中，企业必须承担起这一社会责任，尽可能多地吸纳移民就业。此外，企业还可以通过捐赠的方式，促进生态移民的可持续发展。捐赠可以帮助政府减轻资金压力、弥补生态移民搬迁过程中的资金不足，这也是企业社会责任的一个重要方面。

（三）民间组织

改革开放以来，随着社会主义市场经济和民主政治的发展，我国各类民间组织发展迅速，成为环境保护、减缓贫困、尊重人权、人道援助非常重要的影响力量。在文化建设、伦理道德进化、平衡社会矛盾、排除人们的心理障碍、实现个人价值、关注弱势群体等方面也发挥了独特的作用，有效地促进了经济发展和和谐社会的建设与发展，日益引起方方面面的关注。在生态移民过程中，也要注意发挥各种民间组织的功能和作用，促进生态移民的可持续发展。

首先，以公益目的而设立的民间专业技术组织，在技术人才与教育资源上拥有最大的优势，可以对生态移民开展各种不同形式的公益培训，以满足移民学习技术和提高自身素质的需要。其次，与官办的心理疏导机构相比，民间组织具有灵活、亲民、程序简便等特点，对于移民排除心理障碍、尽快适应新社区的生活能起到更有效的作用。再次，传统地域文化的传承必然与民间组织的社会文化建设作用密切相关，如一个地方的民俗、民歌、歌舞、戏曲、庙会、书画、雕刻、剪纸、摄影等传统文化艺术的传承、保护和发展，主要依靠民间文化组织的力量，这些文化遗产，在生态移民过程中应该得到传承和发展。

此外，民间组织的捐赠，对于减轻实施生态移民工程的资金压力也能起到了一定的作用。

四、移民自身因素

在生态移民搬迁过程中，移民自身既是生态移民的对象，同时又是生态移民的主体。移民自身的经济条件、文化素质、思想观念和家庭结构，等等，也是移民可持续发展的先决条件。

（一）经济条件

目前实施的生态移民搬迁所需要的资金，基本上是由政府出资与移民自筹两部分组成。因此，移民自身的经济条件会直接影响到移民迁入新社区以后的可持续发展。如果移民自身经济状况良好，除去用于修建房屋所需要的建设资金以外，还能留下后续发展的资金，用于迁入新社区的生产和生活；如果移民自身经济条件比较差，搬迁前缺乏一定的储蓄存款和资本积累，既不能补足住房建设费用，也无法满足自身在新社区的生活及发展生产方面的资金需求，而且还可能会沦为城镇中的新贫困群体，从而影响生态移民后续的可持续发展。因此，生态移民搬迁必须考虑到移民自身的经济基础和经济承受能力。

（二）文化素质

现代人力资源理论重视人力资本的形成要素，特别强调劳动者的素质和质量。一个国家或一个地区，经济的发展在很大程度上依赖于人力资源的数量和质量，其中质量又起着决定性的作用。因为受到经济、社会、历史、政治等多种因素的影响，我国的生态移民由于地处贫困地区，接受教育的程度普遍比较低下，主观上制约了他们对于科学文化知识和生产技能的掌握，而新的生产方式却需要移民具有一定的文化知识和技能，否则移民难以被企业吸纳，移民转产就无法顺利实现。此外，移民还面临着在新环境下的沟通障碍，特别是年龄较大的移民，沟通障碍表现得更为明显，迁入新社区后如果不能融入到新的社会环境中，会严重影响移民在社区的生产和生活质量。提高移民的文化素质是实现移民可持续发展的当务之急。多年来扶贫开发的经验表明，扶贫必先扶志，必须从教育入手，提高移民的教育科学文化素质。要提高移民文化素质，当前必须根据移民的现实情况，分年龄、分层次、分步骤开展，这样才能收到好的效果。

（三）思想观念

生态移民搬迁工程的实施，无疑是一项惠民工程，其对象主要在贫困山区。由于山区的群众长期处于封闭状态，传统的生产方式、生活方式和思想观念还严重地束缚着移民，使得他们不仅经济落后，而且在财力、智力、劳动技能及变革精神方面也相对落后，这不仅制约了他们自身的发展和致富，也给生态移民可持续发展带来了诸多不利的影响。因此，如何转变移民的思想观念，使他们能够适应社会发展和市场经济的要求，这也将是一个长期的艰巨的任务。观念是现实产物，也是在社会交往中形成的。要转变移民的观念，必须使他们能够有机会接受新的观念，摈弃旧的落后的观念。当然，这是需要一个过程的。

（四）家庭结构

家庭结构是家庭中成员的构成及其相互作用、相互影响的状态，以及由于家庭成员的不同配合和组成的关系而形成的相对稳定的联系模式。它是建立在婚姻关系和血缘关系基础之上的，既包括代际结构，也包括人口结构。家庭结构类型不同，家庭环境、家庭教育方式、家庭成员的关系也不同，进而影响移民在搬迁、就业、生产生活等方面的决策及行为。

1. 年龄结构

年龄结构也即家庭成员的年龄构成。一般而言，年轻的家庭成员更容易适应新的环境和生活方式，年龄越大的移民，越难以适应新环境，与生产生活相关的各项活动便难以顺利开展。这就要求政府或社区要根据不同移民的年龄特点开展相应的工作，以便使其尽快适应移民生活。

2. 性别结构

男性移民与女性移民对于生态移民的态度是不相同的，相对而言，男性更愿意去冒险，更愿意借助于移民搬迁来改变自身的环境，也更容易适应新环境；而女性家庭成员相对比较保守，更愿意选择保持原来的生活状态，相当一部分人因此会抵触生态移民，从而难以融入新环境，也难以适应新的生产生活方式。由于男性移民外出打工的比例较大，移民中有大量女性滞留移民社区，而未找到相应的工作，因此，移民社区也应考虑根据性别开展相应的工作。

3. 特殊家庭结构

这是指那些鳏寡孤独以及残疾的移民，这些特殊的移民与一般移民相比，大都也不希望离开世世辈辈生活的土地而选择去面对一个全新的环境，他们在语言、生活习惯、生产方式、社会交往上都感觉会与新社区格格不入，对于这样一些特殊的移民，社会在管理、服务、教育及保障上应该更加积极和主动。有的地方在生态移民搬迁中，已经对这部分特殊移民实行了特殊的政策，也体现了“以人为本”和和谐的原则。

第五章 国外移民开发及环境移民的经验与启示

从世界发展的历史来看，每一个国家经济的起飞都伴随着大量的人口迁移，除了国内会出现大规模的移民之外，还会不同程度地吸收国际移民。美国、加拿大、俄罗斯（前苏联）等国家，历史上都经历过大规模的移民，尤其是国内移民，但是因为各种原因，移民的效果各不相同。国外特别是发达国家的国内移民既有成功的经验，也有失败的教训，这些都是很值得我们在做好陕南生态移民搬迁工作中，应该认真总结的。

一、俄罗斯及前苏联对西伯利亚和远东的移民开发

俄罗斯西伯利亚和远东地区的面积有1200多万平方公里，约占俄领土总面积的三分之二，拥有丰富的自然资源，其中西伯利亚地区有俄罗斯77%的石油、85%的天然气和41%的森林资源。但是长期以来，由于劳动力不足、基础设施落后、自然条件恶劣等方面的原因，这些地区的经济发展水平与俄罗斯欧洲部分的经济差距依然很大。尽管俄罗斯在沙皇时期、苏联时期都采取过不同的移民开发措施，但最终移民的效果并不尽如人意。近年来俄总统普京将振兴西伯利亚和远东地区列为振兴俄罗斯总体战略的重要组成部分，其中还包括规模宏大的移民措施。

（一）沙皇俄国时期的移民开发

"十月革命"前300年间，俄罗斯的移民过程是伴随着沙皇政府的对外侵略扩张进行的。这一时期移民的主要地区是伏尔加河流域、乌

拉尔、西伯利亚、南部草原地区和森林草原地区。16 世纪中叶，伊凡四世统治时期，国力逐渐强盛，于是俄罗斯开始向外侵略扩张。1552 年，伊凡四世亲率大军攻占了喀山汗国；1556 年，又征服了阿斯特拉罕汗国。喀山汗国和阿斯特拉罕汗国被俄罗斯吞并以后，为俄罗斯人大批移入和定居在富饶肥沃的伏尔加河中游的草原地带开辟了道路。与此同时，富饶肥沃、易于耕种的西伯利亚土地也吸引着大批自由民前来定居。从 1593 年起，沙皇政府又开创了把犯人流放到西伯利亚的先例。于是，移民队伍中又增加了这一部分人。沙皇政府在 1637 年成立了西伯利亚事务衙门，当时就规定了鼓励移民的种种措施，其中包括：给西伯利亚任职的官员以高薪和土地；对迁去的农民不仅给予土地，而且在资金、畜牧和种子等方面给予帮助；对西伯利亚移民还可以免服兵役，等等。到了 1797 年，西伯利亚移民已经达到了 57.58 万人。100 年之后，1897 年全俄第一次人口普查时，西伯利亚的移民迅速增加到 488.96 万人。但总体来看，西伯利亚和远东地区的人口还是稀少的。俄罗斯远东地区大部分原来是我国的领土，19 世纪中叶被沙皇政府用武力夺去。1897 年，这里只有 36.7 万人。[①]随着西伯利亚大铁路的修建，移民的速度显著加快。日俄战争以后的 1906 至 1909 年间，每年平均有 32 万人移入西伯利亚地区。在以后的年代，每年移入的人口都不少于 20 万人。到了 1915 年，西伯利亚地区的人口曾增长到 1 037.7 万人，比 18 年前第一次全俄人口普查时的人口数量几乎增长了一倍。当时由于交通关系，2/3 的移民集中在西西伯利亚地区。移民主要聚居在交通方便的航运和铁路线附近，移民中的大部分人从事农业、畜牧业和采矿业。

（二）前苏联时期的移民开发

"十月革命"以后，社会生活发生了重大变化，俄国进入到苏联时期。然而，这一时期移民的趋势却没有改变。如果说，"十月革命"前 300 年间沙皇时期移民是向东、向南转移，那么，从"十月革命"以

① 苏联科学院社会学研究所. 苏联人口流动的社会因素和特点[M]. 莫斯科：科学出版社，1978：76.

后到20世纪50年代，则是向东、向北转移，重点是乌拉尔和西伯利亚南部地区。苏维埃政权最初年代的移民，是与蓬勃发展的社会主义建设分不开的。30年代开始，移民工作有组织、有计划地进行。西伯利亚地区地广人稀，"十月革命"前每平方公里只有0.7人。大规模的社会主义建设与劳动力的短缺之间存在着很大的矛盾，为此，向人口稀少而又要重点开发的地区进行移民势在必行。例如兴建库兹涅茨煤田时，从顿巴斯和其他煤田迁来了大批的矿工，移民总数达到了70万人①，使它成为当时仅次于顿巴斯的第二大煤田。大批移民为当地的经济建设作出了巨大的贡献，拔地而起的钢城马格尼托哥尔斯克和共青城，都是出自移民之手。1939年，马格尼托哥尔斯克市已经达到了14.6万人。据统计，1926年至1939年间，向乌拉尔、西伯利亚和远东等地区的移民达到了500万人，其中200万在乌拉尔地区，70万在库兹涅茨煤田地区，80万在远东地区，一批新的城市相继建立起来。②

这个时期移民的形式大体上也可分为两种：有组织的移民和自由移民。所谓有组织的移民，是指根据当时生产发展的需要和工业布局的合理性，有计划地在东部地区兴建工厂，所需要的技术人员和工人由西部地区迁移而来。这种移民形式是在政府动员之后进行的，所以带有必须执行的性质。这种移民人数约占当时移民总数的一半以上。而自由移民则是指那些希望能找到符合自己愿望的工作条件，取得住房，改变本人物质状况而到东部新开发地点工作和生活的人群。这种人群中既有技术人员和熟练工人，也有希望进城找到工作的居住在欧洲地区的农民。

1941年6月22日，德国法西斯对苏联不宣而战，迫使苏联在很短时间内从西部向东部疏散了大批的企业和人员。这次迁移的规模很大，仅1941年下半年就迁移了2 539家工业企业。③整个战争期间迁

① 苏联科学院社会学研究所．苏联人口流动的社会因素和特点[M]．莫斯科：科学出版社，1978：78.

② 苏联科学院社会学研究所．苏联人口流动的社会因素和特点[M]．莫斯科：科学出版社，1978：78.

③ 萨姆索诺夫．苏联简史（第2卷上册）[M].北京：生活·读书·新知三联书店，1976：454.

移的人员达到了 2 500 万人。[①]这样大规模的迁移虽然说是暂时的，但对于东部地区的人口增长还是产生了一定的影响，尽管战后相当一部分人又回到了以前居住的地方，但还是有一部分人继续留在了战争期间建立起来的 2 200 多个企业和其他部门中工作。战争结束以后，苏联开始恢复了国民经济建设,疏散的人口大部分迁回原来的居住地点。随着战争创伤的恢复和西部地区生活条件的改善，再加上那里也需要大量的劳动力，往东部地区移民的工程几乎停顿下来。虽然东部地区人口自然增长率要高于西部地区，可是东部人口不再增长，这与相当一部分人重新回到西部地区也有关系。

从斯大林到赫鲁晓夫再到勃列日涅夫，苏联政府深知移民对于西伯利亚地区开发的影响之深，对于苏联经济繁荣的作用之大，所以政府一直持续实施了移民开发政策。苏联政府对于到西伯利亚和远东地区以及其他边远地区工作的人员，给予了比较优厚的物质待遇，其中包括；各种补贴（地区工资补贴，北方地区补贴，铁路和石油管道线路补贴等）;每年休假期的时间也比较长,每 3 年可报销一次休假路费；可以享受提前退休的待遇；提供较为宽敞的住房条件等。这些优厚的待遇对于大部分人具有很强的吸引力。

20 世纪 30 年代苏联就开始完成了对第一条西伯利亚大铁路进行改建和修建复线的工程，并在一些重要的工矿区新修了铁路线，以便运输大宗产品和原料。尽管如此，每年仍然有许多货物运不出去。为了改变铁路运输的落后面貌，第二次世界大战以后苏联政府采取了一些措施:继续对西伯利亚大铁路进行全面的改建,使之电气化,从 1978 年起全程铺设双轨；修建南西伯利亚铁路东段和中西伯利亚铁路以及勒拿铁路等。这些措施对开发西伯利亚丰富的煤矿、铁矿、石油和森林资源等起到了非常重要的作用，但是没有从根本上解决该地区铁路运输的紧张问题。为了加强西伯利亚的铁路运输能力，为了进一步开发西伯利亚创造有利的条件，并在远东地区建成了一条新的工业带，苏联政府决定修建第二条西伯利亚大铁路——贝阿铁路。这条铁路西

① 苏联科学院社会学研究所. 苏联人口流动的社会因素和特点[M]. 莫斯科：科学出版社，1978：79.

起贝加尔湖北岸，东至阿穆尔河畔，全长 3 145 公里，位置在第一条西伯利亚大铁路偏北 200～300 公里处。该路 1974 年 8 月开始建设，1985 年完工，历时 10 年，是苏联国民经济建设中一项具有重要经济意义的工程。它不但将铁路沿线与工业中心连接起来，为东西货物尽快运输创造了有利的条件，而且对加速开发西伯利亚的自然资源也创造了先决条件。贝阿铁路的建成，标志着西伯利亚地区的开发进入了新的阶段，这表明苏联已经将西伯利亚地区的开发，列入整个国家经济发展的战略组成部分。

在进行移民的同时，苏联政府同时还作出了科技力量东移的重要决策。1957 年苏联科学院西伯利亚分院的组建，是东部科技开发的重要步骤；到 20 世纪 80 年代末期，西伯利亚分院已经发展成为苏联科学院最大的分支机构，在科学研究、培养各种专业人才、促进西伯利亚生产力发展方面取得了重大的成绩，它的许多科研成果早已转化为生产力，体现了经济效益和社会效益，苏联正是在东部开发的过程中，完成了科技力量调整和布局的任务；同时，新西伯利亚科学城自身也成为与美国硅谷、日本筑波相媲美的科学重地。西伯利亚分院迅速发展的原因很多，其中很重要的一条是制定了相应的政策，采取切实可行的措施吸引、稳定和培养科技人才队伍。

（三）苏联解体后的移民开发

1991 年俄罗斯独立以后，在经济转向市场和国家、地区（包括西伯利亚）地缘政治地位根本改变的条件下，东部地区开发的模式也发生了根本性的转变。这表现在：第一，以往“生产力东移”的模式被西伯利亚地区“自我发展”的模式所取代，全国生产力配置的原则，由原来最大限度保证全国的经济效益转变为满足市场需求和提高企业的竞争力；第二，开发投资主体多元化，由原来的主要靠中央财政支持，转变为中央、地方、企业、个人多元化投资，国家仅对新区的地质勘探和基础设施进行投资，而且尽量吸引外资，建立合资企业。在吸引外资时，由联邦政府担保，采取矿床抵押或矿床租赁的办法筹集贷款和投资；第三，恢复和发展东部地区的经济，主要依靠挖掘地区自身的潜力。

进入新的世纪后，俄罗斯历届政府都十分重视西伯利亚地区的移民开发，但是效果并不尽如人意。首先是人口锐减带来的劳动力短缺问题,整个西伯利亚地区目前都面临着人口减少和劳动力短缺的问题，以远东地区为例，在前苏联解体时大约有800万人口，目前600多万平方公里的国土面积上却只有650万左右的人口，人口密度为1人/平方公里。自然减员已经令远东地区的人口难以为继，而人口外流更使其雪上加霜。苏联解体后，远东地区的人口外流一发而不可收，外迁人口以高素质专家、技术骨干和年富力强者为主。1999年远东地区人口外流数量是1986年的7倍，仅2003年外迁人口就达2.43万。人口流失使城市许多专业技术人员断档，使部分乡村空无人烟，也导致一些极北地区不得不放弃人类活动。因此人口和劳动力问题是目前普京政府开发西伯利亚地区面临的首要难题，由于各种历史原因，俄政府在吸引外国移民问题上顾虑重重，放不开手脚。其次是资金短缺问题。有资料显示，俄罗斯东部地区100多个大型项目在2015年前需要约2300亿美元的投入，而目前大部分资金问题尚未落实。再次是基础设施严重滞后，由于苏联解体后，俄军事工业每况愈下，导致对西伯利亚地区的基础设施投资欠账过多，加之人口向西部地区的回流，一座座城市被迫废弃，基础设施投资的效益问题也令人担忧。俄政府至少需要投资800亿~1 000亿美元，才能改善西伯利亚地区基础设施落后的现状。截至目前，俄远东和西伯利亚地区发展尽管取得不小成绩，但整体上仍不容乐观。前苏联解体后，这块广袤土地上的GDP总量一度只占全俄的6%，而其生活成本则高出全俄平均水平近40%。

为了加快西伯利亚地区的开发和吸引移民迁入，近年来，俄政府出台了一系列新的政策，重点是吸引其他独联体国家的公民。俄将其他独联体国家的俄语公民视为自己的同胞，也是俄最现实的人口补充方式。因此，俄罗斯正在积极采取措施吸引上述居民到俄定居，包括对其他独联体国家的公民实行移民大赦，这些国家在俄非法移民主动登记后身份就能合法。2006年6月，俄制定了协助境外同胞自愿迁居俄罗斯的计划，2006 年 7 月颁布法令，规定从 2007 年起，简化互免签证国家公民在俄务工的手续，只需要向俄移民局申请并办理工作证就可以合法务工，减免了雇主的责任和义务。上述措施在俄远东地区各地得到积极地落实，为了增强移民政策的吸引力，远东各州区均在制定和出台外来移民居住、就业等优惠条件。俄总统驻远东地区代表处对外宣布，滨海边疆区、哈巴罗夫斯克边疆区、阿穆尔州有能力吸纳 4 万其他独联体国家的移民。

还应该看到，苏联时期高度集中的计划经济体制的弊端，对目前西伯利亚地区的开发仍然有一定的影响，使其面临更加复杂的结构调整的难题。苏联时期由于国家过分强调军事、政治目的，重视发展重工业，特别是与军事相关的工业，而忽视了农业、轻工业的均衡发展，这使得苏联原本已经不合理的产业结构和工业部门结构，以及粗放低效的增长方式，在西伯利亚开发过程中，不但没有得到改善，反而越来越严重。再者，由于机械设备老化，专业技术人员严重缺乏，所以在开发过程中以初级产品开发占主导；还有生产的专业化方向与本地需要矛盾较大，没有对本地区经济水平整体提升起到应有的作用；忽视生活基础设施的建设与开发，部分地区由于不合理开发，生态平衡遭到破坏，导致环境污染严重，等等。最终造成了东西部地区之间，在社会经济发展水平方面的差距在开发后仍没有明显减低，西伯利亚地区没有形成经济持续发展和增长的内在潜力和后劲。与西部相比，工业结构中的重型化、初级化倾向严重，经济军事化程度较高。这些都为为西伯利亚的可持续发展带来了不利的影响。

二、美国对西部地区的移民开发

1784 年美国独立战争胜利以后，其广袤的西部地区亟待开发。为了吸引美国民众开发西部土地、激发他们创造新生活的热情，美国联邦政府和各州政府纷纷制定了相应的产业、科技和环保政策与法规，开始了长达百年的西部移民拓荒时代（又称“西进时代”）。经过数十代人的努力，如今的美国西部，已经由昔日荒芜的土地变成了新的经济中心，影响着美国国内和国际经济的发展方向和产业走势。

美国历史上的“西部”，最初是指从阿巴拉契亚山到密西西比河之间的地带，习惯上称为“旧西部”；后来，随着领土的扩张，密西西比河以西的地区也被划为“西部”，其中，密西西比河至洛基山脉之间的地带被称为“新西部”，洛基山脉至太平洋沿岸之间的地带被称为“远西部”。

（一）美国西部开发的主要阶段

美国的西部开发经历了两个重要的历史发展时期。第一个历史时期是 1860 ~ 1890 年，一共 30 年的时间。这一段时间的西部开发主要表现为皮货贸易、土地投机以及奴隶主庄园的扩张，其间，美国人占据了 4.3 亿英亩土地，并且成立了 10 个新的州；第二个时期是 1930 ~ 1970 年，共 40 年的时间。自罗斯福推行“新政”以来，美国政府陆续出台了相关的法规，成立了专门的机构，加大了对西部地区的财政补贴和资金投入，实行各种优惠政策，进行流域综合治理，大力发展军工企业、高新技术产业，极大地改变了西部地区的经济结构，使得美国经济重心逐步西移，东西部经济发展逐渐趋于平衡。

从发展过程来看，美国西部的开发可以分为三个阶段：农业开发阶段（1750 ~ 1850 年）、工业开发阶段（1850 ~ 1950 年）和科技开发阶段（1950 年至今），其开发过程随着时间的推移而日渐深化，由浅层开发而至深层开发。与此同时，美国经济发展重心也相应地发生了变化，新英格兰、中西部和加利福尼亚地区可以被看作是这种转移的几个标志。

（二）美国西部开发的主要政策措施

1. 实行鼓励开垦的联邦“公共土地”政策

1862 年通过的《宅地法》规定，每个年满 21 岁的美国公民或者宣布愿意成为美国公民的人，只需交纳 10 美元手续费，就可以免费获得无人居住的政府所有土地 160 英亩。只要定居和开垦 5 年，土地就永远归其所有，并且可以出售；也可以在居住6个月之后，按照当时的最低价格每英亩1.25美元购买。1873年通过的《鼓励西部草原植树法》规定，只要在自己的地产上种植40英亩树并且保持10年以上，就可以获得160英亩联邦土地，1878年又把造林面积降低到10英亩。1877年颁布的《沙漠土地法》规定，政府向那些愿意在干旱土地上修筑部分灌溉沟渠的人，以每英亩25美分的低价出售640英亩土地，而且可以在3年内付清。1878年实施的《木材石料法》规定，允许把不宜农耕、但有出产木材和石料价值的土地，以每英亩2.5美元的价格出售，每人限购160英亩。

2. 出台鼓励向西部移民的法律和政策

1787年的美国土地法令，不仅规定了建立新州的一些原则，而且根据该法的第三部分还对公民权利做出了规定，特别是根据该法，人们可以向西部自由地迁徙。因此，美国土地法令的颁布，极大地促进了美国移民向西部涌进的热潮，俄亥俄公司首当其冲，1787～1788年冬天，他们的先遣队从马萨诸塞州和康涅狄格州出发，向着日落的方向前进。此后，群众性的大规模的西进运动便蓬勃发展。移民主要来自北美十三州的新英格兰、中部州和南部州，仅在1790～1800年的短短的10年时间内，马里兰的13个县和弗吉尼亚的26个县的居民全部是外来移民，1810年全国有1/7的人口居住在阿巴拉契亚山脉以西的地方。1820年美国共有人口964万，其中300万人居住在阿巴拉契亚山脉以西，到1840年全国超过1/3的人口居住在那里生活。此外，国外移民也大量来到美国，为美国西部开发提供了廉价的劳动力。1820年来到美国的移民只有8 385人，在1848年欧洲革命失败以后，北欧、西欧国家的移民蜂拥进入了美国，1850年达310 004人，1854年增长到427 833人。总之，在1820～1860年间，大约有500万移民来到了美国，为美国的西部开发提供了充足的劳动力资源。

3. 实施对农业的援助

1862年通过的《莫里尔法》，标志着联邦政府援助农业的开始。

该法律规定，由国会拨赠公共土地 3 万英亩，以其变卖的资金作为基金，支持、捐赠或维持了 69 所设有农学和农业机构知识的学院，其中包括麻省理工学院、康奈尔大学、伊利诺伊大学、威斯康星大学等美国著名的高校。1887 年，国会立法为州立高校中农业实验站的建立和发展提供资金。1889 年，联邦政府正式设立农业部，开始对农业教育和科研进行了系统地规划和指导。1914 年，国会通过了《斯密—利弗法》，拨款建立了联邦、州、县 3 级农业推广系统，使科学种田的方法、病虫害的防治和良种的选用直接推广到了农场和农户。这些措施对农业科学化的推进起到了很大地作用，也极大地提高了农业集约化生产水平。

4. 基础设施开发政策

美国在西进运动中非常注重基础设施的建设，特别是重视铁路、公路、水运等交通设施的建设。在铁路修建上，美国政府采取了“多修铁路多得益”的政策。铁路公司每修一英里的铁路，可以得到铁路沿线一定面积的土地；同时，规定铁路公司可以根据修筑铁路的长度和地形的不同，从政府那里获得数量不等的贷款。1828 年美国才开始修筑铁路，1830 年第一条铁路投入运营后，美国迎来了“铁路时代”，诸多的铁路线使美国的交通运输极为方便，不仅促进了美国全国性市场的形成，而且在西部催生了众多的“铁路城镇”，为西部开发的成功奠定了良好的基础。1860 年美国铁路里程便长达 3 万英里，其中大部分修建在西部地区。这一时期铁路的修建，大大地推动了西部经济的发展水平。在公路的建设上，美国政府的一个重要政策，就是鼓励私人投资。为了解决公路建设资金不足的问题，收费公路成为美国最早优先发展的事业。从 1792 ~ 1794 年修建的第一条公路开始，到 1830 年修筑公路总里程长达 6 400 公里。随着蒸汽机船的发明与使用，美国政府又加强了对水运的建设。1817 ~ 1828 年由纽约州资助修筑了长达 350 英里的伊尔运河，把东部的哈德逊运河和西部的大湖区联系在一起，使当时一英里 20 美分的运价降到 1 美分。总之，在 1815 ~ 1840 年间，各州共投资 1.25 亿美元，建造了 3 000 英里的运河，使美国成为当时世界上运河最为发达的国家。这一时期美国交通设施的建设和大发展，为当时的西进运动提供了便利。

5. 扶持教育和科技发展的政策

美国政府十分重视教育的发展，特别重视学校教育。根据 1785 年的土地法令，西部地区建立的每个州都可为兴办一所公共学院进而获得一片土地，当时杰斐逊还设计和制定了一项宏大的包括初级、中级学校直至州立大学的教育制度。于是州立大学先后在南部和西部各州建立，并且开展免费教育。在重视教育的同时，联邦政府也高度重视科学技术的运用和推广。在第一次产业革命的影响下，美国的科学技术也得到了突飞猛进的发展。据统计，在 1860 年以前，美国共发布了 3.6 万项专利，对美国西部的开发和农业的发展起到了重要的推动作用。以工业为主的开发期，是从美国南北战争结束到二次世界大战结束这段时期，也是美国西进运动的第二个重要时期，主要是以工业为主的综合开发。美国内战的结束，特别是经过南方的重建后，南方资本主义经济获得了很大的发展，北方资产阶级和南方种植场主之间相互妥协，政治上出现了相对稳定的局面。与此同时，第二次产业革命也迅速兴起，美国开始由农业国向工业国转化。因此，这一时期的西进运动，是以工业为主的综合开发。美国政府为了更好地促进西进运动，采取了更加优惠和更加开放的政策。

6. 建立专门机构和配套法规保障政策

20 世纪 60 年代，美国对西部地区的开发进入了一个新的阶段，先后成立了地区再开发署和经济开发署等专门机构，颁布了一系列重要的法规，负责实施和监管落后地区的开发工作。其中，主要的法规有“地区再开发法”“加速公共工程法”“人力训练与发展法”“经济机会均等法”“公共工程与经济开发法”“阿巴拉契亚地区开发法”及“农村发展法”等，这些机构和法规的出台，为推进美国的经济的开发，起到了非常重要的作用。

三、加拿大西部地区的移民开发

加拿大原是英国的殖民地，但最早在这里建立殖民地的是法国人而不是英国人。英国人与法国人争夺对北美的控制权，于 1763 年打败了法国，占领了魁北克。1867 年 7 月 1 日，魁北克等东部四殖民地在渥太华成立联邦式“加拿大自治领”，成为北美第二个独立国家，但最高行政权仍归英王。最早获得开发并处于领先地位的是加拿大的东部地区。“加西四省”即：不列颠哥伦比亚省、阿尔伯塔省、萨斯喀彻温省、曼尼托巴省，当时为加拿大的落后四省。

（一）加拿大西部的早期开发

加拿大联邦政府首先抓住了西部开发问题的关键和主要矛盾——劳动力。联邦政府成立以后，为了推动西部和内地的开发，政府采取了一系列政策措施：于 1872 年颁布“自治领土地法案”，规定凡交纳 10 美元注册费的移民，即可领取 160 英亩公共土地；拨付大量土地用于修筑横贯大陆的太平洋铁路；将西部 1／8 的土地约 400 万英亩，拨给学校作办学基金；于 1878 年开始实行保护性关税，将进口工业品的关税率由 15%提高到 35%。据统计，到 1906 年，按 1872 年土地法领取宅地者达 4.1 万户，其中不少人来自英国和美国。不到半个世纪的时间，加拿大的西部基本被占领完毕。

1896 年，随着大量居民移民到西部，西部地区也发生了重大的变化，土地占用率明显提高，但人口稀少的问题依旧存在。因此，加拿大政府制定了切实可行的移民政策，把欧洲和美国的居民吸引到西部草原上来，使农业开发得到了所需的劳动力资源。为了使更多的人了解加拿大西部，增强移民对开发西部草原的信心，政府拓宽了移民的宣传渠道，不惜花费大量资金做广告；而当移民数量得到满足或对西部开发产生不利的影响时，政府又采取种种措施，针对不同移民进行限制，凡此种种，收放自如。

加拿大西部居民有 60%居住在农村，从事农业或服务于农业的行业。随着农业中合作经济组织的发展，农作物产量也不断提高。进入20世纪20年代，内燃机得到了推广和使用，拖拉机取代了马匹，卡车取代了马车，联合收割机取代了旧式的农具。1921年，加拿大西部地区已经拥有34 485台拖拉机，到了1931年，增加到了50 136台。1926年，运货卡车为5 640台，到了1928年，西部草原的小麦出口量已经占到了整个世界小麦出口市场的一半。这一时期，西部草原农业技术已经完成了从半机械化到机械化的转型，并得到了“世界粮仓”的美誉。

为了促进西部地区的开发，1872～1881年，联邦政府组织修建了横贯大陆的加拿大太平洋铁路；实行保护关税政策。这些政策促进了加拿大经济的繁荣和发展。1858年在弗雷泽河沿岸、1896年在育空河支流克朗代克出现了两次淘金热。这期间还发现了镍、银、镭及其他金属矿，使加拿大成为世界主要的矿产国。

第二次世界大战之前，自由党领袖W.洛里埃执政时期，加拿大资本主义经济迅速发展。随着横贯大陆铁路干线的完成，大批移民涌向西部开办农场。西部人口剧增，农业区域不断扩大，谷物产量成倍增长，西部草原区成为世界最大的谷仓之一。近代工业，包括采矿、电力、钢铁、铁路设备、农机制造等工业部门发展迅速。以铁路为主的全国交通运输网开始形成，铁路沿线出现了一批新城市，蒙特利尔和多伦多成为全国经济文化的中心。

（二）新世纪加拿大的西部开发

2000年加拿大联邦政府设立了“供货商发展计划”，主要是帮助西部企业参与政府采购计划的投标，政府采购政策向西部倾斜。政府主导建立了“加西产业联盟”和“西部商务服务网络”，帮助推动西部企业之间结成各种形式的生产联盟、技术合作联盟和营销联盟，帮助西部企业获得成本优势。

20世纪加西地区相对落后的基础设施，已经极大地制约了当地的经济社会发展，进入新的世纪之后，政府资金主要投向重点基础设施建设领域。加拿大联邦政府与省政府合作，采取共同选择投资项目、联合出资的模式发展基础设施。即双方各自研究提出建议，由双方组成的“管理协调委员会”进行论证，选出最应该优先建设的项目，两级政府共同投资建设。政府还采取了各种措施，鼓励私营经济和中小企业的发展。一方面取消对私人投资的诸多限制，另一方面在税收等方面予以扶持：将公司税率分为多个等级，企业规模越小，应缴纳的公司税税率越低，目的就是为了避免优惠政策带来的不公，要给私营中小企业以充分的发展机会。政府还通过金融机构，积极帮助中小企业获得优惠借款和融资资助，除此以外，还协助还款担保、借款保险、信用担保等一系列金融服务。尤其重点扶持生物科技、医疗保健、信息技术、环保新能源、新材料和高段制造、农副产品深加工、旅游等。

从 2008 年开始，加拿大政府对企业扶持的重点，逐步从资金补助转向智力支持，主要是帮助企业吸引和留住人才。比如中小企业雇用理科毕业的大学生就业，政府在 3 年之内为其提供 50%的工资，使到西部就业的大学生与在东部地区的收入水平差距大为缩小，极大地促进了人才向西部地区的转移。

四、其他国家的环境移民

随着工业的发展、人口的不断增长，生态环境恶化的问题日益突出，目前已经成为困扰世界社会经济可持续发展的严重问题之一。针对这一问题，环境移民也随之产生。有些国家在环境移民过程中采取的不同的办法和措施，既有成功的经验，也有存在的问题。国际社会的环境移民状况表明，环境移民主要是自发性的移民，缺乏政府的主导，容易形成环境难民和种族冲突，移民的人权难以得到保证，也不具有可持续发展性；可持续的环境移民要以政府为主导，以国内迁移为主实施移民工程；环境移民工程需要借鉴世界银行工程移民的经验，关键是做好迁入地的选择和评估。国外环境移民的实践对我国生态移民有着重要的借鉴意义。

（一）印度尼西亚的环境移民

印度尼西亚是一个由 13 000 多个岛屿（其中 6 000 个有人居住）组成的国家，历史上在殖民统治时期，人口就主要集中在几个大的岛屿，面临人口分布不合理的问题。20 世纪 40 年代印尼独立后，随着人口的快速增长，人口分布不合理的矛盾更加突出。爪哇岛和邻近的马都拉岛土地面积占全国国土总面积的 6.89%，但人口却占全国的 61.9%。而苏门答腊、加里曼丹、苏拉威西和伊里安查亚四个大岛的人口却仅占全国人口的 29.2%。这种人口分布的不平衡，影响到印尼土地和矿产资源的充分开发和利用。特别是自 20 世纪 60 年代下半期以来，由于人口持续增长，国内人口分布不平衡的矛盾更加尖锐。[①]为了解决人口与经济社会发展的矛盾，印尼政府长期以来推行了一种所谓的“国内移民计划”（Transmigration Program）。

早在荷兰殖民统治时期，殖民者面对印尼人口分布不合理的状况，于 1905 年便开始实施移民计划，移民的重点区域是苏门答腊岛。至 1931 年，约有 30 多万爪哇岛和其他岛屿的居民在政府优惠政策的感召下，到苏门答腊从事种植园工作，但真正长期移居到这些地方的人还是很少，从 1905 ~ 1941 年，总共还达不到 20 万人。印尼独立以后，国内移民计划成为国家发展战略的重要组成部分，总统苏加诺认为，国内移民计划是关系到印尼民族生死存亡的关键问题，在之后的每个国民经济五年计划中，都安排的有移民的目标和任务。但是从落实的情况来看，这些计划尽管有一定的成效，但在实际情况上还是打了很大的折扣，也就是说，部分地实现了国内移民计划的目标。

印尼在实施国内移民计划的过程中，政府发挥了主导作用。从移民类型看，主要是政府主导的环境移民，但也有部分自发移民。为了保证移民能够安居乐业，政府为移居者提供了包括食物、住房、公共服务以及基础设施建设等方面的多种优惠，这对稳定移民发挥了积极的作用。但是由于民族矛盾的存在，大规模的移民也为之后发生的民

① 程超泽，倪新贤.浅析印度尼西亚的国内移民问题[J].人口研究，1983（3）.

族冲突埋下了隐患。此外，大量人口的移入，对生态环境尤其是当地的热带雨林环境也造成了严重的破坏。

（二）格鲁吉亚的环境移民

格鲁吉亚是个农业国，有人口468万，自然资源贫乏，工业产品以钢材和建材为主，较为单一。2014年人均GDP约为3680美元，贫困人口比例高达50%。20世纪80年代以来，气候的变化严重地影响到格鲁吉亚山区人口的生产生活。因此，成千上万的人口由于洪水、滑坡、雪崩等环境自然灾害而变得无家可归，于是从山区向外移民的过程一直在加速进行。

在各个政府管理时期，政府对山区的自然灾害进行了治理，并不同程度地进行移民。在20世纪80年代初期到中期，移民安置都得到了很好的组织。然而到了80年代后期，伴随着苏联的解体和格鲁吉亚愈演愈烈的腐败，格鲁吉亚山区的自然灾害成倍增长，环境移民问题愈加突出。从1981年到2006年，作为国家移民计划的一部分，大约有11 000个家庭（差不多60 000人）从山区迁移到平原并得到安置，同时也有一批自愿移民，因为他们原住地人口超载、土地缺乏，重新定居在格鲁吉亚以及其他地区。

移民迁入地有很多是少数民族人口聚居区，环境移民的流入很快就引起了紧张的局势。由于移民有着自身的社会文化背景，加之不熟悉当地的风土人情和社会规范，与当地居民和社区融合方面常常遇到各种各样的困难。移民迁入地的社区事先也没有做好相应的准备，常常对新来者产生猜忌和怀疑，结果导致原住地居民和新移民之间的关系迅速恶化。

（三）埃塞俄比亚的环境移民

埃塞俄比亚是非洲欠发达国家，长期以来受贫穷困扰，人民生活相当困苦。其北部地区海拔低，气候炎热，不适宜农业生产。在20世纪80年代，政府曾经进行过大规模的人口南迁工程。但由于缺乏规划，计划落实不力，许多移民由于难以适应环境变化，加之医疗服务缺乏，造成了许多移民的疾病和死亡。再加上国际社会认为，移民是对反对派的清洗行为，所以，此次移民遭到国际社会的反对，移民计划最终以失败告终。

五、国外移民开发及环境移民的经验及启示

无论是俄罗斯对西伯利亚的移民开发，还是美国、加拿大对其西部地区的开发，以及其他国家的环境移民，历史地来看，这些不同国度、不同时期、不同方式的移民开发，毕竟有一些共同的东西值得总结，为我们当今的生态移民可持续发展留下了经验和启示。

（一）合理的人口是实现经济开发的重要条件

一定数量和质量的人口，是区域经济发展的前提和基础。作为社会基本生产力和消费力的统一体，人口发展在受到经济发展制约的同时，也会促进或延缓区域经济的发展，从而影响社会发展的进程。俄罗斯、美国、加拿大包括其他国家，在对本国落后地区的开发过程中，都深受劳动力资源短缺的困扰。因此，只有通过向这些地区大量移民，才能实现开发的目的。就美国西部开发而言，人口迁移的基础作用尤为明显。千百万移民涌入西部，既为西部开发提供了大量的劳动者，促进了西部经济的发展；又为东部工业化地区开拓了广阔的商品销售市场，给美国全国经济发展带来的巨大的影响。19世纪美国经济中心不断西移，就是这种大规模人口迁移的直接结果。

各国在移民过程中都采取了一些优惠的措施，以便吸引移民能够安居乐业，美国、加拿大在此方面颇为成功，因而比较充分地实现了开发的目标。应该说俄罗斯对其东部地区的移民开发也是成功的，但相比较而言，目前仍然面临劳动力短缺的问题。而对有些国家如印度尼西亚来讲，就整个国家而言，不是劳动力短缺的问题，而是人口分布不合理的问题，但这同样会影响到开发的效果。

（二）产业发展定位对移民开发成败有决定性的影响

美国、加拿大在其西部开发过程中，产业发展定位相对明确，也能够与时俱进地实现产业的升级换代，如重视高新技术产业的发展，对传统产业进行技术改造。就俄罗斯来讲，前苏联时期的开发已经达到相当的规模和水平，也取得了明显的成就，但开发并没有增强东部地区自我发展的能力。无论是战前还是战后，苏联的东部开发都具有军事目的，战前是为了建立战略后方，战后则是出于与美国的全面抗衡和争夺。与其整体经济发展战略相同，苏联在东部开发中实行的也是优先发展重工业、特别是军事工业的方针，这使苏联原本不合理的产业结构和工业部门结构，以及粗放低效的增长方式在东部开发过程中，不但没有得到改善，反而进一步加强。东西部之间在社会经济发展水平方面仍然存在较大的差距，东部地区没有形成经济持续发展和增长的内在潜力，东部富庶的自然资源并没有带来应有的经济全面发展。与西部相比，东部农、轻、重发展比例和工业内部发展比例失调的问题更为突出和典型，工业结构的重型化、原料化倾向更严重，经济军事化程度更高。

（三）基础设施建设在移民开发中有着不可替代的地位和作用

按照产业结构演进的一般规律，交通运输业应该是两次产业巨大发展的产物。但是，由于美国的西部开发是在独特的历史、地理条件下进行的，所以，独立伊始，美国政府和人民就致力于交通运输事业的改良与发展，把西部开发置于一个发达的交通运输基础之上。从18世纪末叶兰卡斯特大道建筑开始，到19世纪末叶全国铁路网基本形成止，美国的交通运输业发生了革命性的变化。尤其是铁路对西部开发和国民经济的影响如此之大，以致有人称19世纪的美国内陆运输史，基本上是一部铁路成功史。俄罗斯、加拿大等国的移民开发都伴随着大量的基础设施建设，尤其是铁路交通的大规模建设，这对移民开发的成功发挥了重大的影响。印尼为了稳定作为迁入地岛屿上的移民，在基础设施建设方面也投入了大量的资金。这些举措，对我们今天实现生态移民可持续发展，也提供了有益的启示。

（四）作为区域经济增长焦点的城市作用不容忽视

所谓增长焦点，是国外经济学家在综合克里斯蒂勒的“中心位置”假说、佩洛克斯的“增长极”假说和弗里德曼恩的“空间发展阶段”假说的基础上，提出的一个区位经济学概念，旨在能促进相应区域经济一体化。其基本要点有二。其一，增长焦点是一个分层结构。不同层次的增长焦点在产业构成、作用区域等方面迥异。最高层增长焦点称为增长极，中层增长焦点称为经济中心。其二，区域增长焦点的数目和位置，取决于社会经济状况和地理条件，而其大小和功能则由区域需求和区域规模决定。由于城市始终表现为区域的核心，主宰着区域社会经济的发展，所以，所谓增长焦点就是规模不同、大小各异的大小城市组成的城市网络。上述国家在其落后地区的移民开发中，毫无例外地都建立了大大小小的区域经济中心地区——增长焦点，这对带动区域发展发挥了极为重要的作用，对我们今天仍有借鉴意义。

（五）移民开发过程中也应注重迁入地的生态保护

从生态经济学的角度来看，区域开发具有两重性：一是开发利用自然资源的经济发展过程；另一个是适应和打破原有的生态平衡，建立新的生态平衡的生态改造过程。这两个方面又通过生态系统的能量流动和物质循环，有机地结合起来，具体地统一于区域经济开发过程之中。生态环境破坏是区域开发中不可避免的问题，关键在于如何采取措施把这种生态破坏降低到最小的程度，并在尽可能快的情况下重建新的生态平衡。然而，在美国西部开发过程中，由于联邦政府的漠不关心，生态环境破坏不仅规模大，持续时间也长，使森林资源、土壤资源、生物资源等遭到空前的浩劫。大量森林的毁灭，对以后美国经济的发展产生了深刻的影响，生态破坏给美国经济带来了难以弥补的损失。1934 年春天，从包括堪萨斯和俄克拉荷马西部、科罗拉多东部的盆地吹起一阵尘暴，席卷美国 2/3 的地区，一直刮到大西洋。一天之内，3 亿多吨肥沃的表土离开了大平原，900 万英亩良田完全破坏，受害严重的土地将近 8 000 万英亩。自此以后，尘暴频繁，给美国经济、尤其是中西部经济发展造成了严重的威胁。从某种意义上讲，美国经济的发展包括西部的开发，是以对环境的巨大的、对有些地方来说甚至是不可弥补的损失为代价而取得的。这一点作为教训，也是我们今天实现生态移民可持续发展应该吸取的。

（六）新移民与原住居民的关系应该慎重处理

美国几乎每一次向西挺进都踩着印第安人的白骨和血迹行进。由于对印第安人进行了无数次讨伐，致使印第安人人数迅速减少。美国在西部实行种植园奴隶制，也践踏了黑人的自由平等权。加拿大西部开发也存在着类似的问题。印尼在由爪哇岛向其他岛屿移民以及格鲁吉亚从山区向平原移民的过程中，不同程度地都出现了新移民与原住民之间的摩擦和冲突，有的甚至达到流血的程度。在土地资源相对充足的俄罗斯情况要好一些，但斯大林时期也采取强制措施对少数民族进行迁移，也遗留下了不少民族矛盾和冲突的隐患。如何协调和处理好新移民和原住民之间的利益关系，使他们能够和谐相处，这不仅需要政府出面，也是在实现生态移民可持续发展中必须认真对待的。

第六章 历史上陕南移民开发的影响及经验教训

我国现今很多地方的居民并非原住民，历史上不同程度地都经历过移民的过程，如“湖广填四川”的说法就有一定的代表性。所谓的“湖广填四川”是指发生在明末清初的一次大规模的移民。历史上的陕南移民与所谓的“湖广填四川”的移民大潮紧密相连，除了移民时间上有先有后之外，从移民来源上看基本上是一致的。这不仅因为历史上陕南曾经归属过四川管辖，还因为陕南在地理上与四川有着密切的联系。古代的“蜀道”其中相当一部分并不在四川，而是在陕南。这也从一个侧面说明了陕南与四川联系密切。因此，“湖广填四川”也包括陕南在内。这次大规模的移民不仅对四川，也对陕南地区经济社会发展带来了深刻的影响，有不少经验教训值得我们今天总结和借鉴。

一、明清时期陕南地区大量移民涌入的简况及动因

历史上陕南地区经历过多次移民，其中规模和影响较大的是明清时期的移民。

（一）明清时期陕南移民的简要情况

明代是陕南移民的重要历史阶段。由于元末明初的战乱纷争，使得社会生产力受到极大的破坏，人口骤减，严重影响到社会生产的发展。据元至正二十七年（1367）的统计，整个兴元路（包括今安康地区全部以及汉中地区之南郑、洋县、城固、西乡、褒城、凤县）在册

人户 2 149 户，人口总计仅 19 378 人。[①]可见，人丁减少导致的劳动力资源不足，明显地影响到当地的经济发展。针对这种情况，朱元璋采用移民垦荒和屯田的办法调剂人力之不足，明朝政府当时移民的原则是把农民从窄乡移到宽乡、从人多田少的地方移到人少地广的地方。于是，一部分南方移民辗转至秦巴山区。明初流民的进入，迅速增加了陕南的劳动力，促进了当地经济的发展。这些流民进入以后，除了进行农业耕种外，还从事挖煤、采金、烧炭、造纸、制茶等手工业，而这些产业的发展大多依托于深山老林。于是，当时的生产活动开始逐渐向森林扩展，并且人数众多。明代的移民不仅奠定了陕南人口繁衍以及社会经济发展的基础，而且为清代大规模向陕南移民开辟了道路。[②]

除了移民以外，朱元璋时期政府还在全国实行军事屯田，陕南也是当时重要的军屯地，根据明朝嘉靖时期的《汉中府志》记载，汉中府设汉中卫，所属的金州（今安康）和勉县分别设千户所各一个，专门对军屯实行管理，从当时的建制来看，大约 5 600 人称卫，1 120 人称千户所，112 人称百户所。以此推知，汉中府应该有 5 600 人屯田和驻防，安康和勉县各有 1 120 人屯田和驻防。从事屯田的士兵保留军籍，而且世代为军。这些屯田的军队，大部分屯田，小部分驻防，军饷的大部分由屯田的收入支给，实行“以军隶卫，以屯养军”，即安置了为创建大明天下而建功立业的将士，又加强了地方的治安，可谓一举两得。[③]

到了明末清初，农民起义、空前的瘟疫和灾荒以及清初平定“三藩”的战争，对社会生产力造成了极大的破坏。旷日持久的战乱和空前的灾荒、瘟疫使四川及陕南地区的经济遭到毁灭性的打击，直接导致了人口的剧减和土地的大量荒芜。为了避免土地进一步荒废，保证田赋收入，摆脱财政匮乏的局面，在战乱刚刚平息不久，清政府即对四川、陕西等省实行招徕流民开垦荒地政策，并放宽征课年限，鼓励

---

① 《元史》卷 60《地理志三》，《陕西诸道行御史台》.

② 陈良学. 湖广移民与陕南开发[M]. 西安：三秦出版社，1998:28.

③ 陈良学. 明代陕南屯田及移民[J]. 汉中师范学院学报（社会科学版），1998,（1）.

农民承租耕地，垦荒播种，招徕外省流民进入秦巴山区垦荒。顺治六年（1649），清政府正式颁发《垦荒令》；[①]康熙年间，又修订了顺治时的《垦荒定例》；乾隆年间，再次对《垦荒令》进行完善。地方政府也积极响应，宣讲中央政府的政策，并积极予以组织，以低廉的地租安置流民复垦，“客民给钱数串，即可租种数沟、数岭”[②]。在上述优厚政策条件的吸引下，各省没有土地的流民陆续进入陕南，由此掀开了陕南开发的高潮。大量史料表明，在这次移民浪潮中，湖北、湖南、江西、福建、广东、广西等十几个省份的居民大量迁入川陕地区，其中以湖广行省人口最多，因此才有了“湖广填四川”之说。

资料显示，至道光初年，四川的外来移民人数已成为当地的主体部分，其中以湖广最多，其次为广东、江西、安徽等地。据载：“川陕边徼土著之民十无一二，湖广客籍约有五分，广东、安徽、江西各省约有三四分。”（见严如熤《三省边防备览》第十一卷）随着大量移民的迁入，陕南地区人口急剧增长，道光初年，“河谷盆地区的褒城、南郑、沔县、城固、西乡、石泉、汉阴、商州及安康等 10 县，人口由康熙中的 41.6 万增加到道光初的 211.7 万，而同时期其他山地各县（除宁陕、孝义、留坝、定远外）人口由原来的 8.1 万增加为 146.1 万，人口增长率分别 408.9% 和 1703.7%，迁移增长率分别为 141.3%和 1436.1%。”[③]

从全国范围来看，清朝年间随着人口的增长和封建地主土地兼并的日趋加剧，加之长江、珠江流域的自然灾害频发，大批破产农民被迫背井离乡流移到地广人稀之地垦荒种地。陕南不仅具有优越的农业地理环境和交通位置，赋税和地租也相对较轻，而且当地有鼓励农业垦殖的政策，这些条件都成为移民辗转而来的首选因素，因此，导致了明清陕南地区出现大规模的移民潮。

---

① 陈振汉．清实录经济史资料·顺治－嘉庆朝（农业编·第二分册 1644-1820）[M]．北京：北京大学出版社，1989.

② 严如熤．《三省边防备览》[M]．中国西北文献丛书编辑委员会．《中国西北文献丛书·西北稀见文献丛书》第 4 卷《小方壶斋舆地丛钞》第 6 帙．兰州：甘肃文化出版社，1999.

③ 萧正洪．清代陕南的流民与人口地理分布的变迁［J］．中国史研究，1992（3）.

（二）明清时期陕南移民的主要原因

明清时期陕南地区之所以出现大规模的移民潮，根据现有史料来看，其主要原因有以下几个方面。

1. 连绵不断的战乱

被称为“湖广填四川”的这次大移民的原因有多种说法，在民间流传最为普遍的说法是，“张献忠剿四川，杀得鸡犬不留”。现有史料表明，这种说法未免有夸大之处，在很大程度上也有污蔑、丑化、抹黑农民起义将领的成分。[①]退一步讲，如果这种说法成立，“张献忠剿四川”也只是造成清初四川人口减少的一个因素，并非全部，更不是唯一的原因。诸多史料显示，从崇祯十七年（1644 年）到康熙十九年（1680 年）的 30 多年间，四川及周边地区战乱频仍，有清军和地主武装与张献忠农民起义军之间围剿与反围剿的拉锯战、南明政权与清军的战争、南明政权内部的争斗，以及吴三桂之乱，等等。其持续时间之长，争夺之激烈，史所罕见。由此才造成四川及周边地区生灵涂炭，人烟稀少，土地荒芜，一片惨景。有史料记载：陕南经过明末农民战争，清朝统一战争，康熙时期平靖三藩战争，兵灾之后，再次出现明初时期的荒凉景象，土地荒芜，人烟稀少。据《西乡县志》记载，清代初年陕南地区人口稀少，多数土地荒芜，致使“虎迹狼蹄多于人迹，千里幅员，大半黄茅白苇”（见《西乡县志》卷九《风俗》）。这一时期的荒凉景象从陕南在册耕地的减少情况可见一斑：明朝末年汉中府在册耕地 13 146.12 顷，清初却只有 6 890.10 顷，仅为明末的 52.4%；商州明末在册耕地 7 729.02 顷，清初只有 2 488.29 顷，仅为明末的 32.19%；兴安州明末在册耕地为 18 746.61 顷，清初只有 1 460.14 顷，仅为明末的 8%。[②]由此可见，陕南地区战后人烟稀少，严重缺少人气。这应该是需要大量移民的主要原因。

① 胡昭曦.张献忠屠蜀考辩（兼析湖广填四川）[M].成都：四川人民出版社，1980.

② 薛平拴.明清时期陕西境内的人口迁移[J].中国历史地理论丛，2001（1）.

2. 频发的灾荒瘟疫

顺治初年，旱灾席卷四川大地，也波及陕南地区。顺治四年（1647年）“饥馑频仍，是仓溪似洪荒之世”，次年因“大旱大饥大疫，人自相食，存者万分之一”。崇庆县“赤地千里，人相食”，川南“大荒，饿死者日无计数”。长期战乱和灾害之后的是鼠疫肆虐。顺治五年，“瘟疫流行，有大头瘟，头发肿赤，大几如斗；有马眼睛，双目黄大，森然挺露，有马蹄瘟，自膝至胫，青中肿如一，状似马蹄，三病中者不救”。重庆江津一带大疫，不少地方“全村皆死”。到了乾隆三十七年，周边地区自然灾害也导致大量移民进入陕南地区。史料记载：“川楚间有歉收处所客民就食前来，旋即栖谷依岩，开垦度日。而河南、江西、安徽等处贫民亦多携家室来此认地开荒。络绎不绝，是以近年户口骤增至数十万”（见严如熤《三省边防备览》卷十四《兴安升府议》）。嘉庆初年，“流民之入山者，北则取道西安、凤翔，东则取道商州、郧阳，西则取道重庆、夔府、宜昌，扶老携幼，千百成群，到处络绎不绝”（见《清经世文编》卷三十六《陕西农田水利畜牧考》）。到嘉庆末年，陕巴老林地区“江、广、黔、楚、川、陕无业者侨寓其中以数百万计，仅盩厔一县，道光三年查明就有客民十五万”（见卢坤《秦疆治略》）。道光年间，陕南各地客民占总人口的比例大致为 82.7%。① 清代康熙中期陕南人口在 50 万左右，100 余年后，陕南人口达到了 396 万余，增长率为 697.9%。②

3. 激烈的人虎冲突

秦巴山地林莽丛生，四川及陕南地区森林覆盖率占 80%，历来属于动物资源丰富的地区。陕南地区更是河流纵横，水资源丰富，沮水、胥水、洵河、丹水等河流自秦岭发源汇入汉水，温和湿润的气候也为各种动植物的生存、生长提供了条件。历史记载表明，原始优越的自然环境使这一地区自古多虎。然而，明清时期的虎患猖獗是与长期战

① 葛剑雄，等. 中国移民史（第 6 册）[M]. 福州：福建人民出版社，1997.

② 史念海，萧正洪，王双怀. 陕西通史历史地理卷[M]. 西安：陕西师范大学出版社，1998.

乱紧密相连的。清初，是四川及陕南地区遭遇虎患最为酷烈的时期。嘉庆《续修汉南郡志》卷 26 记录了明万历年间汉中知府崔应科悬重金招募杀虎勇士而亲撰的《捕虎文》，对当时的虎患情景作了详细的描述："惟兹汉郡，幅远多山。从尔西乡，尤处山薮……虎豹成群，白沔山峡，白额恣噬，初掠牛羊于旷野，渐窥犬豚于樊落，底今益横，屡极残人。昏夜遇之者糜、白昼触之者碎。"充分展现了虎患严重，对人的伤害程度愈演愈烈的趋势。虎患从最初在旷野中掠食牛羊，到村庄聚落中偷食猪狗，再到多次残人、伤人，无一不表明了当时人虎冲突的剧烈程度。康熙年间再次爆发的虎患，有过之而无不及，"不特虎迹交于四郊，而且午夜入城伤害人民，殃及牲畜"。为此，时任知县的王穆"于是县重赏募善捕虎者数十人，挟弓矢入林莽……捕者癸巳（1713）至乙未（1715）射虎六十有四"[①]。3 年之内射杀 64 只虎也不算小数目，可见当时虎患严重的程度。人虎冲突一方面说明陕南自然生态环境良好，动物特别是老虎的数量较多，但另一方面也应看到，这种人虎冲突与长期战乱、灾荒、瘟疫造成人烟稀少有着绝大的关系。人与动物的冲突更多的是社会生产力遭到严重破坏的结果，在一定意义上也说明了向陕南地区大规模移民的需要。

二、明清陕南移民对经济社会发展的影响

"湖广填四川"这次大规模的移民发生在清朝前期和中期，先由政府倡导，后成民间自发，最终成为政府倡导与民间自发相结合的移民运动，更是中国历史上一次成功的经济性移民。这次移民对陕南地区经济社会带来了广泛的影响。

（一）经济影响

1. 促进了陕南农业的开发

移民的到来，不仅带来了大量的劳动力，为移入地经济开发提

① 陈显远. 汉中碑石[M]. 西安：三秦出版社，1996：204.

供了必不可少的人力资源，而且也带来了迁出地较为先进的农作技术。其中最为突出的是陕南居民所交口赞誉的“楚民善开水田”“蜀民善开山地”（见《汉中府志》卷21《风俗》）的技能。陕南农业栽培技术的改进、稻麦两熟制的进一步普及推广、棉花种植范围的扩大以及经济作物和经济林木的生产技术的提高，都与外来移民有着密切的关系。陕南移民、流民的大量迁入，是以能够提供足量粮食为基础的。而陕南地区粮食的增加主要取决于耕地面积的扩大，以求广种薄收。因此，大规模垦荒运动成为明清时期陕南地区农业开发的一个显著特点。

明清时期，陕南存在着大面积的无主荒地，除在战乱中抛荒的土地外，大部分是人迹罕至的深山密林或开发度极低的零星荒地。这些荒地当时被统称为南山老林和巴山老林，根据植物生长的特点，草木不生之地同样不适于农作物种植。因此，毁林开荒是陕南耕地扩张的主要方式，这样既能清出耕地，又能焚草木以肥田。“山中开荒之法，大树巅缚长钽，下缒巨石，就地斧锯并施。树既放倒，本干听其霉坏，硕其旁干作薪。叶植晒干，纵火焚之成灰，故其地肥美不须加粪，往往种一收百”（见《三省边防备览》卷11《策略》）。草木砍除以后，将田地中沙砾石块清除以后方可翻地种粮，“大约数年后之后才成熟”（见《沟阳县志》卷11《物产》）。垦荒活动是极其艰辛的，但是，随着垦荒运动的日渐深入，耕地扩张的范围也逐渐失去控制，陕南有许多地方不适于开垦的区域也被开垦殆尽。

2. 逐步形成了陕南立体的农作物种植结构

陕南除了汉中盆地和一些谷地之外，多为丘陵和高山之地。经过外来移民的充分垦荒，因地制宜，陕南地区逐步形成了立体的农业结构，即按照地势划分，由低到高为平原—丘陵—高山三个阶梯，农作物的栽培种植的种类也各有侧重。由于乾嘉时期迁入陕南的移民多为南方各省水稻产区之人，喜食大米，因而将水稻栽培和生产技术带入陕南，在陕南的一些平原、谷地栽培水稻。但清朝年间陕南的水稻种植并不普遍，所种植的面积也仅占很小的比例。在丘陵地带，大多种植旱地作物，主要有大小麦、豆类、高粱等，其中尤以玉米种植面积为最大。在海拔较高的高寒区，则以燕麦、荞麦、马铃薯等耐寒作物为主。这种立体的农业种植结构，首先使陕南地区可用的土地资源得到充分利用，同时也体现出了北方的旱作农业和南方的稻作农业两种不同类型的农业耕作体系在陕南因地制宜，得到了有机地结合。这种农业结构的改变，与外来各省移民迁入陕南的贡献是密不可分的。

3. 促进了陕南经济作物和经济林的开发

陕南地区最主要的经济作物为烟草和棉花。明末清初，烟草已经传入陕西，康熙后期，城固县已有“较他邑为胜”的烟草种植，清嘉庆、道光时期，烟草种植在陕南得到了广泛推广。由于移民的大批迁入，陕南地区原有的植棉业获得更快的发展，其中湖广棉区人口的迁入对陕南棉花的大量种植起了较大地促进作用。尽管清代陕南地区经济作物的种植已经有了一定的规模，但种植面积的绝对值仍然很小，并未形成集中的产区。茶叶是陕南最重要的经济作物。明代中叶，汉中府的茶叶生产已经有了相当规模，成为西北边境茶马贸易的重要商品基地。陕西茶叶又称“汉茶”，“汉”即汉中府简称。汉茶主要产自西乡，大批移民迁入之后，茶叶产区的范围不断扩大，紫阳县也成为陕南最重要的产茶县。清代陕南唯紫阳茶有名，使西乡之茶一度几乎绝迹市场。这一变化显然与移民的扩大生产有关。漆树是陕南山区重要的经济资源。乾隆中期以后，南方移民包括宝庆府来的移民，将割漆技术传入陕南。道光时，平利县即有漆会船帮与漆商家，专门从事生漆和漆油的收购与贩运。另外，油桐也成为陕南山区主要的经济林。

这一时期的经济作物蚕桑、苎麻、柑橘等的种植面积也不断扩大，由此可知，清代陕南地区对经济作物和经济林的种植、开发和利用，与外来移民带入当地先进的生产技术息息相关。

4. 促进了陕南手工业和加工业的发展

大规模移民进入秦巴山区以后，除了种植杂粮以维持生计外，还兼营多种手工业。随着农业和林业的发展，与之相联系的加工业也逐步发展起来，在此期间各地开设了许多工厂，有铁厂、木厂、纸厂、炭厂、药厂等。从事这些工业生产的人数多则达到数百人，少者亦有数十人。另外，还有许多手工业作坊遍布秦巴山区，手工业的发展进一步使大量外来移民聚集于此，从而使陕南山区的森林资源和矿产资源也得到了广泛开发。很多移民从事手工劳动，被雇佣成为手工工匠或手艺人，如木匠、泥瓦匠等，也有移民从事专业性较强的手工生产，进入纺织、桐油、生漆、丝织、茶叶加工等行业。据记载，清中期陕南地区的矿主雇佣的人多是外来移民。更多的劳动力从事手工业，必然会促进陕西手工业的繁荣。①著名史学家孙达人先生认为，陕南在清朝年间是我国资本主义萌芽较早的地区之一，“到了清前期，这个山区的经济面貌突然在一段时间里发生了相当迅速又巨大的变化。当时，不仅有广阔的荒地和老林得到了开垦，更引人注目的是，甚至还出现了在当时的中国堪称规模最为巨大的手工业工场，从而使这个原先较为落后的山区，一跃而成为我国当时资本主义萌芽的发祥地之一”②。不幸的是，陕南的这种繁荣没有能够维持下去。

5. 促进了陕南水利灌溉业的发展

陕南年降雨量较为丰富，本不缺水，但在农作物生长的春夏旺季，却雨水稀少，旱象屡现，而陕南的地势多为山高坡陡，难以引河水灌溉。为了消除旱灾的威胁，当地居民和外来移民逐渐摸索出一种有效的渠堰之法，即沿溪河筑堰蓄水，然后顺渠道引水灌田。而此渠堰之法正好为川楚移民所擅长，因此便有了“蜀民善开山地”“楚民善开水田”（见《宁陕厅志》）的记载。嘉庆时期，略阳县、留坝厅等地，川楚徙居之民就溪河两岸地稍平衍者筑堤障水，开作水田，又垒石溪河中，道小渠以资灌溉。《三省边防备览》曾记载“南人善垦稻田”，他们“用南方渠堰之法，以收水利”（见《三省边防备览》）。汉阴厅有些

① 史照鹏，曹敏.试论清代两次迁陕移民对陕西经济社会发展的影响[J].唐都学刊，2015（1）.

② 孙达人.《湖广移民与陕南开发》[J]. 汉中师范学院学报：社会科学版，1998（3）.

地方已“一岁之获，可支数载”（见《汉阴厅志》卷 9）。水利灌溉业的发展，加速了陕南的农业开发进程。

（二）社会影响

1. 促进了人口的合理分布

陕南历史上一度曾是中央政府财政收入贡献较大的区域。由于战乱、自然灾害和瘟疫频发，使得陕南地区人口锐减，直接影响到这些地区的经济和社会发展，也影响到政府的田赋收入。因此，明末清初这次外来移民的大量迁入，使长期沦陷于战乱与苦难中的富庶的陕南地区，因为人口的增加从而在经济、文化、社会各个方面逐渐走向复兴，使得人口生存的空间得以合理分布，这在一定程度上也为后来的“康乾盛世”的到来准备了条件。

2. 改变了汉唐以来由北向南移民的格局

汉唐以来，我国的移民基本的走向是由北方迁移到南方，这与北方匈奴的侵入有关。而被称之为“湖广填四川”的这次移民，改变了以往移民的走向，开创了由东向西（包括由南向北）大移民的先例，实现了由政府强制移民到支持鼓励性政策移民的转变，由被动的政治性移民向自发性的经济移民的转变。

3. 促进了移入地社会的开放

移民的迁入带来了新的生产技术的同时,也带来了新的社会风俗、思想观念，不同区域的移民带来的文化与当地的土著文化在不断地冲突和融合中，使得移民迁出地的风俗与土著风俗相整合，风俗文化出现了多元化。清中期，大批以四川、湖北为主的移民迁入陕南，陕西境内特别是陕南地区出现了巴蜀、荆楚、关中以及岭南等多区域的多文化并存现象，风俗文化上有明显的体现。①

移民的来源虽然主要来自于湖广行省，但其他省份也有数量不等

① 史照鹏，曹敏. 试论清代两次迁陕移民对陕西经济社会发展的影响[J].唐都学刊，2015（1）.

的移民迁入。大量外来移民的迁入，使得各地的风俗习惯、生活方式和生产方式得以借鉴、融合，在客观上促成了秦岭、巴山地区以及自成一隅的四川对全国的一次大开放。外来人口的大规模迁入，还在一定程度上促进了人口的繁衍和人种的优化，对迁入地的社会结构和社会面貌也产生了强烈的震荡和冲击。[①]

三、明清陕南移民的经验教训

从以上分析中不难看出，历史上的陕南移民应该是“湖广填四川”这次大移民的一个重要组成部分。移民在极其艰苦的自然条件下，披荆斩棘，创业垦荒，在很大程度上医治了陕南由于战乱、瘟疫和自然灾害所造成的巨大创伤，促进了陕南经济特别是农业经济的开发，这是应该充分肯定的。

（一）主要经验

1. 政府主导的移民对人口的合理分布发挥了积极作用

明清时期的陕南移民从总体上看，属于政府发动的一次大规模的移民，移民问题包括很多政策的实施，都受到清朝几任皇帝的密切关注，地方长官的奏折也记载了当时的真实状况。作为中央政府主动向主要因为战乱灾荒而导致人口稀少的地方移民，这应该算是很有远见的举措，后来的事实也证明了清朝政府所作出的移民举措，其影响是深远的。虽然就目的来讲，当时是为了维护封建统治，但客观效果则是促进了全国人口的合理分布，对迁入地经济社会发展产生了积极的影响。除了政府发动大规模的移民之外，这一时期大量自发迁移的流民对陕南经济社会的繁荣和发展也作出了贡献。由此可见，人口的合理分布对于一个地区区域经济社会的发展，会带来至关重要的影响。

① 陈良学.明代陕南屯田及移民[J]. 汉中师范学院学报（社会科学版）1998（1）.

2. 宽松的土地政策实现了移民的安居乐业

面对战争对农业所造成的巨大破坏，为了早日恢复生产，增加赋税收入，顺治六年（1649 年）清政府颁布“垦荒令”，“招徕各处逃民，不论原籍别籍，编入保甲开垦荒田，给以印信执照，永准为业”，三年之后按亩征粮，不得“预征私派”，并以劝垦的多寡作为考核地方官的一个条件（见《清朝文献统考·田赋一》）。但是由于“缘无人承种之地，耕熟之后，往往有人认业，遂起讼端”（见《清朝文献统考·田赋二》），因此，“垦荒令”的实施遇到了极大的阻力，难以展开。直至康熙七年（1668 年）云南道御史徐旭令还上奏说“垦荒令行之二十余年，而未见成效”（见《清朝文献统考·田赋二》）。因此，康熙二十二（1683 年）政府规定：“凡土地有数年无人耕种完粮者，即系抛荒，以后如已经垦熟，不许原主复问”（见《清圣祖实录》，卷一〇八，第 12 页）这就为“垦荒令”的推行，排除了一个障碍。可见，“垦荒令”及后来的土地政策，使一部分农民获得小块土地的所有权，清政府也在法律上予以承认，这种做法对于农业生产的恢复和发展，起了极大地促进作用。在这种大背景下，陕西也积极采取措施，招民垦荒，恢复生产。

3. 优惠的税收政策保证了移民的休养生息

土地荒芜，税源不足，造成清政府财政越来越大的亏空。这种入不敷出的情况，直至康熙初年，依然没有好转。为了扩大税源，发展生产，清政府采取种种措施鼓励开荒以增加税源。同时还一再放宽起课年限，康熙十年规定四年起课，十一年又宽至六年起课，十二年规定“通计十年方行起课”（见《清朝文献统考·田赋二》）。不准原主“认业”和放宽“起课”年限等措施，对扩大垦荒面积起了重要作用。到乾隆三十一年（1766 年）全国耕地面积，已经达到 740 余万顷，比顺治十八年增加了 34.8%。从当时的情况来看，土地的增加就意味着财源的增加。

（二）深刻教训

明清时期的陕南移民,初期的开发特别是对森林的开发是适当的，但是，到了后期明显地出现了过度的开发，这种过度开发是以严重破坏自然生态环境为代价的。从后来的结果来看，农业垦荒破坏了生态系统的平衡，生态系统的失衡又反作用于农业生产，并最终制约着农业生产的持续发展。随着垦荒运动的日渐深入，耕地扩张逐渐失去控制。陕南许多不适于开垦的荒地都被不加区别地辟为农田，因此，陕南的农业开发在很大程度上带有野蛮开垦、滥行扩张和粗放经营的特点，由此对自然环境产生了一系列消极的影响。

1. 陕南宝贵的森林资源受到了毁灭性的破坏

数百万的移民蜂拥而至，且绝大多数进入了山地较多的厅县从事垦殖、伐木、烧炭、木厢制作、造纸、种植木耳等生产活动，这些生产活动无一不是以山地林木作为资源的。为了维持生计，获得巨大的经济利益，流民不惜以砍伐森林、进军山地作为代价，从河谷平原到低山丘陵到中山再到高山沟壑，层层推进，对陕南资源的全面开发就这样梯次展开。这种掠夺式的开发对当地的生态环境产生了难以恢复的影响。我们可以从一些地志资料中管窥当时的情景。如位处秦岭南坡的留坝厅（今留坝县），提及“物产”时，云：“木宜松、柏、柳、椿、桑、柘、楸、槐、椵、桐、榆、漆、紫柏、青棡，其他杂木皆所常有，数十年来客民伐之，今已荡然，惟太白河、菜子岭、光化山尚有老林”（见《留坝厅志》卷 4《物产》)。时人作诗道：“在昔山田未辟时，处处烟峦皆奇幼。伐木焚林数十年，山川顿失真面目。”（见《留坝厅志·文征录》）乾隆年间，西乡县“西南巴山老林，高出重霄，流民迁徙其中，诛茅架屋，垦荒播种，开辟大半”（见《秦疆治略》)。大批移民入陕，大多数人开垦荒地，许多森林被砍伐。“乾隆中，邑境多老朳荒林，并未开垦，居民绝少”（见《紫阳县志》卷 6《补遗》)，但不久老林已被垦尽。大量的荒山被开垦并种植，流民“其日常食以包谷为主，老林中杂以洋芋、苦荞，低山亦种豆麦、高粱”（见《宁陕厅志》卷 1《风俗》)。如紫阳县山林“乾隆末年尽已开垦，群兽远迹，石骨崚嶒，向之森然蔚秀者今(道光时)已濯濯矣”(见《紫阳县志》)。除了森林外，植被也遭到大面积的毁灭性破坏。在陕南的农业垦植运动中，耕地的滥行扩张和森林滥伐，导致植被的大面积消失。开发的深入、农业耕作线的迅速推进和森林的滥行砍伐，造成了陕南耕地扩张和植被消失的同步发展。所以，陕南农垦高潮时期同时也是植被的急剧变迁时期。最为严重的就是植被遭到毁灭性破坏。植被在农业上具有防风固沙、保持水土、调节气候等作用。随着人类生产活动范围和规模的扩大，天然植被覆盖面积缩小是历史必然，但是，为了维护社会生产持续稳定地发展，对植被的开发利用必须遵循科学、合理、渐进和替代等原则。只有这样才能既为人类提供取之不尽的自然资源和适宜的农业生态环境，而又能避免植被的毁灭性破坏。而陕南大规模的农业开发中，导致了植被的大面积消失。

2. 引发了人与动物的冲突，导致动物物种的减少

明清两代，陕南地区成为以湖广、闽粤为主体的全国性大移民的焦点，大规模的官方、非官方移民涌入秦巴山地，土地垦殖幅度剧增，生产方式发生巨大变化。人们开山种地，伐林开荒，办厂开矿，使得陕南的生态环境随之发生了剧烈变化，进而破坏了老虎生存、栖息的环境。乾隆元年时期，移民开发把耕地范围扩张到了山地、丘陵，这是农田垦殖突破传统范围的标志，但同时也是生态环境逐渐萎靡的开始。在森林物种资源方面，一些动物群落不断减少，生物数量乃至物种不断消失。明代川北陕南出没寻常的华南虎消失就是很好的例证。清初关于虎患的记载有：“直至清初，华南虎在四川分布广泛，说明那时垦殖率还比较低，森林相对茂密。”“西乡县山深林密，经常有老虎出没，清溪、桑园铺等地均有虎食人。”乾隆以来，蜀道沿线各府县仍有虎患，但较清初已经锐减。因此，随着移民的涌入，物种消失的进程显著加快。

3. 不合理的开发导致了严重的水土流失和自然灾害频发

陕南植被的大面积毁坏，与清代外来移民大规模迁入有着直接的关系。在较短的时期之内，数百万人口迁入陕南山区，原有的荒地开垦殆尽，为了维持生计，他们又向深山老林推进，大规模砍伐森林，开垦新的耕地。此时，移民的大举迁入，对陕南经济的开发促进作用日渐减小，取而代之的是使陕南地区背上了沉重的人口包袱，有限的耕地要养活越来越多的人口，人口的增长速度已经抵消甚至超过了经济的增长速度，人地矛盾逐渐加深，并陷入一种不可自拔的恶性循环之中。

植被毁坏、次生林与人工林后续发展不足以及玉米在坡地的大面积种植，致使陕南的水土流失、耕地贫瘠化矛盾加剧，自然灾害频繁发生。如至道光时，西乡县重要的水利设施五渠堰经常遭到山洪破坏。结果西乡县嘉庆二十五年、道光二年、六年接连发生严重水灾。康熙以后四十余年间，由于秦岭一带老林开空，每当大雨到来之时，山水陡涨，夹沙带石而来，沿河地亩，屡被冲压。随着移民的迁入，垦荒不断向深山老林推进，同时也为后来的山洪、水灾等自然灾害的频繁发生埋下了严重的隐患。首先，在高山密林区，地气高寒，气候恶劣，“三四月积冰甫消，至八月又霏霏下雪”，“老林之旁地气高寒，只宜种燕麦苦荞，即包谷不能种”（见卢坤《秦疆治略·西乡县》清刻本，第54页）。农作物生长十分困难，实难耕垦。其次，该区土层松薄，加之山势多在三十度以上，土壤抛冲力极强，一遭雨水，泥沙俱下，只留下一片荒山秃岭。但尽管如此，一些可垦限度之外的荒地还是被不加区别地辟为农田。因此，陕南农业开发在很大程度上带有野蛮开垦和滥行扩张耕地的特征。

人类社会的经济发展是人类生产活动与自然环境相互作用的过程。社会生产改造自然环境的固有状态，而自然环境的变化又反过来影响人类的生产活动，二者是相互依存，相互制约的。明清陕南落后的农业开发方式导致了自然环境的恶化，同时，恶化了的环境又反过来限制和阻碍着当地农业经济的发展，致使该地区农业经济始终不能从传统落后状态中解脱出来并取得较大进步。

应该看到，今天陕南的生态移民与历史上的移民有着本质的不同，首先，移民的条件不同了，如果说历史上因为有大量可供开垦的土地吸引了移民，而生态移民则是在人口密度增加，可供开垦的土地有限的情况下进行的移民，因此移民往往是向人口更加稠密而非稀少的地方迁移；其次，如果说当年的移民是为了增加政府财政收入和加速边远地区的开发，生态移民则是国家花费了巨额费用，以保护生态环境，或者说是以减少开发为目的的移民；更重要的一点是，历史上的移民活动，封建统治者很少许诺要改善移民的生活，而生态移民的目的却是改善移民的生活，增加移民的收入水平。在这些不同的背后，一个最重要的区别是国家在移民活动中所起的作用不同。

历史是一面镜子，历史上移民的经验教训还是值得我们今天借鉴的，一些做法也对我们今天有重要的启发意义。

第七章 我国生态移民的历程与经验教训

可持续发展是人类社会不断进步的永恒主题。生态移民是从保护和恢复生态环境、发展经济出发，把原来位于环境脆弱地区高度分散的人口通过移民的方式集中起来，形成新的村镇或移民社区，以达到人口、资源、环境和经济社会协调发展的目的。实践证明，生态移民是促进区域经济社会发展和生态环境优化、实现二者双赢的正确选择。

严格意义的生态移民是在我国改革开放之后出现的，由于我国中西部地区生态环境面临的矛盾和问题更为突出，因此，我国改革开放以来，中西部地区生态移民不仅起步早，规模大，而且在生态移民安置、后续产业发展、移民社区管理以及迁出地生态环境整治等方面积累了一定的经验，也有一定的教训。认真总结我国生态移民的经验教训，对今后生态移民的可持续发展有着十分重要的意义。

一、我国生态移民的历程

新中国成立以来特别是改革开放以来，随着我国经济的快速发展和人口的持续增长，生态环境所面临的压力也相应增大，主要表现在：水资源持续短缺，草原牧场退化，森林植被减少，环境污染加重，水土流失严重，土地沙漠化面积不断扩大，自然灾害发生的频率也在加快。我国西部地区是我国生态环境最脆弱的地区，自然环境恶劣、生态压力巨大，而生态环境问题往往与贫困问题是交织在一起的，且相互影响，在一些地区已经陷入一种恶性循环。新中国成立后，我国贫困地区人口也是超常增长，在过剩的人口压力之下，人们逼迫对自然资源进行掠夺性开发，导致资源的过度利用，从而使本已脆弱的生态环境日益恶化。我国现有贫困人口主要集中分布在自然环境恶劣、干旱缺水、交通不便、地域偏僻的地方，这些地方生产力水平和社会发育程度较低，教育科技文化卫生相对落后。多年的扶贫开发经验表明，在这些地方要原地改变当地群众的生存状况，实现脱贫致富，是十分艰难的，而且，生态环境面临的压力不断加大，生态移民正是在这样一种背景下应运而生的。审视我国的生态移民的发展历程，可以发现，到目前为止大体上经历了三个阶段。

（一）生态移民的兴起阶段

在我国，最初意义上的生态移民是在20世纪80年代出现的，从1982年开始，宁夏回族自治区南部山区，因生态环境的极端恶化，致使居民无法保障正常生活，被国家定义为“特困地区”。如何使处于“特困地区”的居民能够生存下去，便尝试可否在政府的组织下迁移至外地生活，这便是我国最早的生态移民。由于这次移民的最主要目的仍然是解决“特困地区”的居民的生存问题，而不是实现“特困地区”的可持续发展，因此这次移民还不能算是真正意义上的生态移民。之后，宁夏回族自治区先后组织实施了“吊庄移民”、“1236 工程”移民、异地扶贫搬迁移民，数十万贫困群众走出大山，对保护生态环境，推动山区群众脱贫致富，实现可持续发展发挥了重要作用。这应该算是严格意义上的最早的生态移民。

甘肃省也是实施生态移民较早的西部省份，据统计，自 1983~1999 年底，甘肃省从中南部贫困地区向河西走廊和沿黄河两岸移民56.92 万人，[①]从 1994 年起近 10 年时间，新疆行政村规模的移民搬迁点先后达 120 多处，累计搬迁贫困农户 4.56 万户，20.98 万人。同时，国家在 1998 年长江大洪水发生后开展了大规模的移民建镇活动，以减少未来可能发生的洪水灾害损失，搬迁约 246 万人，取得了较好的效果[②]。

---

① 何涛.生态移民的喜与忧 [J]. 发展，2008（3）.

② 李东.中国生态移民的研究——一个文献综述[J].西北人口，2009，（1）.

（二）生态移民快速发展阶段

为了保证生态移民健康有序地推进，在局部试点的基础上，从2000年开始，国家为生态移民制定了一系列相关的政策法规及规划。2001年4月，原国家计委发布的《关于易地扶贫搬迁试点工程的实施意见》，明确了试点工作的基本任务，即在西部地区开展易地扶贫搬迁试点，这是在新形势下探索新世纪扶贫工作的新途径，也是促进西部地区生态环境改善的一个有益尝试。通过试点，在解决部分贫困群众脱贫和恢复改善迁出地生态环境的同时，积极探索、总结开展易地扶贫搬迁工作的主要形式、基本特点、主要方法和经验教训，为今后的推广打好基础。2001年6月，国务院发布实施的《中国农村扶贫开发纲要（2001—2010年）》第19条规定：稳步推进自愿移民搬迁。对目前极少数居住在生存条件恶劣、自然资源贫乏地区的特困人口，要结合退耕还林还草实行搬迁扶贫。2002年12月14日国务院颁布的《退耕还林条例》直接提到涉及生态移民的有关事宜，其中第4条规定：结合生态移民实施退耕还林；第54条规定，国家在退耕还林的过程中，鼓励实施生态移民，对已实施生态移民的农户给予生产、生活方面的补助等等。[①]2001至2003年，我国在云南、贵州、内蒙古、宁夏4省（自治区）开展国家组织的易地扶贫搬迁试点工程，计划搬迁贫困群众74万人，其中我国沙尘暴源头的内蒙古，计划用6年时间移民65万人，截至2003年，全区移民已达29万人。2004年，易地扶贫搬迁试点范围由4省（自治区）扩大到云南、贵州、内蒙古、宁夏、广西、四川、陕西、青海和山西9省（自治区）。[②]2005年起，我国生态移民逐渐步入快速发展轨道。同年，规划投资75亿元的“三江源”地区（长江、黄河和澜沧江的源头汇水区）生态保护与建设工程启动，5万生态移民陆续从“三江源”地区搬出。据统计，自国家实施西部大开发战略以来，西部地区已有70万人实施了生态移民。[③]2008年起，宁夏

① 国务院．退耕还林条例[Z]．中华人民共和国国务院第367号令，2002．

② 宋建军．我国生态移民的起源以及相关政策[N]．中国民族报，2005-10-14（6）．

③ 阿布力孜·玉素甫，陈祖群．生态移民反贫困的实证研究[J]．广西民族大学学报：哲学社会科学版，2007（3）．

回族自治区大规模实施生态移民工程，计划用 5 年时间完成 20.68 万人的搬迁任务。工程实施三年来，已累计批复 16.08 万人的移民安置工程建设，建设移民住房 190 万 m^2，2010 年底可实现搬迁定居移民 12.2 万人。广西决定在 7 年内异地安置 40 万生活在人均耕地不到 0.02 hm^2 地段的特困人口。甘肃从南部干旱贫困山区向黄河灌区移民 20 多万人。青海从其东部环境恶劣地区向柴达木盆地移民 10 万。广东从其北部石灰岩山区向广州市郊等地移民 10 多万。传说有“野人”出没的湖北省神农架林区正加快生态移民的速度，计划近 3 年内将居住在茂密森林内的 1 万多人悉数迁出，使珍稀野生动物在无人环境里自由繁衍生息。京津风沙源治理工程，目前已经移出了 4 万农民，原来的区域生态状况改善了，农牧民群众的生活水平提高了，实现了“双赢”的目标。黑龙江省清河林业局共有 2120 户 6 300 余人撤离森林腹地。浙江省丽水专门编制出台《十万农民异地转移规划》，从 2008 年开始，用五年时间引导和鼓励 10 万居住在高山远山和地质灾害隐患点的农民，整村撤并搬迁到中心镇上。近几年，黄河下游滩区计划数万移民搬迁，也取得了一定效果。①

在这一阶段，生态移民作为扶贫开发战略的重要手段和措施，越来越受到各级领导部门重视，生态移民所倡导的可持续发展逐步深入人心。党中央、国务院十分重视生态移民的发展状况，党的十六大报告提出“有步骤、有计划地实施生态移民试点工作”，把生态移民正式提到了党和国家议事日程上，党的十六届三中全会上进一步明确了生态移民与我国西部大开发的关系，指出“西部大开发是我国社会经济发展的重大战略，从我国可持续性发展的战略出发，应加快建立生态补偿机制、推进生态移民等民生工程建设”，党的十七届五中全会明确指出“着力推进以生态移民攻坚为重点的扶贫开发”，标志着生态移民将作为我国社会经济可持续发展与扶贫攻坚的主要战略措施之一。

① 梁福庆．中国生态移民研究［J］．三峡大学学报（人文社会科学版），2011（4）．

（三）生态移民的持续发展阶段

2010年后，国家加快了西部大开发的步伐，对生态移民更加重视。《中共中央、国务院关于深入实施西部大开发战略的若干意见》（中发〔2010〕11号）指出，要全力实施集中连片特殊困难地区扶贫开发攻坚工程、基本消除绝对贫困现象，稳步推进生态移民、适当提高中央补助标准。同时，国家发展改革委、财政部表示将列专项支持生态移民工程。这些都为中西部地区生态移民带来了千载难逢的机遇。

2010年12月，陕西省政府通过《陕南地区移民搬迁安置总体规划》（2011—2020年）并决定，从2011年开始启动“陕南地区移民搬迁安置”和“陕北白于山区扶贫移民搬迁”工程，分别从贫困山区搬迁农村居民240万和39.2万，使其彻底远离地质灾害、洪涝灾害或其他自然灾害影响。这是一个规模宏大的移民工程，备受国内外关注。山西因长期高强度采煤，形成 5 000 km^2 的采空区，因采空区地面塌陷而形成了严重的地质灾害，故山西省政府计划生态移民数十万人。宁夏西海固地区的西吉、海原、固原、彭阳、同心等7个国家级贫困县，是我国最贫困地区之一，这里山大沟深、气候干旱、降水稀少、自然条件恶劣，人们吃水靠汇集雨水或者到离家很远的地方拉水解决，饮水安全难以保证，被联合国粮食开发署确定为不适宜人类生存的地区之一。2011年，宁夏生态移民工程全面启动并制定了规划和配套政策，形成了生态移民完善的政策保障体系，计划用5年时间将那里处于极度贫困的35万人迁出，搬到近城、近水、便于生活发展的地区，实现“搬得出、稳得住、逐步能致富”。为了保护中国淡水战略储备地——长江三峡水库水资源安全，国家在三峡后续工作规划中规划从2010年起用10年时间生态移民19.9万人。南水北调作为世界上最大的跨流域生态调水工程，旨在缓解中国北方的水资源短缺。为满足中线工程调水的目标，长江支流汉江上的丹江口水库大坝已加高，水库淹没面积将扩大。湖北省十堰市5个县市区18万多人口，以及河南省南阳市淅川县16万多人口必须搬迁。此外，还涉及水源涵养区陕西南部部分群众的搬迁。南水北调工程的移民规模接近 40 万，也属于生态移民的范畴。

当前，我国的生态移民主要有四种情况。一是生态环境恶劣，已不适应人类居住的情况。如以保护大江大河源头生态为目的的移民。“三江源”地区的生态移民，甘肃的民勤、陇南地区以及青海的江河源地区都属这一类型。比较典型的是青海的玛多县，20 世纪 60 年代玛多县曾经是全国的首富县，但由于追求增加牲畜数量的粗放式发展，超载放牧，导致草地沙化，最终不得不于 90 年代搬迁。二是生态环境脆弱，经不起任何折腾，不能再居住下去的情况。这主要包括以防沙治沙、保护草原为目的的移民。如我国沙尘暴源头的内蒙古，计划用 6 年时间移民 65 万人。三是从国土资源考虑进行的移民。如因兴修水利水电工程引起的生态移民、三峡库区移民以及南水北调工程属于这一状况。又如为了保护自然保护区内稀有动植物资源或风景名胜区生态系统为目的，地处滇藏交界地带的西藏芒康县，准备将居住在滇金丝猴保护区中的农牧民分批迁出保护区外安置也属于此类移民。四是自然灾害包括洪涝、滑坡、泥石流等自然灾害频发地区，也不适合人类居住，把这些地方的群众搬迁到安全的区域定居，如陕南移民。由于自然灾害的频发本身就是生态环境破坏的一种结果，因此，这种情况也当属生态移民范畴。

总体看来，我国生态移民已经取得了一定成效，生态移民减少了人类对自然环境的破坏和影响，“三江源”的草地退化趋势得到了初步遏制，内蒙古阿拉善及宁夏、甘肃等地的脆弱生态环境得到了一定程度的保护和恢复；相当一部分生态移民搬迁安置到了有较好环境条件的地区或城镇，生产生活条件有了明显改善，并看到了脱贫致富的希望，安置较为稳定。[①]但我国生态移民工作仍然任重道远，根据国家发展与改革委员会有关调查研究，我国在 2050 年前将有 1 000 多万人（主要集中在西南、西北的生态环境脆弱地区）需要通过异地搬迁的办法解决所居住地区的生态环境保护与生活贫困问题，其中西部地区需

① 刘学敏．西北地区生态移民的效果与问题探讨[J]．中国农村经济，2002（4）．

要生态移民的人口总量约 1 000 万，目前急需移民的贫困农民有 700 万左右。[①]

二、我国生态移民的成效及主要经验

自 20 世纪 80 年代以来，宁夏、甘肃、青海等地先后实施了吊庄移民、扶贫扬黄灌溉工程移民、易地扶贫搬迁移民、“三西”干旱地区的生态移民、三江源地区的生态移民等移民项目，在组织领导、搬迁方式、安置模式、资金整合、项目管理、后续产业发展等方面出台了一系列配套政策措施，不仅取得了显著的成效，也积累了丰富的工作经验，为今后开展生态移民工作奠定了坚实基础。

（一）生态移民的成效

1. 改善了移民生产生活条件

生态移民后，移民的生产生活条件普遍得到了改善。以宁夏西海固地区为例，居住在这里的群众，移民搬迁前仅有 5.3%的人口实现了水、电、路三通，有 72.4%的人口实现了通电或通路，有 22.3%的群众居住在水、电、路都不通的地方，就医、就学困难户占 65.1%。易地搬迁后，移民新村实现了“七通七有两转变”，即通电、通（自来）水、通（柏油）路、通（公交）车、通广播电视、通邮、通电话；有学校、有村级活动场所、有医疗服务站、有劳动就业服务中心、有超市、有文化广场、有环保设施；群众的生产方式、生活观念发生了根本转变。移民搬迁到近水、靠城、沿路的区域后，方便了移民群众就近务工，保障了饮水安全，移民子女享受到了良好教育。移民集中居住，公共服务设施建设、运行成本有效降低，服务质量明显提高。另据宁夏回族自治区统计局调查总队调查，100 户移民家庭中，有 77%的家庭表示，移民后生活水平提高了，说明生态移民工程改善民生的效果较为明显。生态移民告别了过去的土坯房、危房，住进了砖瓦新

---

① 侯东民. 中国生态脆弱区生态移民现状及展望[J]. 世界环境，2010（4）.

房。家家通了电视、自来水，安装有太阳能热水器。安置点内路面硬化，路灯亮化，环境绿化，有各种健身器材，学校、村卫生室等配套设施完善。与过去干旱缺水、交通不便、信息闭塞、地质灾害频发的生存环境相比，移民后的生活条件有了明显改善。孩子上学方便了，小学就在村口，中学在镇上，出门有班车，还享受"两免一补"优惠政策，现在生活要比以前强多了。对于绝大多数移民来讲，移民后的生活是多少代祖辈梦寐以求的，而现在真正变成了现实。因此，他们也十分感谢党和国家的政策和关怀。

2. 拓宽了移民致富的空间

为保证生态移民"搬得出、稳得住、能致富"，宁夏回族自治区在移民安置地选择时重点考虑当地是否有一定规模的产业依托。自治区根据从本区自然条件和发展基础出发，逐步培育形成了以畜牧业为主导，葡萄、枸杞、中药材为特色的农业产业新格局，引导农民发展养殖业，从事种植业，从事个体经营，基本实现了"能脱贫，有发展"的目标。为促进生态移民增收致富，他们采取的主要措施有：户均安排一亩拱棚，发展设施农业；引导移民走高效节水的农业生产路子，大力发展特色种植业；扶持移民发展畜禽养殖，积极推进设施养殖业。通过这些举措，彻底改变了过去广种薄收、靠天吃饭的生产方式，拓宽了移民的致富空间。

3. 促进了区域产业结构和劳动力结构的优化。

宁夏回族自治区统计局调查总队调查表明，劳务收入已成为移民家庭收入主要来源。调查的100户移民家庭2013年人均纯收入4504.3元，其中，来源于在外务工的收入为3417.9元，占75.9%，超过七成。移民前移民经营耕地相对较多，土地是农民赖以生存的基础，移民后由于受移民区环境条件所限，耕地少，庭院小，移民发展种植业和养殖业受限，因此移民主要依靠外出打工作为谋生的主要手段。目前，宁夏山区 50%左右的劳动力进入川区及周边地区，40%~50%的收入来源于外出务工。生态移民不仅推动了中南部地区农村劳动力的有序转移，促进了山区群众收入的稳定增长，而且解决了沿黄经济区劳动力短缺的问题，为沿黄经济区发展提供了重要支撑，促进了山川互济、共建共享。

4. 提高了资源利用效率，优化了区域生态环境

甘肃、宁夏长期以来属于干旱缺水地区，水资源的极度短缺不仅影响当地经济发展，也影响到群众的基本生活。实施生态移民后，通过对现有四大扬黄工程和库井灌区进行节水改造，解决了生态移民项目区的用水问题。移民安置区耕地大部分采取节水灌溉方式，实行管道输水、低压管灌；引进先进的节水灌溉技术、设备与管理经验，积极开展高效节水农业生产技术的示范推广，经济效益明显提高，使有限的水资源得到了充分利用，结束了移民群众祖祖辈辈没有水浇地的历史。而迁出区的生态环境，因为减少或排除了人为的生态环境干扰，迁出区的生态环境也在不断恢复。

5. 初步建立了社会保障，减轻了移民的生存压力

据宁夏回族自治区统计局调查总队调查，在所调查的100户移民家庭中，参加医疗保险的420人，医保覆盖率为95.2%，尚未实现全覆盖。领取低保的28人，占6.3%，2013年人均领取低保金1332.7元。参加养老保险的201人，占45.6%，已经领取养老保险的61人，占参保人员的45.6%，2013年人均领取养老保险金1259.8元，移民的社会保障已经初步建立。

宁夏、甘肃等西部省区，是我国实施生态移民最早的地区，特别是“三西”地区所进行的生态移民，可以说是当代集体移民成功的典范。无论是移民政策，还是移民方式，均体现了得民心顺民意的原则，按着人口移动的规律办事，不仅移民个人和家庭感到满意，而且国家也满意。从移民效益来看，“三西”地区的不仅实现了移民的脱贫致富，取得了良好的经济效益和社会效益，而且使生态环境得到了优化，改造了沙丘，使不少沙地、碱地成为产粮绿洲。从这个意义上讲，这是移民中一个非常有价值的成功范例。

（二）生态移民的主要经验

改革开放以来，特别是中央实施西部大开发以来，国家进一步加大了对西部地区扶贫开发的支持力度，西部地区经济社会加快发展，城镇化、工业化快速推进，区域经济实力和财力明显增强，公共服务能力稳步提高，人民生活水平显著改善。随着生态移民大规模的实施，一批工业园区、产业基地迅速崛起，一方面，为移民群众拓宽增收渠道创造了良好条件，另一方面也为今后生态移民的进一步推进提供了宝贵的经验。总结我国生态移民的经验，主要表现在以下几个方面。

1. 坚持以人为本的理念

通过实施生态移民最终应达到两个效果。一是将人们从生态环境脆弱的地区逐步转移出来，实现移民相对集中定居和城镇化进程；实现在生态脆弱区生活的人们从以往过度依赖耕地和草场的简单农牧业，向现代农牧业、工业、第三产业逐步转移。二是保护生态环境，将生态脆弱地区的人口转移到生态人口承载能力相对高的区域，并且移民的原则应是以不破坏迁入地的生态环境为前提。所以，建设环境功能区、构建生态屏障时，必须树立以人为本的生态移民理念，着眼于提高移民生活质量，促进人与自然的和谐。换句话讲，移民的最终目的就是为了提高人民的福祉，使广大移民能够过上幸福的生活。在我国当前大力推进生态文明建设的背景下，移民安置地生态环境的改善和移民迁出区生态环境的整治都是生态文明建设的重要内容。从长远看，这样做也是为子孙后代的幸福尽一份责任。实践证明，凡是能够在移民中坚持以人为本理念的地区，其生态移民工作都卓有成效。

2. 坚持统筹兼顾，系统安排

生态移民本身是一个庞大的社会系统工程，其总系统与分系统之间、总规划与分规划之间、各个系统之间，存在或纵向或横向的密切联系，互为影响、互为制约。作为系统，就必须强调统筹兼顾，整体协调。生态移民的组织和移民生产生活的安置，从规划到具体实施，是一个复杂的系统优化的过程，移民必然要考虑生态效益，因此才称之为生态移民，但同时必须体现经济效益、生态效益和社会效益相统一的原则，尽量使经济、生态和社会三者整体效益最优。要避免单打一、片面性和短期行为，避免在移民系统的内部或外部失调、失衡和失控，使移民系统大体保持一个稳定协调的关系。

3. 坚持实事求是，按客观规律办事

生态移民概念的提出和生态移民决策的出台，本身就是实事求是按照客观规律办事的产物，也反映了人们对自然认识的深化。西部有的地方从根本上讲，就是不适合人类居住，在生态环境极为恶劣的条件下生存，意味着更高的生产和生活成本。过去多年，国家花了那么多资金扶贫开发，之所以收效不尽如人意，原因就是没有按照客观规律包括客观经济规律、人口规律办事。历史经验告诉我们：移民一定要从实际出发，坚持按客观规律办事。移民工作要有效开展，必须坚持试点，由小到大，总结经验，尔后推广。即使试点成功了，亦不等于大型移民就一定行得通。同时，移民项目必须做好科学论证，前期工作一定要尽可能周密，后续工作必须善始善终。尽可能使迁入地条件在多方面优于迁出地，同时，还应使移民在生活上得到应有的补偿。

4. 必须着眼于生态移民的可持续发展

生态移民是千年大计，因此移民工作要尽可能站得高些，看得远些，从长计议。中西部地区生态移民实施得比较好的项目和地区，都特别重视生态移民的可持续发展问题，并正确处理好生态效益、经济效益与社会效益之间的关系，优先考虑生态效益。生态移民要尽可能避免只顾眼前之利，不顾长远利益的近视症。从历史上看，新疆、内蒙古、青海、黑龙江等地都有过惨痛教训。沙漠化、水土流失、环境污染以及自然灾害的增加，常常同不适当的移民有着密切的关系。历史上丝绸之路沿线一些地方曾是很繁荣的城镇，后来变成了废墟、荒漠，这与当时的人们随意开荒，破坏地表，使生态环境失去平衡是分不开的。这是大自然对人类不计后果索取的一种惩罚。现代落后地区的开发，如开荒、建矿（如金矿、煤矿）、建厂（如化工厂、高能耗、高污染工厂）等经济行为，一定要慎之又慎，并且要经过科学的论证。

没有科学论证和经过试验，没有严格的环境评估仓促所上马的项目，虽然可以带来短期的经济效益，但从长远看终究将成为一场灾难。

5. 必须重视移民的社会适应性

社会适应主要是文化适应的问题。传统中国农民的文化是五谷文化，人身与土地是连在一起的。农民即使因某种原因离开故土，也总是念念不忘家乡，有条件便要重返故里，叶落归根。传统农民，特别是山区农民“金窝银窝不如自己的土窝好”的价值观念根深蒂固。从这个意义上讲，移民不只是一个经济过程，更重要的是一个社会过程，是一个价值转型和文化适应的过程。因此组织移民，要特别重视移民文化。要搞好移民，就不能离开中国这个特定国情，不能离开具有中国文化特征的移民主体。比如宁夏的吊庄移民，就很懂得移民的社会心理，移民可以在山地和平川各有一个家，不割断“脐带”，待时机成熟后再“断脐”定居。其灵武市采取先看田，后建房，再分田以及从山区搬到新开发区，原山区草地经营权先不变等作法，就是重视移民文化，重视移民主体，使移民逐渐适应新环境、自觉地进行文化调适，一旦适应新的文化模式，便会主动“断脐”扎根定居。这也符合事物发展渐进性的原则。[①]在移民问题上，也不宜操之过急，不宜采取简单的行政命令方式。如果方式方法不够得当，往往会造成移民的抵触情绪，出现欲速则不达的局面。

三、我国生态移民的教训及启示

生态移民最重要的是不但要使移民搬下来，而且要“稳得住、能致富”，增强移民持续发展能力，让他们安居乐业。事实一再证明，生态移民是一个复杂的系统工程，不仅仅是一个经济过程，同时也是也是一个社会过程和价值转型过程。我国几十年来的生态移民实践，在给我们留下诸多经验的同时，也留下了不少教训，并给我们提供了有益的启示。

① 李德滨. 当代中国移民基本经验[J]. 人口研究，1995（2）.

（一）生态移民工程规划必须科学合理

生态移民工程是一项系统工程，不是简单的人口搬迁过程。但是有的地方在移民过程中由于缺乏科学规划和严格的论证，仍然依靠拍脑袋办事，甚至出于某种私利的考虑，工程仓促上马，结果给移民工程造成了障碍和负面影响，也影响了移民的安居乐业。在移民工程中，土地和水等自然条件应该首先考虑水的问题，这是让移民受益摆脱贫困走向小康社会的最重要的生产要素，在西部干旱地区尤其如此。但实践中，有的地方却往往把“五通”（通水、通电、通路、通电话、通有线电视）的地方确定为移民安置点或移民社区的选址，至于地下水的储量以及是否符合未来的城镇化布局则欠考虑，这种忽略迁入地的自然承载力的决策，最终将导致移民的失败。部分地方政府对生态移民的政策及其深远影响仍然认识不足，把生态移民认为是完成上级领导下达的任务，搞“过场式”的生态移民，在移民搬迁之前，尚未形成完善的硬件准备，移民搬迁后生产生活条件并未改善，结果非但没有达到群众脱贫致富奔小康的目的，反而使迁入地的生态环境也迅速恶化了。

（二）基础设施及迁出区环境整治必须一并考虑

从各地反映出的情况看，有的地方在生态移民过程中，由于地方政府配套资金投入不足，造成移民迁入地配套设施不够完善，以至于影响到了移民搬迁的效果。移民迁入安置区后，政府要采取相应措施加快基本生产和生活条件的建设保障，对于西部地区有土安置的农业移民，迁入区农业生产条件应该得到有效的改善，农田水利配套、道路、供电等基础设施建设也应配套完备，这样，才能切实保证移民生活的改善。为了动员和帮助移民搬迁，政府往往要付给移民一定的安置补偿费用，但这些费用普遍偏低。移民安家落户后，农业生产投入、生活费用、教育费用等远远高于原居住地，加上搬迁初期土地产出率低等原因，移民群众往往会再次陷入贫困。比较普遍的情况是，有土安置的移民搬迁后，相比原住地移民的住房、用电、出行等基本不存在问题。但依靠人均有限的土地和限量供水的耕地奔小康远远不够，而移民其他增收的途径还较窄。加之长期生活在信息闭塞的大山深处，移民适应社会的能力很弱。从目前看，“搬得出”不成问题，如何“稳得住”“能致富”却面临着严峻挑战。

还应指出的是，生态移民的目的是解决处于生态贫困区的农牧民的脱贫问题，阻止生态脆弱地区的生态环境继续恶化，缓解人口与资源环境间的矛盾，利用土地使用结构和农村产业结构调整的契机，促进生态系统向良性循环转化。但目前一些地方政府在移民项目实施中，简单地把生态移民看作是单纯的人口搬迁，从而忽视了对迁出区生态环境的治理，移民与治理并未同步开展，这在很大程度上也违背了生态移民的初衷。

（三）后续产业发展仍是移民能致富的关键

后续产业发展是实现移民致富的重要支撑，是关系到移民群众长远发展、增加收入的重要保障。各地调研反映，有的县移民的种植业还没有走出传统种植的路子，节水农业、设施农业只是零星的“小盆景”。在大部分移民还没有掌握栽培技术的条件下，政府便急急匆匆安排移民户运用设施农业，尽管政府投资修建了小拱棚，但移民种植经营水平并不高，效益也不理想，与原先预想的结果尚有较大差距。养殖业也是一个劳动密集型行业，可以吸纳更多移民就业，但养殖业目前面临的突出问题是量少质差，一个移民村有上千户几千口人，养牛养羊的没有几户，不但没有在市场上出售的，而且移民自给自足都不够。由于移民过去生活就困难，积蓄较少，自有资金不足，移民后在满足基本生活支出后，难以形成资金积累，人员流动性较大，偿还能力弱，金融部门不敢盲目放贷。部分移民虽有发展生产的愿望，但苦于缺乏资金支持，发展受阻。宁夏回族自治区平罗县红崖子乡红瑞村移民马世明说：“现在外出打工不好找工作，我想开个小商店，可是没有钱，又贷不到款，只能成为空想。”移民搬迁后，即便是外出打工，劳务输出人员基本上都是体能型、低收入人群，技能型、高收入的移民少之又少。

（四）生态移民社会管理问题应引起重视

生态移民社会管理面临的问题主要体现在两个方面。一是生态移民新村管理问题。在搬迁过程中，政府、个人都投入了大量人力、物力、财力和精力，尤其移民是带着希望和对未来的憧憬举家而迁的，搬入移民安置点或移民社区后，几千人居住在一起，移民又来自不同村庄甚至不同乡镇，民族不同、生活习惯不同，相互之间有个融合的过程。从各地反映出的情况看，有些移民村已经出现了一些不稳定因素，也有违法违纪现象发生，移民村群众上访已呈现上升态势。因此，政府必须对移民社区的管理进行创新，要利用现代信息技术、网络技术等，对移民社区进行规范化、科学化管理，确保移民社区的安全稳定。二是生态移民新村村干部队伍建设问题。毫无疑问，移民新村的村干部在移民搬迁过程中，是为移民出了力、流了汗、费了神的，他们在移民搬迁中发挥了不可替代的重要作用。但是，随着移民搬迁的结束，来自不同乡镇的多个不同村庄的村干部合并到一个新的移民大村，使得移民新村的村干部一下子就出现了过剩。如何有效整合移民新村的村干部，既能把优秀的保留下来，又能把职数外的妥善安置好，调动两个方面的积极性，保持移民新村的和谐稳定，为移民新村的发展创造一个良好的环境，同样是一个迫切需要解决的重要问题。

（五）提高移民自身的发展能力是实现致富目标的根本

由于移民文化知识水平普遍不高，技能素质总体偏低，消化吸收现代生产方式和技术的能力弱，发展意识、求知欲望不强，移民区经济社会发展面临很大挑战。中西部地区移民普遍存在发展经济的意识较差，市场观念淡薄，对改造传统落后生产方式的迫切性不强的现象，而通过深层次培训，使其掌握一定专业技能以适应就业市场竞争是非常有必要的。许多有移民项目的县市，近年来，也建立了不同类型的农民技能培训学校，在农机具修理、汽车摩托车修理、暖棚蔬菜生产、奶牛养殖、土建技术等方面对农民进行了技能培训，但从目前的培训效果看，还是不能令人满意的。其主要原因是培训时间太短，掌握的技术有限，难以适应工作需求。如农机具修理、汽车摩托车修理、土建技术等，不是通过短期培训就可以上岗的。另外，一些市场需要的技术性强的技能，目前又没有能力提供培训。因此要创新移民培训教育方法和机制，把普及职业教育、社区教育和全面提高移民文化科技素质的教育结合起来，培养有专业技能的各类高素质劳动者、创业者。要加快推进、实现免费的农村职业教育，让未上普高和大学的农村青少年普遍接受中高等职业技术教育，从根本上消除低素质农民工产生的条件，铲除农民贫困落后的根源。农村劳动力技能培训也要朝着专业化、职业化培训的方向发展。

在移民过程中，一方面要适应我国城镇化的需要，把移民转化为新一代的产业工人；另一方面，对于有土安置的移民，要适应我国农业现代化的需要，通过教育培训，使他们成为新一代农民。同时，要提升移民的创业创富和就业致富的本领，提高移民的综合素质和文明素养，培育有文化、懂技术、会经营的高素质新型农民。这应该作为当前生态移民建设的根本性举措。只有突出移民教育的针对性、实用性和移民子女教育的义务性，才能从根本上提高移民的文化层次和谋生能力，使移民安居乐业，最终摆脱贫困。此外，还要看到加强对移民的思想文化道德教育的重要性和必要性，应采取教育、培训和典型示范等手段，不断提升移民群众的整体素质，努力把移民群众培育成为有文化、懂技术、会经营、讲文明的新一代创业者。

（六）移民社会保障制度建立和完善需要加快进行

移民是一个非常脆弱的群体，搬迁后他们的生活、生产将面临巨大的风险和困难，如何解决移民安置中存在的问题，保证移民目标的顺利实现，除了有关部门的移民安置政策外，要从根本上长久地解决移民的安居乐业问题，就必须为移民设置一道“安全网”。因此，构建和运行移民社会保障制度，对保持社会稳定有重大的现实意义。根据当前生态移民的具体现状，移民社会保障制度的具体项目可包括移民社会养老保险、移民医疗保险、移民社会救济以及移民社会互助，积极创造条件，提高保障水平。同时注意尊重农民群众的意愿，保护好移民群众的主体性、积极性和创造性。只有解除了移民的后顾之忧，才有利于移民的安居乐业。

第八章　陕南生态移民的现状与主要问题

一、陕南生态移民搬迁的现状

自从 2011 年陕南移民搬迁正式实施以来，已经历时四年。就陕南各市生态移民搬迁的整体情况来看，各地基本上都能够根据本区域的实际情况，合理配置和利用当地的自然资源，依据陕西省“陕南循环发展”的要求，建设移民新村或移民社区，着眼移民增收，大力发展生态循环经济和特色经济，不断加快移民产业开发的进程，实现生态移民的可持续发展，并且取得了一定的成效。具体表现如下。

（一）生态移民搬迁初步实现阶段目标

陕南三市移民搬迁工程进展较为顺利，初步实现了阶段性目标。从移民搬迁工程实施以来的实际进展情况看，四个年度均超额完成任务，见表 8-1。

表 8-1　2011-2014 年度陕南三市搬迁人数统计表

年度	搬迁户数（户）	涉及人口（万）	占搬迁总任（%）
2011	6	24	10
2012	8	29.5	12.3
2013	6	22.8	9.5
2014	6	11.7	4.9
合计	26	88	36.7

资料来源：根据调查的相关数据汇总

截至 2014 年底，陕南移民搬迁工程已完成投资 456.7 亿元，完成移民搬迁 26 万户 88 万人。

为了节约资源并促进新型城镇化建设，在陕南生态移民搬迁中，各地尽可集中安置移民，累计建设30户以上的集中安置点2027个，详见表8-2。

表8-2 2011—2014年度陕南移民搬迁集中安置情况统计表

规　模（户）	安置点数（个）	占比（%）
30～100	1276	63
100～500	598	29
500～	162	8
合计	2027	100

资料来源：根据调查的相关数据汇总

表8-2显示，陕南生态移民搬迁四年来已累计建设30户以上的集中安置点2 027个。其中30～100户小型安置点1 276个，占63%；100～500户中型安置点589个，占29%；500户以上的大型安置点162个，占8%。陕南三市建成集中安置房24.51万套、2480.1万平方米，安置24.310 97万户、86.571 9万人，已搬迁入住20.635 2万户、73.137 2万人，集中安置率达88.63%，城镇安置率达70.23%。四年来，各成员单位密切协作，省市县整合各类专项资金75.6亿元。移民安置社区的基础设施和公共服务配套项目，惠及搬迁群众86万余人。已经有14.763 6万名搬迁群众就地就近进入农业园区、工业园区、旅游景区就业，有16.266 5万名搬迁群众进城入镇发展第二产生、第三产业，有9 296名搬迁群众通过城镇公益岗位，落实了就业。

（二）因地制宜，制定移民新村规划和产业发展规划

从调研了解的情况看，县市移民办、扶贫办等相关部门，都制定了较为详尽的移民新村建设规划，按照城市化和工业化的要求，实现了“城”“村”共融、城乡一体。通过建设新型社区，达到居住集中化、管理社区化、设施城市化、农民市民化，进一步提高了城镇化率。安置区重点对基础设施及公共服务设施统一规划，做到规划科学、布局合理、功能齐备、设施配套、环境优美。有的则和小城镇建设相结合，高标准，高起点，为移民群众描绘出了社会主义新农村的美好图景。

与 2011 年相比，2014 年生态移民搬迁工作呈现出三个特点。一是安置方式由分散向集中发展。目前，100～500 户的安置点 199 个，500～1 000 户的 11 个，1 000 户以上的 3 个。这些安置点大都安排在县城、工业园区、经济新区和重点镇，基础设施和公共服务配套齐全，环境优美，受到搬迁群众的欢迎。二是集中安置促进了城镇化的发展。从统计数据来看，陕南三市的集中安置率分别为：汉中市 86.81%，安康市 83.75%，商洛市 81.21%，均达到省上要求，比 2013 年提高 10 个百分点左右。城镇化率也明显提升，其中安康市提高了 2 个百分点。三是各级政府积极发挥主导作用，建房方式由农民自建向统规统建转化。据统计，2015 年集中安置的项目中，统规统建的有 252 个，占整个项目总数的 26%，比 2011 年有大幅度地提升。从总体上看，移民新村规划对移民未来的生产生活有了比较详尽的考虑和安排。

同时，充分考虑到移民迁入地乡镇的自然资源优势，采取“宜农则农、宜林则林、宜渔则渔”的方式，实现移民增收，在移民搬迁规划中涉及了产业规划问题，把发展特色产业如柑橘、核桃、樱桃、茶叶、蚕桑、养殖以及杜仲、金银花等特色药业等作为发展对象，有的还把旅游产业作为未来发展的重点项目。

（三）改善民生，完善产业基础设施

城镇化建设和社会主义新农村建设，都离不开一定的物质基础，而且必须建立在农民收入增长和产业发展的基础之上，这些都离不开基础设施的保障。陕南各个县市的相关部门，把迁入地群众反映强烈、对当地经济影响较大的基础设施建设作为重点，不断加大资金投入力度，解决突出问题，尤其是加强交通通讯建设，为移民增收和产业发展创造条件，这些措施，有力地促进了迁入地的社会发展和长治久安。在商洛地区商南县通往旅游景区金丝峡的必经之路上，遍布着大量移民集中安置点，这些搬出深山的群众，已经安居乐业。移民安置点实现移民群众饮水安全，实施户户通电，基本上解决移民安置地区的交通问题，确保每个行政村都有卫生室，基本实现移民安置地区通广播电视、通电话。

（四）突出重点，用好搬迁资金

移民资金管理是移民工作的重点，因为移民资金数额大，使用周期长，运行环节多，分布面广，使用管理的情况十分复杂。管好用好资金，不仅关系到陕南生态移民工程的顺利进行，而且关系到党和政府的形象。陕南各县市都普遍出台了相应的搬迁安置资金管理办法，用来规范移民资金的使用。为了避免移民搬迁资金分散使用，消解资金的使用效益，各县市都在搬迁中强调了资金的集中使用和人口的相对集中，以便为移民创造良好的生产生活条件，促进移民增收并提高其生活水平。如镇巴县制定了中长期移民安置规划，并将农民进城、新农村建设和生态建设、以工代赈、扶贫移民等项目及资金进行有效的整合，实行税费减免优惠，分类对移民实行集中和相对集中的安置。2011 年，镇巴县总投资 9 852 万元，完成了 3 357 户 13 859 人的移民搬迁，其中 32 户 182 名苗族同胞，从深山老林搬迁到交通便利、民族特色浓郁的苗民新村。

（五）未雨绸缪，谋划移民未来的生产生活

大部分移民安置点在制定搬迁规划和移民点选址时，已经考虑移到民将来的生产生活环境，所以在选址时，有的是靠近城镇，有的是靠近产业园区，还有的靠近旅游景点。各县区能够按照“以人为本”的原则，以及城镇化建设和社会主义新农村建设的要求，对移民点未来的文化娱乐休闲等设施有所考虑，甚至列入了规划。如安康市汉滨区实施了社区 10 个综合配套工程，即文娱配套（建设了文化活动中心）、医疗配套（建设了卫生室）、教育配套（建设了幼儿园和学校）、饮水配套（建设了水塔等集中安全供水设施）、交通配套（道路全部修通）、亮化配套（安装了路灯）、净化配套（建设了垃圾池）、绿化配套（建设了绿化带）、信息配套（宽带网、有线电视网进户）和服务配套（有便民服务中心和购物超市），妥善解决了搬迁群众关心的交通、饮水、上学、就医、购物和娱乐等民生问题，使搬迁群众过上了方便的生活。

二、陕南生态移民可持续发展面临的主要问题及原因

陕南移民当前还处在大规模的搬迁时期，由于近期工作重心还在搬迁上，因而有的地方对未来产业开发和移民增收问题，在很大程度上还没有引起足够的重视。尽管陕南移民搬迁总体规划要求搬迁要与移民就业、产业开发规划同步进行，但从实地调查的情况来看，移民增收规划距离总体规划的要求，还有较大的差距。

（一）陕南生态移民可持续发展面临的主要问题

陕南生态移民搬迁既是一项庞大而复杂的社会系统工程，也是一项利在千秋的长效民生工程，因此，面临的困难和问题极其复杂的程度是可想而知的。当前，陕南生态移民搬迁面临的问题归纳起来主要有如下几个方面。

1. 认识问题

世界银行移民研究机构研究结果显示，移民在迁移后将会面临诸多问题，由于迁出地原有的生产系统被破坏，移民在丧失了生产性收入之后，被安置于可能令其无法发挥原有生产技能的地区。由于迁入地竞争更加激烈，移民原有的社会关系网被削弱，这对移民的稳定影响是非常大的。可见，移民搬迁所产生的影响是广泛而深远的。正因为如此，陕南生态移民及其产业开发，首先应该解决认识问题。目前，陕南地区的一部分干部群众认为，只要资金到位，移民搬迁是再简单不过的事情，盲目乐观，对移民搬迁的复杂性和艰巨性缺乏应有的认识，缺乏对移民状况的研究和了解，如遇到问题也不知道从何下手解决；而另一部分人则认为，移民搬迁涉及的面太广，很多问题不好解决，因此产生畏难情绪，表现在工作上也是不作为或消极等待。以上两种倾向都属于思想认识问题，不利于做好移民搬迁以及移民产业开发的工作，因此提高干部和移民群众的认识问题要贯彻移民搬迁工作的始终。

2. 迁入地选址问题

从经济角度看待陕南生态移民搬迁的可持续发展问题，则主要是后续产业的发展问题。产业发展与迁入地选址问题密切相关。陕南移民搬迁 240 万人，超过 3 个市总人口的 1/4，需要 1 亿多平方米的建筑面积安置移民。2011 年省国土厅计划安排的 6000 亩移民搬迁安置建房用地指标，与实际安排 6 万户所需 1.2 万亩的建设用地要求相差一倍。从移民流动的趋势来看，移民一般不会向生产生活条件比原居住地（迁出地）差的地方迁移，但在中国这样一个人多地少的大国，自然条件很好的地方，往往早就人满为患了，不会专等着新的移民去安居。要为众多的移民找到一个比原来的居住条件更好的地方，相当不容易。此次搬迁，陕南移民搬迁总体规划将陕南三市移民安置国土空间划分为适宜安置区、适度安置区和不宜安置区。而搬迁安置移民主要集中安排在适宜安置区和适度安置区。但是，地质专家们对陕南的总体定位是：地质环境极其脆弱，以滑坡、崩塌、泥石流为主的地质灾害隐患数量多、分布广、密度大、发生频繁、危害严重。①

集中安置地通常要选择在较为开阔的地带，而 3 市处于秦巴山脉之间，平地资源缺少。目前，陕南地区约有 400 万人生活在距离公路 5 公里以上的山区和水库库区，因为地处山区，政府很难找到满意的建立移民新村的较为平坦的广阔空间。安康市所辖的一区九县，比较开阔的平地只有平利县城、汉阴县城和安康新区，由于各市县近年来积极发展产业化建设，产业投资项目已经占用了相当多的建设用地，移民用地选址愈加困难，安置建房征地和调地难度加大。长安大学地质工程研究所所长赵法锁教授分析认为，陕南地区 2011 年 24 万移民找到相对安全的搬迁地问题不大，解决起来相对比较容易，但是以后可供移民的用地会越来越少，搬迁选址尤其是集中安置地选址会越来越困难。选址必然会影响到未来产业的发展，而陕南因为诸多因素的限制，对选址问题必须科学审慎，这样才能为产业开发打好基础。

① 王维博. 陕西拟十年移民近 280 万人[J]. 中国新闻周刊，2011（6）：21.

3. 产业发展基础问题

陕南地处秦巴山区，山大沟深平地少，长期以来，一直属于我国不发达地区或贫困地区，尽管“三线”时期，该区域有了少量的现代工业，但总体来看，工业和整个经济发展的基础较为薄弱，传统农业仍然占有比较大的比重。由于经济基础薄弱，产业园区和工厂企业分布少，旅游产业欠发达，这也是陕南贫困县的共同特点。因为产业项目少，吸纳就业能力就低，无法提供足够的就业岗位。目前，移民户“搬得出”的问题尚可解决，但如何让移民户拓宽增收渠道，则受自然条件的制约较多，“稳得住、能致富”不仅是今后移民搬迁工作的重中之重，也是难中之难。从实际情况来看，陕南有些地方的失地移民，外出打工没有技术，就地经营又没有门路，收入也没有稳定的来源，生活质量下降；有的移民不能适应城镇生活，收入不稳定，生活成本增加，又先后返回原来的居住地；比较普遍的是年轻的一代搬出了大山在城市里以打工为生，而家中的老人仍然留在原来的居住地，坚守着最后的土地。

国家“南水北调”工程启动以后，陕南则作为“南水北调”工程水源保护地，不少地方被作为限制开发区，国家从宏观上考虑，为了避免可能对水源造成的污染，基本上没有对陕南地区进行大型项目的投资，工业尤其是可能有污染的工业发展，受到了严格的限制。由于总体布局长期不能确定，陕南产业究竟如何发展，也一直是一个悬而未决的问题。一段时间强调“绿色”发展，一段时间又改为“突破”发展，现在又明确为“循环”发展。从陕南地区自身条件来讲，也难以具体筹划和实施本地的建设和发展规划，从而使陕南多年来产业发展一直落后于全国水平，在陕西经济发展中也越来越处于不利的地位，因此也影响到了未来移民的增收。

陕南生态移民的成败，在于是否能够把迁出去的移民“稳得住”和“能致富”，即是否能够明显改善移民的生活状态，提高移民的经济收入水平。如果后续产业的开发跟不上当地经济发展的需要，无法容纳当地移民劳动力，可能就会导致新的次生贫困人群，大批脱离土地的失业人员就会出现。从课题组在陕南地区的调查情况来看，目前陕南各级政府工作的重心，大都还在搬迁问题上，一些搬迁规划中对于后续产业的选择及发展虽然有所考虑，但是不够具体和明确，也没有经过科学的论证，因而存在一定的盲目性，尤其是没有把前期的搬迁安置和当地的产业布局以及产业结构调整、特色产业的发展问题相互联系，这一问题应该引起高度地重视。

4. 土地资源制约问题

陕南人均耕地面积少于关中和陕北，根据国家统计局陕西调查总队的统计，陕北人均耕地面积为 6.41 亩，关中为 1.77 亩，陕南仅为 1.36 亩。受人多地少、水土流失、滑坡、崩塌和泥石流等诸多种因素的影响，陕南地区生态环境还十分脆弱，农业生产大部分长期处于“靠天吃饭”的低级阶段。摊大饼的城市化模式以及人口的快速增长，使得较为富庶的汉中盆地和安康盆地良田越来越少，人均可耕地面积逐年在下降，而大部分山区海拔较高，土质贫瘠，难以养活现有的人口。加之农村耕地容量严重不足，安置建房用地紧缺，直接影响到了农业产业的发展和部分农村移民的安置质量。我们以商洛市为例，商洛市计划搬迁 72.6 万人，超过全市总人口的四分之一，共需用地 12.8 万亩，其中建房用地 4.5 万亩。移民集中安置点通常要选择在较为开阔的地带，而商洛的平地资源本身就较少，移民安置用地矛盾突出，集中安置率和移民生活达标更为困难。实施搬迁以来，在国家的支持和省上的重视下，用地指标已经有了专项安排，但随着近年来经济社会发展速度明显加快，市县发展产业的积极性提高，许多指标被用于产业投资项目，土地供需矛盾日趋突出，移民建房安置空间有限，加上建设用地审批严格，周期过长，落实移民建设用地压力增大，特别是可供建设移民集中安置点的土地落实起来更为困难。陕西省要求设区市的集中安置率应达到 90%，对陕南三市而言，今后几年集中安置点选址将更显困难。

5. 发展资金来源问题

移民搬迁项目实施周期长，安置需要大量的资金投入，财政补助标准虽然说比起过去有所提高，但是山区搬迁群众普遍比较贫困，有限的搬迁补助和农民自己的积蓄，与搬迁实际所需费用存在着一定的差距。所以生态移民的资金缺口很大。2010 年，陕南地区人口总数占全省的 24%，而财政收入只占全省 2.4%。由于经济基础差，底子薄，资金问题就显得非常突出。按照总体规划，陕南地区搬迁投资一共需要 1 109.4 亿元，主要包括移民建设投资 772.2 亿元，基础设施投资 140.9 亿元，公共服务及其他投资 159.4 亿元，自主拆迁投资 12.1 亿元，以及 24.8 亿元的土地整理项目投资。所以在实施移民搬迁工作中，县级财政筹款压力较大。商洛市规划十年搬迁安置总人数 71.8 万，建房投资需要资金 180 亿元，移民户补贴需要资金 54 亿元，按政策预算，省级财政需要承担资金 117 亿元，市、县财政需落实配套资金 45 亿元。随着物价、工价的快速上涨，建设成本也在不断增加，导致巨大的资金压力。柞水县为特困户、五保户和孤寡老人搬迁提供了免费住房，对分散安置户实行补助资金 3 万元，对集中安置户补助资金 4 万元，对上楼安置户补助资金 4.5 万元，但省市财政平均每户只能补助 1.44 万元，不足部分需要县财政全额承担，而柞水县全县每年需筹措 5 000 万元用于补贴移民户；除了搬迁补助以外，县财政同时还要承担集中安置点的基础设施和公共服务设施的配套建设，如此巨大的资金缺口，使地方财政面临了很大的压力。

另外，移民户自筹资金的负担也比较重。汉中市略阳县 2011～2012 年完成移民搬迁 2 514 户，共投入资金 3.49 亿元，其中政府筹资 1.77 亿元，农户自筹资金 1.7 亿元，农户自筹资金占到近一半。目前建好的安置房和规划的安置点宅基地，也主要用于满足能拿出买房、建房资金的移民户。略阳县移民购房需 4 万～6 万元，建房需 8 万～10 万元，对于大多数处于年收入不足 4 000 元平均线下的搬迁户来说，要拿出这笔钱还是比较困难的。城固县移民安置点多在平原地区，移民购房需要 15 万元，建房需 7 万～9 万元，建房的移民户还要向村上交5万元宅基地的费用和建房设计费用；移民户完成购房、建房而且在入住以后，才能领到每户3万元的移民补贴；许多移民户因购房、建房背负了巨额债务。据估算，约有1/3的移民户无力负担自筹款。虽然移民搬迁政策对特困户采取无偿安置，但特困户由于缺乏劳动能力和技术，搬迁后生活仍难以为继，因而大多搬迁意愿并不强烈。

6. 移民的教育培训问题

城镇化建设和新农村的建设与移民产业发展，说到底是要依靠有知识、有技能的人来实现。陕南移民搬迁面对的主体主要是农民，由于山区环境相对封闭，与外界交流较少，加之文化教育比较落后，使得山区农民的整体文化素质偏低，尤其是缺乏养家糊口的一技之长。大批移民搬迁之后，这一问题将会影响到他们的就业以及未来产业的进一步发展。因此，关于移民的教育和培训问题就显得尤为重要。而且移民的来源往往不是同一区域,年龄和原有的文化程度也参差不齐，这也会影响到培训的效果。究竟如何对移民开展有实效的教育和培训，这还是一个有待深入研究和探索的问题。①这一问题对产业发展和移民增收至关重要。不管是移民从事原来的农业，还是进入第二、三产业，都面临一个教育培训和重新学习的问题。

（二）陕南生态移民可持续发展面临问题的原因分析

1. 对移民政策的宣传不够到位

从政府层面来看，在移民搬迁工作中，大多数基层政府都制定了相关的文件，甚至开放了政府的门户网站，及时对移民政策和法规进行咨询和宣传。但从现实的情况来看，长达10年，240万陕南移民的搬迁是一项长期工程，任务繁重，而移民办则是一个临时性的机构，负责人大多只是兼职，工作人员大部分属于借调，而且经费、编制和干部职务的晋升任免等现实问题都很难解决，这不利于移民搬迁工作的顺利开展。由于人员少，工作量大，各职能部门之间协同配合力度

① 李华，马丽华，等. 生态移民——山区新农村建设的一条重要途径[J].政策瞭望，2007（2）.

不够，在工作中没有形成合力。陕南移民搬迁涉及部门较多，每个部门都承担了相对具体的任务，还有衡量完成任务指标的考核压力，大部分部门只顾完成具体的任务指标，比如基础设施及相关配套设施的建设涉及计划、国土、环保、水利、消防、电力、交通、通讯、卫生、教育等相关部门和单位，项目的申报批复手续繁杂，乡镇负责实施办理相关手续费时费力，弄得不好就会影响了移民点的建设施工进度。相对而言，向移民户宣传属于政策法规则属于比较偏软的工作，有时可能被疏忽，导致对移民政策的宣传不够到位。

从移民自身的情况来看，绝大多数移民受自身文化程度和条件的限制，能理解文件精神，但能上网查看政策规定的可能并不多。部分地区大量的文化素质较高的青壮年外出务工，留在居住地的大多属于年龄偏大、文化素质偏低的人员，对政策和法规的理解不到位，甚至还可能出现偏差。在我们调查时，有部分移民就反映，他们对搬迁政策根本不了解或者了解很少，由于对政策的不理解，造成认识上的偏差，必然导致移民安置工程实施起来会有很多困难。

另外，政策不统一或者缺乏连续性，也导致宣传工作很难到位。由于陕南移民搬迁工作处在起步阶段，政策也缺乏连续性和统一性，在具体的执行过程中也在不断地调整。比如集中安置和分散安置比例的问题、安置点的规模问题、购买商品房和保障性住房的问题、特别是补助资金的问题，开始时的政策规定，60 平方米住房移民个人出资 1 万元，80 平方米移民个人出资 2.5 万元，100 平方米移民个人出资 4 万元，其余部分的资金由政府包底，基层干部也是这样向群众宣传的。可是后来在具体执行过程中，又调整为每个搬迁户补助 3 万元。而这 3 万元也迟迟不能到位，特别是市、县两级的配套资金，由于受当地财政收入的严重制约，迟迟不能到位。这样有损政府的信誉，导致群众意见很大，也不利于移民搬迁工作的顺利开展。

2. 移民培训和产业开发问题无暇顾及

加强移民职业技能培训是移民搬迁中一项宏大的系统性工程，涉及众多部门和单位。调研发现，搬迁方案确定的移民搬迁节奏过快。

移民搬迁的规划期为10年，其中“十二五”期间就要完成搬迁38万户140万人，分别占到规划任务的63%和53%。因为前期部署工作量过大，故基层部门工作节奏快，压力大，不利于及时总结经验和纠错校偏。而从2011年计划执行具体情况来看，预计完成约3万户12万人，只占前五年规划的8%左右。因为节奏过快，政府来不及对移民的情况作出具体的了解，人民群众的意愿以及建议未得到整理以及采纳。因为工作量大，加之考核的压力，各级组织只顾完成当前的工作，对后续的产业开发问题尚无更多的精力考虑。因此，在培训工作的组织、计划和具体落实上不够到位，工作明显滞后。教育培训主要以涉及移民搬迁工作的干部为主，培训内容主要以移民工程涉及的政策法规为主，对移民进行科学文化素质和提高技能的培训，还无暇顾及。

3. 搬迁地部分群众观念保守

在推进城镇化的过程中，城市建设步伐不断加快，吸引了大批农村劳动力进入到城市，留在农村的基本上是老人和儿童。大部分老年人搬迁意愿不强，观念保守，坚守祖业，感觉故土难离。也有的部分老人对政策不理解，担心失去传统的生产和生活资料依托以后，会彻底改变他们的生产和生活习惯，担心生存成本增加，不愿离开原来的地方。也有的因为本身经济条件不好，自筹资金建房有困难。观念的问题将是一个长期的问题，新生代的农民由于普遍有过在外打工的经历，对于外部世界有一定程度的了解，也相对容易接受新的思想观念和新的生活方式，因此，他们在生态移民搬迁中的态度普遍比较积极，也能够理解国家和政府的良苦用心。但是，山区部分老年群众由于长期生活在封闭的条件下，加之文化教育素质的限制，总是不愿意离开故土，对这部分群众，转变他们的思想观念将是一项艰巨的任务。

4. 工业基础薄弱，难以形成产业集群

陕南各地把绿色产业作为经济发展的重点，绿色产业的发展，涉及现代中药、绿色食品、蚕桑丝绸、水电开发等产业，同时，还利用其特有的“两汉三国文化”和山水风光优势，大力推动旅游业的发展。

“十二五”以来，陕南又增加了新型材料、装备制造、产业园区建设等规划。近年来，陕南绿色产业在一定程度上推动了产业的调整，也促进了农业结构的优化，推进了当地由农业向工业，由第一产业向第二、第三产业的转移，加快了农产品产业化和商品化进程，使产业结构有所改善。但如果和关中相比较，陕南发展基础依然薄弱，工业化水平低，产业带动能力弱，整体社会经济效益不高，而且存在着诸如绿色农产品基地规模小、难以形成规模效应和品牌优势的问题；农业产业化程度低，农村专业合作组织覆盖面小、作用有限；龙头企业少，辐射带动能力不强，产品科技含量较低、竞争力不强；产业链短，产业配套体系不健全，第三产业比重较低；高层次人才缺乏，招商引资能力弱，项目落地率低。这些困难和问题，都和原有的发展基础有关，不是短时间能够解决的。

由于三市经济基础薄弱，产业项目少，吸纳就业能力低，无法提供足够的就业岗位，“稳得住、能致富”将是今后移民搬迁工作中最难的问题。一些乡镇干部说，搬迁时间紧任务重，现在更多的是考虑如何“搬得出”。

5. 资金到位率低，缺口较大

陕南移民规划中测算的1109.4亿元的资金需求，总量主要集中在移民建房的资金上，其他如基础设施、公共服务等方面，因为规划弹性相对较大，估算投资有缺口。同时，如果考虑通货膨胀的因素，按年均5%的通胀率测算，十年所需的动态投资接近2 000亿元。市县两级政府的配套资金落实难度较大。从陕南三市的财政状况来看，财政收入仅占全省的2.38%，自身财力十分有限，主要依靠省级财政的直接投入和转移支付。资金缺口主要体现在下列情况中。（1）征地费用。集中安置点按省上规划至少100户以上，需要大量土地，平川地区征地费大概在4～5万元/亩，山区大概在2～3万元/亩，这需要大量资金，而资金来源难以落实。（2）搬迁户的政策补助款。按照省上政策规定，搬迁户每户补助3万元，省上负责50%，地方负责50%，按照汉中市的政策，市上负责地方中的20%，各县区负责地方中的80%。

目前省、市两级资金都没有完全到位，而陕南各县区多为国家贫困县，财政资金紧张，难以解决资金问题。(3)集中安置点配套设施的费用。各个集中安置点的配套设施建设，也需要大量的资金，解决通水、电、路、讯等基本问题，后期的幼儿园、公共卫生、健身广场以及亮化、美化和绿化等工程也需要跟上，而资金问题也尚无着落。(4)前期规划、环评等费用。集中安置点前期的规划、施工设计、环评等工作要求高、标准高，往往需要找市级以上甚至外省单位去做，费用较大，县乡等基层政府很难承受。

6. 山区地形地势以及交通瓶颈

根据陕南地区移民搬迁安置规模和安置方式，规划期间共需新增建设用地规模 11 171 公顷，户均增加 173 平方米。而陕南三市大部分地区受地形制约，在山区想选出一个既广阔又绝对安全的区域作为移民安置点相当困难，大规模的移民搬迁对当地建设用地无疑是一种严峻挑战。如果选址不慎，将无法避免再次受到灾害侵袭。土地问题已经成为易地扶贫搬迁工作的瓶颈，国家严禁在耕地上建设住宅，各村又没有公共用地，搬迁中的土地问题就难以解决。山区的地形地势以及交通不便，已经成为制约生态移民搬迁的瓶颈。

目前，在国家的政策支持和省委省政府的重视下，移民用地指标已经有了专项安排，但许多指标仍然被用于产业投资项目，真正用于移民安置的专项用地落实起来相对困难。农民生产用地调剂难，无法顺利实施有土安置。在原承包地退耕还林或难以远距离耕种的情况下，要保证外迁移民人均至少 1 亩地的基本口粮田，只能把希望寄托于迁入地附近的农民承包地，而迁入地的农民又不愿意把自己原有的承包地调剂给新搬迁的移民户，这使移民的基本生活无法得到保障。

第九章 陕南生态移民可持续发展的目标与原则

一、陕南生态移民可持续发展的主要影响因素分析

影响陕南生态移民可持续发展的因素很多，其中最为重要的就是移民安置点的选择，即选址问题，这个问题解决了，移民才能安居乐业，因为这个问题是生态移民可持续发展的前提和基础。所以，就陕南生态移民可持续发展的主要影响因素来看，很大程度上就是移民安置点选址的影响因素。这些因素主要包括自然因素、经济因素、文化因素、社会因素以及移民个人家庭等诸多方面，以下作一简要分析。

（一）自然因素

自然因素就是指和自然条件相关的诸多因素，主要包括地理因素、安全因素、水源因素、交通因素、土地因素等。在我国建筑学中，人们特别强调“相形取胜”，这是有科学依据的。所谓相形取胜就是指对山川地貌、地质结构、地理形势、水土质量、气象状况等进行勘察，权衡利弊，然后再决定选址。可见，自然因素是安置点选址首先必须考虑的一个因素。建筑学上还强调，建筑物要背山、面水、向阳，这也不无道理。而这些要求无非都是为了人类的生存和安全，避免自然因素的侵害，也是人类建筑选址经验教训的总结。选址讲究背山，就是因为山可以阻挡不良季风，提供安全保障，但前提是此山无灾害隐患。水源对于人类更具有特殊意义。凡有人居住之处，大都是临近水源之所。人常道：“水则载舟，水则覆舟”，凡事都有正反两方面。就人居环境而言，选址之利害得失也是同样的道理。安置点选址如果离水太近，则有水灾之患，所以要近得适当。居住向阳不仅有利于动植

物的生长，也更有利于人类本身的健康。土地是人类赖以生存的基础，在土地所有权存在的社会中，土地问题变得愈加复杂，就安置点征地而言，即便是这片土地很适合人居，但所有权或使用权不是你的，这就有一个怎样转让和补偿的问题。这个问题在安置点选址过程中也是一个棘手问题，同时也是不能回避的问题。在现代社会，交通的作用越来越明显，因此安置点选址也要考虑交通方便的因素。

（二）经济因素

经济因素包括产业发展、住房价格、物价水平、生活条件、社会保障水平等方面，生态移民搬迁的成败关键在于能否在搬迁之后留得住，这个问题说到底就是移民群众迁移到迁入地之后吃什么、靠什么发展的问题。如何解决好群众的生活来源问题，让群众生活得更好、更安心，真正提升群众的生活水平？如果不能够很好解地决移民家庭长期的可持续的生计出路和收入，将很可能导致次生贫困人群、大批脱离土地的失业人员。因此政府和相关部门必须考虑生态移民到此地，将来怎么发展，怎样使移民能够“稳得住，能致富”，这是至关重要的。住房价格这里特指移民安置点新建房的价格，一定要考虑到移民的承受能力，否则，移民也只能“望房兴叹”。安置点也要有良好的生活条件，使人们生活包括购物更加方便，同时物价水平、市场化程度也是影响移民安置的重要因素，对于无土地安置且没有菜地的移民而言，如果安置地市场化程度较高，物价水平也高，就会进而导致生活成本升高，他们也是难以“稳得住”的。此外，社会保障水平也是构成安置地吸引力即“移民拉力”的一个重要方面，对于他们移民的意愿也会产生影响。

（三）文化因素

从移民的角度研究文化因素，主要是探讨移民迁入地周围的文化环境，包括文化设施、就学条件、风俗习惯、娱乐设施。移民不仅仅有物质生活的需求，也有其精神需求，因此安置点要满足人们多种多样的生活需求，包括要有良好的自然环境和美好的公共空间。作为一个社区，还应有必要的公共设施和人们社交的场所，包括图书室、篮球场、文化站和一些必要的体育设施。鉴于现代教育的作用越来越被人们所重视，移民安置点的学生就学的方便程度以及教学质量的高低同样不容忽视。陕南地区清末移民较多，且来自不同地域，语言多有差异，风俗习惯也不尽相同，这在安置点选择时也尽可能予以考虑。移民安置点的文化环境是影响到安置点的稳定和发展的一个不容忽视的因素。

（四）其他因素

其他因素在这里主要指移民的宗教信仰、民族传统、社会治安等。陕南地区宗教遗迹较多，人们有着不同的宗教信仰，这也是移民安置点选择应该考虑的,主要是避免不同宗教信仰的人群可能产生的冲突。相对而言，陕南也是陕西一个多民族聚居区，除汉族外，有回族、苗族、满族、蒙古族、壮族、朝鲜族、羌族等十几个少数民族，因此安置点选择也需要考虑到民族的因素。此外，人们都希望生活在一个生命和财产安全的环境中，因此，社会治安状况不仅仅是影响人们居住意愿的因素，也是影响移民可持续发展的重要因素。这些年社会治安状况成为影响房地产价格的一个重要方面，这足以说明了人们对社会治安的重视。

二、陕南生态移民可持续发展面临的机遇与挑战

2010 年底，陕西省委、省政府作出了陕南移民搬迁的重大决策，受到了社会各方面的密切关注。2011 年 8 月，陕西省政府通过了《陕南地区移民搬迁安置总体规划（2011—2020）》，正式启动陕南地区移民搬迁安置工程，涉及搬迁居民 240 万人，之后，陕南生态移民便按照规划顺利实施。从可持续发展的角度分析，可以看出陕南生态移民既面临着良好的发展机遇，但同时也面临着严峻的挑战。

(一)陕南生态移民可持续发展面临的机遇

陕南 240 万大规模移民的重大决策，不是随便提出的，而是有着深刻社会经济背景的，同时，陕南移民也遇到了千载难逢的良好机遇，从某种意义上讲，陕南生态移民搬迁战略可以说是恰逢其时。

1. 国家以及陕西经济实力的增强为大规模移民搬迁提供了物质基础

2010 年我国国内生产总值接近 40 万亿元人民币，并且超过日本成为世界第二大经济体。与此同时，陕西省经济也有了较快的发展，2010 年陕西全省生产总值超过 1 万亿，达到 10 021.53 亿元，在全国经济规模排名第十六位。2014 年，我国国内生产总值达到 636 463 亿元，比上年增长 7.4%；陕西省全省生产总值达到 17 689.94 亿元，比上年增长 9.7%。正是由于国家及陕西省经济实力的增强，实施大规模生态移民搬迁才有了坚实的物质基础。

2. 新一轮西部大开发为大规模生态移民搬迁起到了助推的作用

“十二五”以来，国家围绕西部大开发问题作出了一系列重大决策，特别是国家西部大开发“十二五”规划的颁布与实施，使西部大开发的任务更加明确和具体，国家对贫困山区包括秦巴山连片贫困地区支持扶助的力度加大，各地也在寻求和探索贫困地区扶贫开发的途径与出路，而大规模移民搬迁，无疑是一种可供选择的摆脱贫困的重要途径。

3. 国家经济结构调整和经济发展方式的转变为大规模移民搬迁提供了契机

西部包括陕南贫困地区之所以贫困，从产业经济学的角度来看，与其经济结构的不合理以及生产方式的落后有着绝大的关系。山区至今仍然保留广种薄收甚至刀耕火种的落后的生产方式，农业的生产经营模式简单粗放。这种落后的生产经营方式，不仅导致效益低下，也对生态资源的保护带来了较大的压力，因此，生态移民搬迁也是山区转变经济发展方式的必然选择。

4. 国家统筹城乡发展以及新型城镇化建设为移民搬迁指明了前景和趋势

长期以来，陕南地区人口分布不够合理，居住相对比较分散，而且存在诸多安全隐患，难以发挥人口以及经济的聚集效应，这也是导致陕南地区长期贫困的重要原因。而城镇化则是社会文明进步的重要标志，也是社会经济发展的必然趋势。没有城镇化，也就没有现代化。可见，在国家新农村建设已经取得明显成效、统筹城乡发展各项措施正在全面落实的背景下,陕南大规模实施生态移民搬迁也有其必然性。

（二）陕南生态移民可持续发展面临的挑战

如前所述，陕南生态移民可持续发展面临了非常好的机遇，但就近几年具体实施过程来看，问题和挑战也客观存在。

1. 资金的挑战

按照陕南移民搬迁总体规划，陕南地区搬迁投资共需 1100 亿元，这是一个相当大的数目。以 2011 年为例，陕西全省移民搬迁共筹集资金 27.55 亿元，市县完成配套资金 9 亿元，搬迁农户自筹资金 24 亿元。 此外，基础设施配套资金 12 亿元，搬迁公司筹集资金 53 亿元，其中搬迁公司支付周转资金 14.47 亿元。取得上述成绩，对资金紧缺的陕南贫困地区来讲，已经很不容易。

今后若干年，陕南汉中、安康、商洛三市平均每年还将面临 6 万户、20 多万人的搬迁任务。从目前的情况来看，各市县普遍反映，资金短缺。陕南三市财政收入仅占全省财政收入总量的 2.4%，财政资金供给能力非常有限，主要依靠省级财政的直接投入和转移支付。因此，陕南生态移民搬迁将面临难以继续落实配套资金的窘境，后续资金紧张将会影响到移民搬迁的进度。不仅如此，还应该看到，陕南移民搬迁规划中测算的 1 100 亿元的资金需求总量主要集中在移民建房资金上，其他如基础配套设施、公共服务设施等方面因为规划弹性相对较大，估算投资时考虑不够。参照近年来陕南农村新社区建设实践，公共基础设施建设投入人均约 3 万元左右，按此推算 240 万人需要投资 720 亿元。每年需要 72 亿元，远远超过陕南三市政府可支配财力总和。2010 年，陕南三市财政一般预算收入仅为 43.81 亿元，其中汉中 18.6 亿元、安康 13.2 亿元、商洛 12.01 亿元。如果考虑通货膨胀因素，按年均 5%的通胀率测算，10 年所需的动态投资将超过 2 000 亿元。

国家统计局安康调查队的数据也显示，安康市 2011 年搬迁 2.2 万户，除去 1 087 户特困户外，有 3 807 户需 100 平方米住房的集中安置户，有 12 963 户需 100～125 平方米住房的集中安置户，市县需配套建房资金 4.69 亿元，有 3 236 户分散安置户，市县需配套建房资金 4 854 万元。根据目前市县财力状况，难以落实如此巨大的财政配套资金。除了配套建房资金，基础设施项目配套也面临资金困难问题。据估算，安置点平均每户需要基础设施配套 5 万元甚至更高。可见，资金的供求矛盾是今后必须认真对待的现实问题。为保证陕南生态移民搬迁的顺利实施，在资金问题上，一方面需要国家进一步提供资金支持；另一方面，也要考虑开辟新的资金渠道，尤其是要考虑如何融资的问题。面对资金的短缺，解决的思路必须创新，也就是要研究开发新的资金来源和渠道。

2. 选址难的挑战

陕南三市地处秦巴山区，地理条件差，除汉中盆地外，陕南更多的县城不是建在山坡上，就是建在山沟里。县城尚且如此，乡镇和偏远地区的状况更可想而知。陕南地区本来就人多地少，人均耕地不足 1 亩。人地矛盾远比关中和陕北突出。此次陕南生态移民搬迁，使得土地供求矛盾进一步加剧，移民选址十分艰难。根据陕南移民搬迁规划，移民大多就近安置，包括吸纳移民进入城镇的城镇安置、统一建设的移民新村安置、小村并大村的安置以及自主分散安置。

陕西省国土资源部门资料表明，上述几种安置方式加在一起，约需占地 1 万多公顷，其中，统一建设的移民新村安置涉及人口达 154

万，占地 7 706 公顷。而土地资源供需矛盾在很大程度上影响移民搬迁工作的整体推进。目前，在国家的支持和省政府的重视下，陕南移民搬迁用地指标已有专项安排，但因市县发展产业的积极性都比较高，许多指标被用于产业投资项目，真正用于移民安置的专项用地落实起来相对困难。此外。在农户原承包地退耕还林或难以远距离耕种的情况下，按照移民搬迁有土安置的有关规定，要保证外迁移民人均至少 1 亩地的基本口粮田，只能把目光投向迁入地附近的农民承包地，而迁入地的农民则不愿意将自己原有的承包地调剂给新搬迁的移民户，这就会使部分只能依靠种植业为生的移民基本生活无法得到保障。

值得注意的是，一些搬迁户由于迁入地距迁出地相比较远，加之山区野猪等动物的破坏和农业比较效益低的原因，有的搬迁户只耕种距离较近的土地，较远的土地则被撂荒了。可见，陕南移民搬迁一方面对有土安置方式提出了挑战，因为按照人均至少 1 亩地的基本口粮田的要求，政府难以提供依靠种植业为生的移民的用地；另一方面也对土地流转提出了要求，如果移民迁出后远距离的土地不能流转，将不可避免地导致土地撂荒现象的发生，土地使用权的纠纷必然增多。

3. 产业开发的挑战

“搬得出、稳得住、能致富”是陕南移民搬迁的基本要求，移民后续产业发展和就业问题，不仅直接影响到移民的生计，也直接关系到移民搬迁的成败。首先，产业开发是生态移民“搬得出、稳得住、能致富”的基础。我国各地生态移民的经验教训一再说明，生态移民“搬得出”的问题相对容易解决，也是短期内就可以见效的，而“稳得住、能致富”的问题要复杂得多，涉及的方面也多。当年三门峡库区的移民，就是因为后续产业开发问题没解决好，有的移民远在他乡但生产生活问题长期没有着落，半个世纪过去后仍然留有后遗症。因此，对于后续产业开发的问题，应该未雨绸缪，尽早筹划。其次，产业开发状况如何也是检验移民效果的根本标志。移民之所以在国际上一直被看作是一个复杂问题，号称世界难题，除了涉及的因素比较多之外，根本原因就在于移民的效果要通过产业开发来检验。前苏联时期曾经在远东地区大量移民，但几十年过去之后，原有移民又基本上回流了，其中主要原因就在于产业开发出了问题。苏联解体后，原有军事工业未能迅速实现产业升级或转型，加之其他方面政策的失误，因而导致早期移民大量回流，远东地区几乎成了一个空城。这种现象就标志着移民的失败。再次，产业开发状况也是迁入区长期和谐稳定的保障。移民迁入区因为各种原因，面临着很多社会经济问题，这些问题有待解决，但要完善移民社区的各种公共设施，解除移民的各种后顾之忧，必须有一定的物质基础和物质保障。从长远看，只有产业开发问题解决了，其他问题就相对容易解决，移民社区的和谐稳定也才能有可靠的保证。最后，产业开发状况是实现区域可持续发展的物质基础和保证。可持续发展至少应包括经济、社会、生态三个方面。移民迁入后，要保持区域经济、社会、生态的可持续发展和长治久安，必须正确处理好上述三方面的关系。经济的可持续发展是基础，离开经济或产业的发展，移民生产生活没有着落，生态的可持续发展以及社会的可持续发展也就成为一句空话。而产业发展了，移民真正脱贫致富之后，完整意义上的可持续发展才能够真正实现，当然产业的选择和发展必须以不破坏生态环境为前提。由于陕南三市经济基础比较薄弱，产业项目少，吸纳劳动力就业的能力低，难以提供足够的就业岗位，“稳得住、能致富”将是今后生态移民搬迁工作中最难的问题。从陕南的实际看，生态旅游开发、特色产品的产业化经营以及劳动密集型农产品规模化生产将是移民产业开发的重要选择。

三、陕南生态移民可持续发展的目标与主要原则

（一）陕南生态移民可持续发展的目标

在陕西省政府通过的《陕南地区移民搬迁安置总体规划（2011—2020）》中，提出了陕南移民搬迁安置目标是：到 2015 年，陕南地区地质灾害、洪涝灾害频发易发区、贫困山区移民以及生态移民共安排搬迁安置 38 万户，140 万人。到 2020 年，陕南地区共安排搬迁安置

移民 60 万户，240 万人。陕南移民搬迁安置具体目标是：（1）移民搬迁安置后，其经济收入和生活水平应不低于搬迁前的水平；（2）建成能够满足移民粮食自给的旱涝保收农田，保证移民群众人均 0.5～1 亩以上的基本口粮田；（3）实现移民群众饮水安全，实施户户通电；（4）基本解决移民安置地区的交通问题；（5）确保每个行政村有卫生室；（6）全面解决移民群众子女义务教育阶段的上学问题；（7）争取每户至少有 1 个以上劳动力接受劳务输出培训或实用技术培训；（8）基本实现移民安置地区通广播电视、通电话。

可以看出，陕南移民安置的目标在一定程度上体现了可持续发展的要求，但是，安置目标毕竟有其局限性，而作为陕南移民可持续发展的目标，其涵盖的内容应该更为全面和科学。我们认为，陕南生态移民搬迁可持续发展的目标应该是生态目标、经济目标与社会目标的统一，是人与自然的和谐统一，是移民长远利益与当前利益的统一。由于是生态移民，首先应该考虑的是生态目标，但是这绝不意味着可以降低经济目标和社会目标，应该运用系统论的观点来把握陕南生态移民的目标。关于这个目标的具体内容，还需要我们在实践中不断认识深化，这里，仅仅提出陕南生态移民可持续发展应该遵循的一些基本原则。

（二）陕南生态移民可持续发展的主要原则

陕西省政府在《陕南地区移民搬迁安置总体规划（2011—2020）》中强调：陕南移民搬迁要就近安置，新建筑的选址必须首先保证安全的地质与水文条件，有较丰富的可开发土地和耕园地，还要便于居民出行，解决水电等基础设施，并将鼓励有条件的居民通过搬迁进城，扩大城镇规模。陕西省国土厅称，此次搬迁将陕南三市移民安置国土空间划分为适宜安置区、适度安置区和不宜安置区。而搬迁安置移民主要集中安排在适宜安置区和适度安置区，这些无疑对于移民搬迁安置点选择有重要指导意义。

根据陕南生态移民搬迁的实际情况，我们认为，陕南生态移民搬迁总体上应遵循科学发展的原则，具体可考虑按照如下原则进行。

1. 安全生态原则

安全既是搬迁的主要目的之一，也是最基本的原则，同时还是坚持“以人为本”的科学发展观的要求。正是因为以往的不安全，才提出了搬迁的要求。生态，在这里主要指广义的生态，既包括自然意义上的生态，也包括了产业生态、社会生态。不仅生产过程要符合生态学规律，也要运用生态学原则建设新农村和新的移民社区，实现发展农村与改善农业环境相辅相成。同时，使生物群落与无机环境之间相宜配置，产业部门与生物群落、无机环境之间相宜配置，产业部门之间相宜配置。生态原则就是要求对移民安置点的建设和发展，要放在整个生态系统中加以把握并进行取舍，并且要符合发展循环的要求。

2. 就近选址安置原则

就近选址安置原则是多年来移民安置经验的总结，相对来讲也是移民成本最小、最经济的一个选择。它可以缩短移民的适应期，不至于对移民生产生活造成重大影响，但是就近选址安置必须在确保安全的前提下进行，应从根本上规避原有地质灾害对群众生命财产的威胁，并综合考虑选址对地区长远发展的影响，否则，就近选址安置就变得毫无意义，遵循就地就近选址安置的原则，既要听取专家的意见，也要充分听取和尊重灾区群众的意见。但是，就近安置在有的地方要受到当地环境、土地资源等条件的限制。

3. 可持续发展原则

移民安置点选址应综合考虑该地区长远发展的要求，需要从区域或县域经济社会发展基本趋势判断出发，以区域资源环境承载力为基本依据，从产业结构调整、重大基础设施建设、生态环境保护和对自然和文化资源保护等方面从长计议。世界银行移民政策实施的经验表明：移民安置应该成为生产体系和人类新拓地的重建机会，成为一种新的开发与发展的机遇，并且应表现在人们生活标准的提高以及地区经济的发展上。这实际上就是在强调可持续发展，在移民安置点的规划和建设中，不再是简单的、被动的灾民的异地安置，而是有计划地开发与发展移民安置所在区域的经济、社会与文化，也即在新的基础上实现人与资源环境的和谐发展。

4. 相对集中原则

移民安置点选址应相对集中，尽可能确定在交通便捷，靠近水源和城郊的地方。安置点靠近城镇，能实现基础设施共享，可以少花钱，多办事；靠近水源和公路，可以方便群众的生产和生活，有利于安置点的长远发展。同时，安置点选址要与县域经济发展和生产力布局相协调，从根本上解决搬迁群众的生产生活和后续发展问题。相对集中，还有利于实现人口和产业的聚集效应，并且能够依托周围已建成的学校、卫生室等公共设施，就近解决移民就学、就医等问题。从陕南生态移民搬迁几年来的实践看，比较好地坚持了相对集中安置的原则，这也是我国新型城镇化的方向。

5. 自觉自愿原则

陕南生态移民安置点的选址及其可持续发展问题，是涉及移民子孙后代的千年大计，其意义和影响极其深远，因此，必须尊重移民群众的意愿和要求，不能采用简单的行政命令的方式，这就要求移民搬迁工作人员一定要向群众把相关的政策解释清楚，取得广大移民的理解和支持，使移民工作变成其自觉自愿的行动，主动配合政府做好移民搬迁工作。如果群众不理解，不支持，这项工作就会变得非常被动。在移民安置点选择和可持续发展的问题上，也应广泛征求当地群众的意见，然后再作决策。

四、陕南生态移民可持续发展应处理好的几个关系

（一）移民搬迁与灾后重建的关系

2008 年汶川“5·12”大地震，陕南尤其是汉中市也属于地震灾

区，宁强、略阳等县更是处在地震带上，人民生命财产受到很大损失。为了使灾区人民尽快恢复生产生活，全国各地伸出援助之手，政府拨出了救灾专款用于灾后重建。截至目前，灾后重建的任务尚未彻底完成，也正是在这样的情况下，陕西省委、省政府作出了陕南移民搬迁的重大决策，应该说这一重大决策和灾后重建是紧密相连的，陕南生态移民搬迁是解决这一地区群众脱贫致富和摆脱自然灾害侵扰的治本之策，也反映了在灾后重建基础上人们认识的深化，移民搬迁可以看作是灾后重建的一种继续和延伸，当然，移民搬迁比起简单的灾后重建需要更多的投资。我们认为，陕南移民搬迁资金与灾后重建资金最好能够统一使用，以便使有限的资金能够发挥更好的效益。

（二）移民搬迁与西部大开发的关系

陕南移生态民搬迁是在国家西部大开发这一背景下提出的，目前新一轮的西部大开发正在向纵深发展，而移民搬迁本身就是新一轮西部大开发的一个重要内容。移民搬迁的最终效果如何，在很大程度上也是对新一轮西部大开发实施效果的检验。从人口学的角度看，陕南原有人口资源分布很不合理，尤其是山区，有的地方本来就不适宜于人类居住，人口数量也超过了自然的承载力，加之自然条件的限制，比较闭塞，人们之间的信息交流也少，从而也影响到了人口素质的提高，移民搬迁可以使人口与资源更加适应，促进人口布局的合理化，也可以使人口相对集中，有利于实现人口的聚集效应。总之，陕南生态移民搬迁可以使人口资源以及人力资源得到优化配置，不仅有利于生态环境的改善，也有利于促进区域经济发展和社会的进步。

（三）移民搬迁与后续产业发展的关系

三峡库区、三江源、宁夏红寺堡等地移民的经验教训表明，移民搬迁必须遵循“移得出、稳得住、能致富”的总原则，相对而言，“移得出”的问题比较容易解决，而“稳得住、能致富”解决起来难度就比较大了，也需要有一个过程。因此，移民搬迁的重点应放在“稳得住、能致富”上。而要做到这一点，就不能简单地一迁了之，必须注重后续产业的发展，把主要精力放在移民迁入后的生产生活上，要使移民有事可做，有业可就，这样才能真正实现移民的安居乐业。从这个意义上讲，后续产业的发展比移民搬迁本身更为重要，移民搬迁只是解决移民的生存安全问题，后续产业则是解决其长期生计和发展问题。此外，还应该看到，移民搬迁规划在实施过程中，也是一个具体化的过程，对移民将来做什么，发展什么产业，必须结合本地实际进行科学的论证，并作出详尽的安排。考虑到陕南的自然条件、土地资源状况和移民的素质状况，我们认为，除了要引导有条件的移民发展第二、第三产业外，移民后续产业发展要特别注重养殖业、果林业、现代观光农业等劳动密集型的农产品的生产，一方面可以有效利用本地资源，另一方面劳动密集型的农产品相对也具有较高的附加值，有利于吸纳更多移民就业和提高移民的收入。

（四）移民搬迁与“南水北调”水源地保护的关系

陕南地处汉江流域，其部分地区也属于丹江流域上游，而汉江、丹江已经作为国家“南水北调”水源地保护区域，按照国家“南水北调”工程的要求，对陕南地区的生态环境和水资源要实施特殊的保护措施，以确保生态环境的优良和水源的安全。陕南移民搬迁也是在这一背景下提出的一项任务，因此也具有重大的战略意义。依据生态补偿理论，陕南移民搬迁本身就是为国家“南水北调”工程和生态环境的保护而做出贡献，也包含一定程度的牺牲，而受益者理应对其作出一定的补偿。因此，建议国家有关部门能够尽快出台支持陕南移民搬迁的政策措施，以缓解移民搬迁的资金困难以及其他方面所承受的压力。

（五）移民搬迁与陕南循环经济发展的关系

“十二五”以来，陕南已经作为陕西循环经济发展的重点区域。陕西省政府早在 2009 年就制定和颁布了《陕南循环经济产业发展规划

（2009—2020 年）》，按此规划要求，陕南要以科学发展观为指导，通过保护青山绿水，发展循环经济，打造三大产业，实现陕南突破发展。规划还提出了坚持与生态环境相和谐、坚持集约节约使用土地、坚持资源整合优化利用、坚持开发、合作、互利、共赢四项原则，将循环经济理念贯穿到指标设置、主体内容、主导产业、项目选择、支撑体系以及政策措施之中，体现保护和发展陕南的主题。规划还强调，陕南发展循环经济，要以提高资源生产率和减少废物排放为目标，走科技含量高、经济效益好、资源消耗低、环境污染少的新型工业道路，并以优势资源为依托，打造生物加工、生态旅游、新型材料三大主导产业，转变经济发展方式，提高发展质量，增加经济总量，实现陕南经济突破发展、生态良好、人民富裕、社会和谐。本次移民搬迁与陕南发展循环经济的要求是相统一的。如有条件和可能，要尽可能将一部分移民搬迁到循环经济产业园区内或周边区域。这样做，一方面可为今后循环经济发展提供劳动力的供给；另一方面，为未来循环经济园区第三产业的发展提供劳动力的准备和支持。此外，移民搬迁也可与相关的循环经济产业发展项目资金捆绑使用，以达到一举多得的效果。

（六）移民搬迁与新农村建设和新型城镇化建设的关系

陕南移民搬迁正值国家提出新农村建设和加快城市化进程的政策背景之下，这就要求移民搬迁必须与新农村建设的规划以及新型城镇化建设的发展规划相互衔接，相互配合，在条件允许的情况下，移民应尽可能相对集中，一方面可以节约耕地，另一方面也有利于实现人口、产业的聚集效应。今后若干年，随着国家经济发展方式的转变和产业结构的调整，农村人口将会持续减少，会有更多的农村居民转变为城市居民。城镇化进程的加快也需要更多的劳动力从事工业生产和第三产业，陕南移民搬迁也要考虑今后国家城市化步伐加快的现实，要通过体制创新和政策创新，使更多的有条件的待搬迁人口在城市或城镇安家落户，安居乐业，以避免二次搬迁可能造成的浪费。同时在移民搬迁中，也要有系统的观点，规划好将来的文化、教育、娱乐等用地及其设施，也要积极创造条件解决好移民的社会保障问题。

（七）尊重自然规律与尊重社会经济规律的关系

移民作为一项人类活动，不仅要受到自然规律的影响和制约，同时也要受到市场经济规律以及移民活动自身规律的作用和影响。不难看出，陕南移民搬迁工程这一重大决策的出台本身就是尊重自然规律的产物，也是在汲取多年来减灾防灾经验教训基础上的痛苦抉择。搬迁可以从根本上避免和消除自然灾害和生态原因对人民生命财产的威胁，也是陕南山区人民脱贫致富的长久之策。但是，也应看到本次移民搬迁与历史上移民一个很大不同，就在于本次移民本质上属于政府主导下的非自愿移民搬迁，并且处于市场经济这一大背景之下，因此我们也要尊重市场经济的规律。移民有着自身的法则，移民理论研究的先驱拉文斯坦对此早有论述，其后，学者们则运用市场经济原理分析了移民活动，强调迁移是一系列力量引起的，这些力量包括促使一个人离开一个地方的“推力”和吸引他到另一个地方的“拉力”，这就是关于移民的“推拉理论”，按照“推拉理论”的观点，移民要能够成功，最为关键的是迁入地生产和生活条件优于迁出地时，迁入地产生吸引移民的“拉力”才能与迁出地恶劣的生存条件产生的“推力”相结合，移民过程才能够最终实现。因此，我们必须具体研究陕南移民过程中究竟存在那些“推力”因素和“拉力”因素。从政府层面讲，更要注重创设一个有利于“推拉”移民搬迁的条件和环境，这样可以达到事半功倍的效果，更有助于我们做好这项工作。当然，从陕南移民的现实情况看，移民的重点应该放在增强移民迁入地的“拉力”上，如果迁入地有着更大的吸引力，那么，移民迁移的意愿就会增强，移民工作也就会比较顺利。

（八）就近搬迁与远距离搬迁的关系

陕南移民由于规模宏大、涉及面广，将主要依靠就近寻找移民安置点来解决这一问题，这也是在现有经济条件下一个比较理性和现实的选择。但是考虑到移民数量大，且累计呈逐年增加趋势，加之陕南地形地貌的特点本身就是山多川少，有的县城也只能建在两山之间或半山腰，随着时间的推移，后期移民搬迁将很难找到更多的比较适宜的安置点。还应看到，就近移民对一定范围内的生态环境影响并不会产生大的影响，原有环境的负担并未改变，原有的灾害隐患未必能从根本上加以消除。因此，有关方面应该未雨绸缪，尽早考虑和论证跨县、跨市甚至跨省的远距离移民搬迁方案。如能实现，这将会大大缓解陕南生态环境以及移民搬迁的压力，同时也为移民提供更有利于其生存发展的地域空间。我国地域辽阔，人口分布并不平衡，有的地方仍然有待开发，劳动力相对短缺，这就为远距离移民搬迁提供了可能。远距离移民搬迁历史上也有成功的先例，如果改革和鼓励的相关措施到位，远距离的移民仍然有较大的可行性。

（九）自愿移民与非自愿移民的关系

如前所述，陕南移民搬迁总体上属于政府主导下的非志愿移民搬迁。一般来讲，这种移民搬迁相对工作难度较大，政府支出的移民成本相对也比较高。因此，在陕南生态移民搬迁中，我们也应该研究其他移民方式的可行性。应该看到，改革开放以来，随着我国经济的发展和开放度的扩大，陕南各市县自愿移民和人口流动也蓬勃发展，已有相当一部分年轻人在外地甚至部分沿海大城市安居乐业。按照产业经济学的观点，产业转移一般表现为梯度转移，劳动力的转移也表现为梯度转移，一部分劳动力从事更高级的产业的同时，他们原来所从事的产业总有新的劳动力替代。近年来，随着国家户籍政策的放宽，农村人口通过多种形式大量向城市转移，有的地方已经出现了“空壳村”和土地荒芜的现象，这在一定程度上对从事农业生产的移民提出了需求，只要我们主动研究关注这种现象，辅之以必要的政策措施，为自愿移民牵线搭桥，就完全可能促进此类自愿移民的增加，从而减轻政府移民搬迁的压力。

（十）移民搬迁与移民教育培训的关系

陕南移民搬迁面对的主体主要是农民，由于山区环境相对封闭，与外界交流较少，加之文化教育落后，使得山区农民的整体素质还不够高，因此必须加强对他们的教育和培训，一方面，要让移民充分了解国家和省上有关的移民方针政策，使其主动与政府及其工作人员配合，以减少移民工作的阻力，提高移民的效果；另一方面，在移民搬迁过程中，还应当研究如何通过教育和培训特别是实用技术的培训，提高移民的综合素质和生产生活能力，使他们真正掌握一门实用技术和持家的本领，培训还应包括对移民进行必要的心理辅导，以提高其适应新环境的能力，并减少可能发生的社会冲突，这样做，从政府的角度来看，也在很大程度上可以避免“好心办坏事”局面的发生。从当前的实际情况看，移民培训的相关工作尚未引起足够的重视。有的地方虽然开展了一些培训，但培训的效果也不尽如人意，因此对移民的培训工作还需要加强。

第十章 陕南生态移民可持续发展的案例分析

陕南自2011年实施生态移民搬迁以来，已经经历了四年的时间。四年以来，陕南生态移民搬迁工作已经取得了显著的成效，干部群众对于移民搬迁所取得的成效普遍感到满意。但是，如果按照可持续发展的要求，移民搬迁有些方面的工作还需要进一步加强，在解决“搬得出”和“稳得住”问题的同时，“能致富”则是后移民搬迁续工作取得成功的关键因素。只有解决了“能致富”的问题，才能够确保陕南生态移民搬迁各项任务的圆满完成。在移民搬迁工程大规模的进展中，各地都有一些成功的经验，本章主要对陕南移民搬迁的几个典型案例作一透视，以便从中获得一些启示。

一、陕南生态移民搬迁再观察

——来自《瞭望》新闻周刊记者的报告

在长期饱受地质灾害之苦多年以后，陕西省自2011年起，启动了为期10年、共涉及240万群众的生态避灾移民搬迁工程。四年过去了，群众搬迁之后生活得怎么样?是否实现了“搬得出、稳得住、能致富”的目标？2015年6月，《瞭望》新闻周刊记者实地走访了地处秦巴山区的陕西南部汉中、安康、商洛三市，试图寻找答案。

（一）不得不搬的艰难选择

涉及60万户、240万群众，搬迁规模远超过三峡工程的陕南移民搬迁，原来是在现实逼迫之下的艰难选择。2010年7月18日，一场突如其来的特大暴雨、滑坡、泥石流灾害侵袭陕南地区，造成了300多人死亡或失踪，这成为启动移民搬迁工程的直接原因。

陕南地区虽有绿水青山的良好生态环境，但是高、中地质灾害易发面积占到该地区国土面积的三分之二以上。数据显示，仅近 10 年来，陕南三市就发生地质灾害 2 000 余起，造成 590 多人死亡或失踪。

安康市汉滨区大竹园镇七堰村，是 2010 年“7·18”暴雨洪灾受灾最为严重的地区，一场泥石流灾害夺去了全村 29 人的生命。洪灾之后，七堰村的 75 户受灾群众被搬到山下新建的七堰移民安置社区。经过政府后续的规划建设，七堰社区周边住在滑坡地带的 627 户群众也在这里安了新家。

在安康市紫阳县蒿坪镇双星移民社区，从 20 公里外、海拔 1 500 米的洞河镇云峰村搬来的曹修林，过去每逢汛期那颗“悬着的心”总是放不下来，如今就算是下几天暴雨，他也能睡个安稳觉。

陕西省国土厅统计数据显示，截至目前，移民搬迁工程已经累计搬迁了 26 万户 88 万人。比起搬迁以前，陕南地质灾害造成的人员伤亡数量减少了 80%以上，洪涝灾害造成的人员伤亡数量减少了 70%，已经搬迁的群众基本上脱离了山区地质灾害的威胁。

记者在平利、石泉、丹凤等多个区县看到，移民安置点都选择在地理位置安全、地势平坦处建设。“选址遵循‘三避开’‘三靠近’的原则，即避开地质灾害隐患点、基本农田和自然保护区，尽量去靠近城镇、产业园区和景区。”汉中市副市长王山稳说。

（二）生态移民搬迁后的“溢出效应”

移民搬迁最初的本意在于避灾，但是随着搬迁工程的推进，挪离险窝、穷窝对跳出贫困恶性循环的助推作用也逐渐开始显现。吴润强过去居住在不通水、电、路的汉中市汉台区河东店镇麻坪寺村，虽然有一手漂亮的木工活手艺，但是他起早贪黑挣钱，也无力改变一家的拮据生活。“步行下山一趟就要 5 个小时，遇到自然灾害，房子是毁了盖、盖了毁。”2013 年末，他搬迁至移民安置点石门社区以后，吴润强住上了三室一厅的宽敞楼房，自己搞起了装修施工队。

一年下来，全家的人均纯收入突破万元。吴润强深有感触地说，如果不是搬下山，根本没有钱做买卖，因为所有的资金一年全填进了修房子这个“无底洞”。

其实，吴润强曾经的遭遇在搬迁的群众中并不鲜见。陕南地区频繁发生的各类自然灾害，令他们陷入“受灾-重建-再受灾-返贫”的恶性循环中无法自拔。王山稳说，陕南生态和农业承载能力十分有限，群众“因山而贫、因水而困”。让移民挪出穷窝，告别土地贫乏、条件艰苦的环境，是对传统就地扶贫方式的彻底变革。

在移民搬迁工程实施过程中，陕西省提出了“搬得出、稳得住、能致富”的总体方针，产业配套始终被置于与搬迁同等重要的地位。伴随着移民搬迁工程实施带来的人口聚集效应，陕南的工业化、城镇化步伐也正在逐步加快。移民新区集中安置，不仅使移民成为新社区人，而且享受到均等的公共服务。

在安康市平利县城关镇的凯瑞斯服装有限公司车间内，100 多名员工在机器前紧张忙碌。该镇药妇沟村村民柯成珍说，从山里搬进新型社区以后，自己来到这家服装公司工作，既能照顾到家庭，每月还能有 2 000 多元的收入，不用再像以前那样背井离乡去打工了。统计资料显示，平利县搬迁户的年人均纯收入，由搬迁前不足 3 500 元增长到目前的 7 000 元以上。

安康市委书记郭青说，为了让搬迁群众“稳得住”，安康引进了服装、纺纱、钟表机芯、牙刷生产等一批劳动密集型企业。加上当地的山林经济、农产品加工以及家庭手工业、庭院经济等就业主导型产业的发展，12 万转移群众可以实现在“家门口”就业。

安康市白河县西营镇，原本只有 7 000 多人口，自从移民安置点天逸社区交付以来，常住人口达到了 1.3 万人，二期工程建成入住以后，加上流动人口，全镇人口预计超过 2 万人。记者看到，这里楼房整齐，马路平坦，商店、医院、学校设施齐备，与城市没有多大的区别。统计显示，随着 44 万搬迁群众进城，陕南三市的城镇化率提高了 4.78 个百分点。

“城镇化的一般规律是先工业化再城镇化，依靠产业聚集人口。而移民搬迁聚集的大量人口，却也给当地城镇化之路提供了特殊的发展机遇，就是先聚集人口，再通过城镇化带来的系统性变革反哺产业发展。”陕西省委农工办主任郑梦熊说。

此外，移民搬迁也助推了陕南地区的生态恢复和水源涵养。统计显示，陕南移民搬迁后“人退林进”，年均治理水土流失 2 500 平方公里，植树造林 110 万亩，作为南水北调中线工程的水源地，汉江出境水质保持在二类以上，确保了“一江清水供北京”。

（三）移民搬迁面临多重考验

采访中本刊记者发现，随着搬迁工作逐步推进，围绕搬迁对象的选择、产业的发展、农民致富等深层次的问题也愈发显现。多地干部群众坦言，当前移民搬迁已经步入“深水区”。

沿着平利县城关镇药妇沟社区背后的山路车行半小时，眼前只剩下崎岖的小路。步行 20 多分钟以后，趟过两条溪流，走过一根独木桥，记者来到了群山环抱的药妇沟村 7 组，该组还有十余户村民居住在原住地，没有搬迁。

33 岁的王世金和父母住在一间墙体开裂的土坯房里。记者走进屋内，除了一床破旧得看不出颜色的被褥之外，昏黄的灯泡是唯一的电器。王世金说，父母每年合计 1 800 元的低保是家中主要的收入来源，自己平时个把月下山一次，卖些竹竿贴补家用。当被问及是否愿意搬迁时，只念过一年小学、尚未成家的他说，不愿意搬下山，一是父母不习惯，但最主要的还是因为没有经济实力，搬不起。

“在历年扶贫搬迁、避灾搬迁、易地搬迁等的基础上，又经过陕南移民的大规模搬迁，可以说需要搬而且搬得起的都搬了，剩下的都是属于搬迁的内在动力不足和自身比较贫困的。”汉中市发改委以工代赈办公室一位干部坦言。

据汉中市移民搬迁安置领导小组办公室测算，除了财政补贴之外，搬迁中平均每户移民自筹费用在 7 万元左右，一些困难群众确实面临着“想搬搬不起”的现实困难。在大山深处，记者看到，少数还没有搬迁的群众中，以低保户、特困户、鳏寡孤独、文盲半文盲和残障人士居多。

针对这一类群体存在的问题，陕南各地政府正在以财政全额负担的“交钥匙”工程加以解决。然而，对处于秦巴山区集中连片特困地区的陕南三市政府而言，尽管有各级转移支付和专项资金支持，但是这一体量庞大的工程，令本来就捉襟见肘的地方财政不堪重负。“全市累计 6.8 万户、25.8 万人都需要通过‘交钥匙’工程解决，资金缺口非常大。”郭青说。

近年来，陕南三市虽然在推进产业配套方面取得了较大的成绩，但是同时遇到的问题，包括受访的干部也并不讳言，大家比较一致的看法就是，相较于“搬得出”的问题，当前“稳得住、能致富”的问题更加突出，产业发展依然明显滞后。

在陕南三市的一部分县区，因为产业开发规划没有配套好，导致部分已经搬迁的群众因为缺乏致富的门路，不得不回到原来的居住地继续务农的情况仍然存在。而对于年轻人来说，离开本地外出务工，依旧是不少年轻人的选择。上述两种情况的叠加，造成了“业居分离”的现象较为普遍，一些安置点人气不旺，居民以留守的“老、妇、儿”群体为多。个别为搬迁群众配套的产业园区内，工人数量不多，部分厂房空置。

多位受访干部坦陈，陕南移民搬迁始于 2011 年，彼时从中央到地方，各级各部门的“十二五”规划早已制定结束，导致陕南在配套与移民搬迁相适应的产业项目时捉襟见肘、无章可依，基础设施建设也因此受到了影响。

汉中市扶贫办纪检组组长李兴华说，南水北调中线工程水源涵养地、国家主体功能区中的限制或禁止开发区、集中连片特困区的“三区叠加”，让陕南多数地区在资源开发和产业发展方面，受到了较大地限制。

另外，陕南三市普遍面临的土地瓶颈的制约问题，随着移民搬迁进程的加快也开始凸显。据了解，每个集中安置点至少需要 30 亩既平坦连片又无安全隐患的土地，经过几年的搬迁，在一些地形条件比较差的山区县或者集镇，选择协调到符合这样条件的土地已经十分困难。

（四）未来宜深化精准搬迁

大部分接受采访的基层干部以及专家认为，对于陕南等地而言，最为迫切的问题，是要解决产业与“兜底”问题。而要解决这个问题，需要在对地区发展现状充分认识的基础上，进一步实施精准化搬迁与扶贫，根据地区差异，区别对待，分类施策。

汉中市副市长王山稳、汉中市移民办副主任付连科等建议，加快编制《川陕革命老区振兴发展规划》，将陕南移民搬迁上升为国家战略，对川陕革命老区的交通、水利、公共服务、生态环境保护等基础设施建设，予以重点扶持。而且要把将重大项目列入国家“十三五”规划，单列支持川陕老区和禁限开发区的特色产业发展资金，重点支持陕南地区的特色农林产业、旅游产业和新兴产业等。

当地干部认为，以陕南的自然条件和经济基础，加之承担的水源涵养、生态保护的“国家使命”，仅仅依靠当地政府和陕西省政府的力量，很难永续保持陕南的绿水青山，仍然需要“输血”和“造血”功能并重。在此基础上，也应该充分认识到陕南三市所处的发展阶段，对山林经济、涉水农业以及劳动密集型的产业给予政策支持，以产业发展带动扶贫。

郭青说，陕南地区的工业化目前还处于起步的阶段，大多数群众的增收手段比较单一，还不完全具备承接劳动密集型产业的基础。而类似于家庭工厂、庭院经济等这一类经济形式，虽然不能产生 GDP 和财政收入，但却能够节能环保，对农民致富具有重要的意义。

陈朱祥、李兴华等干部建议，下一步的工作计划，移民搬迁适宜精细区分困难群众的类别，进而实施精准帮扶。对于不依赖于土地的农户，可以采取上楼安置或者搬迁至大型集中的安置点；而对于部分依赖土地的农户，可以采取相对集中的安置办法；对于完全依赖土地的农户，可以采取分散安置。将特困群众“插花式”分散安置于各个安置点中，避免出现特困群体的聚集点。同时，对于残疾人、智障人士等几乎没有任何致富能力的特别困难群体，则应该通过社会保障的方式，实现“兜底”。这种方法，针对性较强，实施起来也比较容易，而且在搬迁中具有实效。

二、“五位一体”的生态移民搬迁思路——丹凤县竹林关镇江北移民新区建设的主要做法

商洛市地处秦岭腹地，自然条件较差、贫困人口多，经济社会的发展相对滞后。按照新的国家扶贫标准线核定，目前仍然有贫困人口18.47万户、64.17万人，有贫困村916个。同时，商洛又是我省山洪和地质灾害最主要的群发区和危害地带，地质灾害易发区占到总面积的50%以上。多年来，汛期灾害频发，每年都会造成一定数量的财产损失乃至人员伤亡。以2010年为例，商洛市连续遭受了7次局部暴雨灾害，灾害共造成七县区212个镇、1 668个村的31万户132万人重复受灾，全市因灾死亡31人、失踪63人，直接经济损失高达34.5亿元。

丹凤县是商洛的贫困县，地处秦岭东南麓商洛山区的中部，属于国家级贫困县之一，经济发展相对落后，自然灾害频发。全县总人口30多万人，辖26个乡镇，约有农业人口28万，总面积2480平方公里。境内河谷纵横，山岭连绵，是一个典型的土石山区农业经济县。该县分“一江三河川原农业区、浅山丘陵区、三岭低山林牧区和三岭中山林牧区”，人均耕地面积0.055公顷，是一个“九山半水半分田”的土石山区县。在2010年“7·23”特大暴雨洪涝灾害中，受灾情况更为严重，尤其是竹林关镇，数条街道瞬间被泥石流埋没，顿时墙倒房塌，损失极为惨重。

这次巨大的自然灾害损失，引起了省市领导和社会各界的高度关注。中共中央政治局委员、国务院副总理回良玉专程深入灾区视察灾情、慰问受灾群众。原陕西省委书记赵乐际、省长赵正永相继在安康、丹凤的洪灾现场视察，亲眼目睹了这一惨状后痛心疾首地说：看到脚

下几百万方的泥石流，瞬息之间埋没了村庄……我的心都在滴血！大自然，不可抗拒的大自然呀！哪怕我们这一生只能做一件事，也要把居住在陕南深山区的贫困户和可能遭遇地质灾害区的群众，搬迁到宜居的地方，使他们和我们一起过上平安幸福的生活，同步实现"中国梦"。

在此次生态移民搬迁过程中，丹凤县科学决策，准确定位，把移民搬迁与产业发展联系在一起，立足于"搬得出、稳得住、能致富"的理念，定位于"搬得好、全融入、奔小康"，把坚持陕南生态移民搬迁、产业聚集、小城镇建设、保障性住房和消费市场培育综合考虑，确立"五位一体"的思路，以此作为移民搬迁工作的总方针。从2011年至今，全县总共完成搬迁安置9000户34470人。通过移民搬迁实施，全县城镇化率提高了2.5个百分点。尤其是当年受灾竹林关镇，如今已经建成了竹林关镇江北移民新区，移民搬迁之后，安居乐业，生活幸福。

（一）规划科学，设计合理

竹林关镇江北移民新区，作为省政府确定的省级陕南移民搬迁工程的示范点，从一开始就受到丹凤县各级领导和组织的重视，作为陕南移民搬迁示范点工程建设，一开始就有准确清晰的定位，不仅定位于陕南移民工程的探路之举，还作为推进城乡统筹发展的样板。

按照把坚持陕南生态移民搬迁、产业聚集、小城镇建设、保障性住房和消费市场培育综合考虑，确立"五位一体"的思路，丹凤县坚持高起点、高标准、高水平建设的原则，对该项目进行了科学规划。移民新区规划占地面积619亩，计划安置3 381户14 000余人。同时配套建设行政中心4 000平方米、保障性住房150套、6 000平方米避灾广场与通讯、电力、金融网点。2011年启动建设的一至三期工程，总投资2.68亿元，已经安置1 650户移民。该小区安置的移民主要是受地质灾害威胁严重的石槽沟、东岭、神其沟，还有来至山阳县、商南县等偏远山区的群众。

现在小区内交通便捷，污水垃圾处理、市场等基础设施配套齐全。整个小区的建设计划在 2017 年完成，届时竹林关小城镇人口将达到 2.5 万人，城镇规模净增加三分之一，城镇化率达到 73%以上，小城镇的聚集效应得以进一步显现。为了使搬迁移民“稳得住、能致富”，丹凤县在计划实施移民搬迁工程开始的时候，除考虑移民小区楼房建成上宅下铺，培育社区内市场外，还着手建设为移民提供就业机会的产业基地。现在已经建成桃花谷游乐园、洲河北采摘园、老城区改造、手工业加工区、魔芋加工厂和正在启动中的“两河汇一关”水上漂流娱乐项目。

丹凤县领导认为，推进陕南生态移民搬迁工作，就是要摒弃狭义的实施移民搬迁项目工程的意识，树立城乡统筹发展的理念，以移民搬迁作为契机，走好城镇化、工业化、产业化“三化联动”的通盘棋，解决好移民“搬得出、稳得住、能致富”的问题，确保群众高高兴兴搬出来、安安心心住下来、轻轻松松地富起来。在这种超前的科学的理念支配下，竹林关镇江北移民新区项目的实施起点高，规划方案完善。

竹林关镇江北移民新区的项目规划，体现了以人为本的理念，凸显了决策者的超前意识。在项目规划之初，也曾经出现过两种截然不同的安置思路：一种是就近小规模的分散安置，这种安置成本低，工程耗时短；另一种是进城建楼房集中安置，这种安置工程量大，花费的成本较高。当这两种意见针锋相对时，县镇村各级政府充分讨论，反复座谈和协商，而且充分征求群众的意见，最终确定了第二种方案。该方案不仅确定了统规统建、进城修建楼房集中安置的搬迁思路，而且将安置对象重点确定为 70 后和 80 后的年轻群体。从客观上来讲，这部分人群已经摆脱了父辈们依赖于土地的生存方式，成为城镇中的“新市民”。他们接受教育的程度普遍较高，更渴望从那些灾害频发、贫穷艰苦的地方搬迁出来，改变观念，成就一番事业。

为了建成竹林关镇江北移民新区的项目，丹凤县聘请了中联西北工程设计院的专家们进行规划设计，既借鉴了大城市超前的家居理念，又能兼顾当地群众的居住习惯，形成了外观以徽派为基调、符合竹林关镇山清水秀的江南水乡的民居特点；内部设计布局上兼顾了当地 70 后和 80 后这个群体的居住习惯，形成大客厅小卧室、南北通透的建筑风格。在设计新区项目的同时，还考虑到社区幼儿园、商贸中心以及垃圾、污水处理等功能区配套设施的建设。

陕南生态移民工程实施以来，丹凤县竹林关镇江北移民新区项目已经相继启动建设的一、二、三期工程，其中一期工程 13 栋楼 408 套于 2012 年 7 月底已经竣工，全部安排到户；墙体粉刷完成，门窗也安装到位，道路硬化等配套设施正在施工，下一步移民户可进行室内装修，2012 年年底有一批移民户已经住进新房，在此过年。二期工程 18 栋 692 套搬迁户建房已建成 4 层主体，年底前主体已经完工。三期工程移民搬迁房 400 套，保障性住房 200 套，占地 100 亩，现已开始征地，年底前完成镇政府北迁设计、基础回填和招投标工作。移民新区内的两座大型仿古牌楼工程竣工，城镇供水工程、河堤工程、桥梁工程等配套设施即将完工。

（二）统建统管，配套齐全

丹凤县竹林关镇江北新区陕南移民搬迁示范点工程在规划建设时，统建统管，配套齐全，注重水、电、路、视、讯等基础设施配套建设，因而使社区的文化、教育、医疗等服务管理功能的发挥和社区建设同步推进。

丹凤县及时启动基础设施建设，新建银花河大桥，实施了银花河堤加固工程，建成了 10 米宽的绿化带、24 米宽的主干道三条，配套了竹林关镇江北新区社区服务中心、幼儿园、超市、卫生室等服务设施，这些配套设施也和民居一起统筹建设。截至 2012 年年底，新区二桥建设工程已经竣工，水沟治理一期工程完工，移民一期工程给排水、化粪池、公厕、配电室已经建设成。

竹林关镇江北新区在民居建设上，成功彰显了人性化的设计理念，按照多种户型各取所需进行选择，以确保各种文化习惯、年龄、经济承受能力不同的人群均能舒心居住。安置房设计了南北通透的 80.5 平方米、87 平方米、93.5 平方米、106 平方米、110 平方米和 122.5 平方米六种户型，19.23 平方米～37.18 平方米 16 种大小不等的商业用房。移民户可以根据自己家庭人口和经济状况自主选择不同的户型和面积，达到了每户一间门面房的要求。对于受到地质灾害影响的五保户和特困户，政府通过实施“交钥匙”工程，设计修建了 170 套 40 平方米以下的一室一厅一卫房屋，供其选择。

百年大计，质量为先。在竹林关镇江北新区的工程建设中，政府严格招投标管理程序，建立了强有力的监督机制和管理机制，确保了工程建设的质量，让移民户放心居住。在招投标过程中，政府确保每个环节都在“阳光”下运行，在保证新区建设质量的前提条件下，把控制标价作为关键点，精确核算工程量清单。质量监督过程严格把关，除了监理公司全程监理以外，还从移民户中公开推选了 30 多户群众代表，全程参与新区建设的质量监督，从验槽、地基、屋面处理等程序到钢筋、水泥、管线的质量等各个环节，每个程序都邀请移民户代表参加，使监督做到了公开透明。

在移民对象的确定中，也充分体现了公开、公正和透明的原则，严格自愿申请、村组初核、镇一级初审、县一级最终审定等工作程序。在此基础上，再通过“三级公示”的办法，确定搬迁对象。江北新区确定了一期和二期一共 1 100 户搬迁对象，每一项都严格遵守程序故规则。

为了确保生态移民户不因惜别故土而返贫，竹林镇政府严格控制建房的成本，即实现严格预算拆迁费、征地费、建安费和不可免除的规费等基本的供房成本，同时将政府给每户 6 万元补助费足额兑现。像一套 93.5 平方米的房子，移民户只要出资 7.3 万多元，就可以搬进三室两厅一厨一卫的新居。同时，对于已经入住的移民户，镇政府还整合了农村的新能源建设项目，为每户免费配套安装一套 18 管的太阳能。这不仅使移民户切实享受到了党和政府的温暖，也使他们的生活质量大大提高。此外，新建成的竹林关镇江北新的移民社区，社区党支部、管委会、物业公司、医院、幼儿园、小学、消防队、清洁队、治安监控室、图书阅览室、娱乐棋牌室等设施一应俱全，大大丰富了移民群众的业余生活。

（三）产业支撑，移民致富

实施生态移民搬迁工作，“搬得出”是基础，终极目标是“稳得住、能致富”。丹凤县在移民搬迁这个问题上，由于县委、县政府高瞻远瞩，统筹规划，从一开始就将统筹学原理很好地运用到移民搬迁的规划上，在连片贫困县实施移民搬迁工作中，创出了一条融移民搬迁与现代工业、现代旅游业、现代生态农业、现代城镇化建设为一体的新路。

丹凤县在竹林关镇江北新区陕南移民搬迁示范点工程建设中，突出了产业的支撑作用，把产业培育作为生态移民搬迁的关键问题，提前谋划，因地制宜，进行有业安置，以确保移民户搬迁之后“稳得住，能致富”。

在建设江北移民新区的同时，丹凤县便着手根据当地的实际情况和移民户的特点，“量体裁衣”，制定了专门的产业发展规划。在新的产业发展规划中，丹凤县突出了培植劳务、服务、商务等“无土产业”，大力发展商贸流通业、工业、旅游业和手工业，让移民既能安居，又能乐业。对于广大移民群众来说，进入新的安置区，通过培训教育改变观念，学习技能，让自己具备一技之长，提高综合素质，进入工业园区务工，解决了他们搬迁之后的后顾之忧，实现了人生的价值。

竹林关镇政府主动将全镇的发展思路和移民的产业发展相联系，围绕丹凤县提出的建设“竹林关生态宜居示范区”的战略要求，依托桃花谷水保科技生态示范园，打造“浪漫桃花谷”旅游景区，大力发展旅游业，并且修建了“7·23”地质灾害遗址博物馆，在地质灾害科普馆还采用了声光电技术，仿真模拟地震、滑坡体、泥石流、暴雨、火山等自然灾害发生的全过程，学习和普及科学知识，让人们亲身感受自然灾害的发生过程。同时，竹林关镇政府积极挖掘桃花寨的文化传统，建成了桃花岛、桃花坞、桃花庵、人面桃花等诸多旅游景点，进一步开发了桃花宴、桃花酒、桃花茶等系列产品，着力打造“竹林关人家”农家乐集群，塑造桃花谷之桃花文化品牌，促进了移民的就业，增加了移民的收入。桃花谷国家级水保科技生态示范园和省级陕南林业科技生态示范园建设初期和开园营运后，先后创造了近千个就业岗位。在用工制度上，优先招聘任用移民，解决了500余人的就业问题。

在此基础上，镇政府还抓住了竹林关镇被商洛市列入市级重点镇建设的重大机遇，实施城镇北扩战略，突出江北移民新区的建设，实施全民健身文化广场和市政配套工程项目，进一步完善城镇的综合服务功能，加大了小城镇建设的力度，把竹林关镇建成为县城的副中心和边贸中心，进而打造“古镇名关”，使过去的贫困镇在搬迁之后出现了一派新气象。

在移民后续产业发展的问题上，竹林关镇政府还强化了项目的带动效应。为了让项目建设带动产业发展，镇上建成了一个年产 2 500吨的凯隆魔芋精粉有限公司。这个魔芋精粉加工项目，带动了石槽沟、神其沟、雷家洞等移民村发展魔芋种植 3 500 亩，直接吸纳移民 2 000余人参与魔芋产业链的生产。他们还利用搬迁以后废弃的庄基地，发展华茂肉鸡 600 余大棚，统筹节约了土地，较好地利用了旧房的残值。还建成了竹林关到金丝峡段丹江漂流项目，随着竹林关到金丝峡段丹江漂流项目和竹林关生态旅游宜居示范区的建成，为移民群众创造更多的就业岗位和机会。此外，镇政府还扶持了安康黄姜加工厂、竹林关雷家洞刺绣厂、大秦仿古青铜铸造厂等一批企业，带动移民户进厂打工，增加移民群众的收入，提高了移民群众的生活质量。

（四）制度创新，增强归属感

受传统文化中浓厚的乡土观念影响，移民搬迁之后，很难融入迁入区的生活。竹林关镇政府为了增强移民的归属感，让移民搬迁后能够感受到新家的温暖、平等的待遇、稳定的保障、体面的生活，使移民的诉求能够常态化实现，他们大胆在制度机制上予以创新。

一是建立社区党支部，增强了党组织的领导作用和凝聚力。把党支部建在移民社区一线，使移民党员搬迁之后找到了组织，通过党支部的活动，移民们找到了组织，有了归属感。在社区党支部的领导下，移民党员们学习领会党的路线方针和政策，起到了宣传和教育的作用。

二是组织了丰富多彩的社区间的集体活动，不设条件地主动邀请社区移民参与互动。居住地以及生产生活方式的变迁，必然会给移民群众的心理带来一些冲击或不适应感。竹林关镇政府通过这些群众活动，创造了移民之间相互交流和了解的机会，增强了社区的凝聚力，满足移民群众日益增长的文化需求，打造移民精神家园、构建和谐社区，宣传了移民政策。

三是整合项目，进行制度创新。为了让移民群众尽快适应新的环境和生活，感受到党和政府的关怀，竹林关镇政府不断进行制度创新，出台了移民过渡期的新政策。比如，在医疗保障、户口属性、子女择校等关系到大多数移民群众切身利益的问题上，出台了移民优先并且可以自主选择的自由，让移民从心理上感受到了被尊重。

四是财政保障政策。新设立的移民社区人头经费和工作经费，普遍高于同级组织的经费标准，超出部分政府予以财政预算保障；对移民社区移民户缴纳的物业费，用予以 2 年过渡期补助。充足的经费保证了移民新区各项活动的正常开展，增强了凝聚力。

五是鼓励政府各部门和驻丹凤县的国企对移民社区献爱心。丹凤县十大部门积极响应县委、县政府的号召，联手鼎力协助，共同打造移民点新型社区。农业局用能源政策给上楼安置的移民每户无偿配备一套 16 管的太阳能；广电网络公司争取项目，为每个 300 户以上的社区铺设了网络通信综合管网；县剧团精心编排了针对移民进社区以后的生活喜剧，将移民教育内容融入娱乐之中，演出后取得了很好的效果；县公安局结合“853”工程，在 500 户以上的移民点设立了社区警务室，实现了社区 24 小时视频全方位覆盖无死角，为移民财产安全保驾护航。市、县消防部门协调物资和人力，成立了竹林关镇全省首个镇级消防队，调配轮值力量 8 名，专业消防车 2 台及其相关设备。特别是丹凤电力局，仅为竹林关镇江北移民小区建设让路，拆迁原有线路与重新架设新的输电线路共投资 140 多万元，架设 10 kV 线路 3.26 千米，架设 315 kV · A 变压器 3 台，0.4 kV 低压线路 1.42 千米，立杆

38 基。并为搬迁户开通绿色报装服务通道，简化报装程序，惠及了广大搬迁户。为了确保一期搬迁户能在 2013 年过上一个亮堂的春节，丹凤分局专门组织了共产党员突击队，由局长亲自带领，在零下十多度的严寒中，奋战十多天，全力以赴完成了供电入户的任务，保证了新搬迁移民过上一个明亮祥和的春节。该分局已连续两年被丹凤县委、县政府评为“服务陕南移民搬迁先进单位”“服务陕南移民搬迁先进个人”荣誉。

六是在社区建立了移民红白理事会。为了树立社会新风尚，杜绝封建迷信以及铺张浪费现象的产生，移民新社区还建立了移民红白理事会，并且配有红白喜事的活动场所。不仅尊重了不同地方的移民风俗，还倡导了移风易俗的社会风气。

七是想移民所想，解决移民群众的后顾之忧。新移民社区在 500 户以上的安置点，针对移民社区的特困移民和留守病残老人，组织人力，开展了日间的照料业务。这一做法，不仅给老人和病残者提供了生活上的方便，也解决了外出务工移民的后顾之忧。

八是对已经全部迁移的一个整村和 26 个村民小组移民的土地和林地开展了流转和托管试点。土地的流转和集中，大大提高了土地的利用效率，也使善于经营和管理的移民群众发挥了自己的优势，而不善于经营土地的外出务工者，可以更好地在外务工。这一做法初步取得了较好的双赢效果。以上措施的实施，对稳住搬出大山的移民，起到了很大的促进作用。

三、既要“生态美”，也要“群众富”

陕南地处山区，许多住在山区中的群众往往要遭受地质和洪涝等灾害的威胁。汉中 2011 年开始实施避灾移民搬迁，把山区的群众搬出大山居住，这不仅让群众的生活更加安稳，也对南水北调的水源涵养起到了重要作用。从环境保护到解决生态移民搬迁问题，陕南三市既要“生态美”，也要“群众富”。

（一）汉中四年移民搬迁群众35.8万人

俗话说“靠山吃山，靠水吃水”，汉中地区大部分山区县的群众，世世代代居住在大山中，就靠着在山上开荒种地生活。大部分群众开荒的方法，就是砍伐森林开垦农田，这种做法一方面降低了森林涵养水源的作用，另一方面也使土壤松动，增加了泥石流等自然灾害发生的概率。从而使汉江中混入了大量的泥沙，影响了水质。

2011年开始，汉中市开始实施移民搬迁工程。截至目前，汉中市已经搬迁了9.43万户35.8万人，建设了652个安置点，集中安置率达到了90%以上。4.5万户群众已经彻底摆脱了地质灾害和洪涝灾害的威胁，1.2万户特困群众已经免费迁入了新居，搬迁群众户均固定资产增收大多都在10万元以上。而汉中市政府在这四年的时间里，共投资了165亿多元。

搬迁后的群众摆脱了自然灾害的威胁，打破了以往山区“遭灾—救灾—重建—再遭灾”的恶性循环，不仅使群众彻底远离了灾害威胁，而且搬迁之后，群众可以接受教育和培训，概念了观念，增加了技能，提高了生活质量。

同时，在群众搬出后，汉中市进行了大规模的退耕还林工作。截止2014年底，汉中市共完成退耕还林310.51万亩，其中退耕地还林127.64万亩，宜林荒山荒地造林151.47万亩，封山育林31.4万亩。大面积的退耕还林，对南水北调中线工程的水源涵养，起到了重要的保护作用。

（二）既要生态美也要群众富

“搬得出、稳得住、能致富”是陕西省委、省政府对于陕南移民搬迁的总要求。现在汉中市把35.8万群众搬出大山，完成了陕南生态移民搬迁的阶段性任务。搬出之后如何能稳得住？如何让移民群众更好地致富？这是现阶段及其以后更长时间当地政府面临的最大问题。

钟民新原来是汉中市汉台区河东店镇平安村村民，目前在河东店移民搬迁安置社区居住，是比较早的一批移民群众。对于移民搬迁的好处，钟民新深有体会。钟民新所在的平安村，山大沟深，到镇上需要一个多小时，而钟民新的家临近陈家沟，陈家沟的水会通过褒河汇入汉江。“原来我家是石木结构的房子，也不大。家里主要收入是靠着种一点玉米之类的杂粮，一年人均也就收三千多。到了汛期，还要怕洪灾，日子不是很好过。”而现在钟民新住上了106平方米的新房，水、电、交通都方便了很多，更重要的是收入增加了。“现在都好，原来的林地还算我的，现在种成了核桃树，我还养了一些娃娃鱼，收入现在大概是人均九千多。关键是干什么都方便了，孙女上学只要走十分钟就到了，中学更近只有几十米远。”由于儿子在外打工积攒了一些钱，钟民新选的是面积最大的一个户型。汉台区移民办主任王翰钧说，这样的房子按市场价来卖是2 080元一平方，而移民户只要720元就可以买到。“对于特困群众，我们免费提供60平方米的小户型供其居住。”

群众的生活条件改善了，但原有的“靠山吃山”的生产条件却没有了。对此，汉中市也千方百计谋求群众致富。在河东店镇居民安置点，目前通过社区物业安置群众12人，帮扶自主创业60人，通过技术培训就地安置100人，劳动输出500人，通过产业项目扶持安置300人，而对于35户无劳动能力家庭则进行了民政救助。

四、几个案例带来的启示

通过对前面陕南生态移民搬迁几个案例的介绍，我们对陕南移民搬迁的现状与问题不仅有了一个相对直观的认识，也有了一个较为深入的了解。来自三市不同地域的经验，包括一些移民群众的个人感受，基本揭示了陕南生态移民搬迁的现实情况，为我们进一步做好陕南生态移民搬迁提供了有益的借鉴和启示，归纳起来，主要有以下几点。

（一）生态移民搬迁的决策是正确的

四年来陕南生态移民搬迁的实践，已经充分说明，陕西省委省政府作出的陕南移民搬迁的决策是正确的。陕南需要移民的地区不仅是自然灾害多发区，同时也属于贫困地区，多年来，国家对于上述地区和群众救灾扶贫的工作从来没有间断，也花费了不少的人力、物力和财力，但是，始终难以打破“受灾—救灾—再受灾—返贫”的恶性循环。而下决心把这些因为灾害长期陷于贫困的群众，从原来不安全也不能养家糊口的居住地搬迁到安全地带，并且帮助他们谋求更为长远发展的举措，无疑是治本之策。

生态移民搬迁之所以能够治本，因为移民改变了山区群众的观念，提升了他们的技能，不仅其摆脱了生存的威胁，而且还能脱贫致富。所以，搬迁的群众对于省委省政府移民搬迁的决策，也是打心眼里拥护的。

（二）生态移民搬迁已经取得了显著的成效

陕南三市在移民搬迁工作中，结合本地实际情况，积极探索，勇于创新工作思路和方法，特别是注意统筹好生态移民搬迁与其他各方面工作的关系。商洛市丹凤县提出的，把坚持陕南生态移民搬迁与产业聚集、小城镇建设、保障性住房和消费市场培育综合考虑，确立的“五位一体”模式，不仅符合当地实际情况，收到了良好的效果，而且这种“五位一体”模式有着更为广泛的适用性，为陕南其他地区的生态移民搬迁提供了宝贵的经验。

陕南生态移民搬迁工作开展四年来，为移民群众也带来了实惠，具体表现在以下几方面。一是从根本上改善了移民群众的居住条件，特别是集中城镇化安置的这部分移民，在居住条件上实现了飞跃，就居住条件来看，他们已经过上了和城市居民一样的生活，这是他们祖祖辈辈人梦寐以求的生活，只有在现在才真正得以实现。二是提高了移民的收入水平。不少搬迁后的移民，经过培训，技能提升了，就业的门路也宽了，虽然离开了土地，但打工的收入，远远高于过去从土地上获得的收入，尤其是有一技之长并且有市场意识的移民，搬迁之后真正找到了用武之地，因此，个人和家庭收入大幅度增长。三是生活质量得到提高。新入住的移民集中安置社区，基础建设和配套设施都比较齐全，学校、幼儿园、医院、文化站、广场等配套设施应有尽有，大大方便了移民群众的生活。社区组织的各种活动，给移民提供了彼此交流的机会，使他们能够和谐相处。不少移民家庭还装上了太阳能热水器，不仅方便了生活，也使他们养成了良好的生活习惯。

（三）可持续发展的问题仍然需要关注

陕南生态移民如何实现可持续发展问题，仍然是需要认真研究解决的问题。虽然各地在生态移民搬迁规划或者社区建设规划中，都涉及了移民可持续发展及后续产业发展的问题，有的地区对这一问题关注度较高，考虑得比较长远，也能够统筹好各方面的关系，在一定程度上使陕南生态移民的可持续发展有了保障。但是，也有的地区对生态移民可持续发展问题重视程度不够，工作的重心还停留在“搬得出”上，而没有放在“稳得住”和“能致富”上。不少地方存在有“人居分离”的现象，也就是说，虽然在城里或移民社区有了属于自己的住房，甚至也装修得很漂亮，但是，并没有去居住，房子事实上是闲置在那里。这种现象的存在，一方面是因为一部分移民群众在搬迁后要依靠外出打工来偿还因搬迁所欠的债务，别无出路；另一方面，也说明迁入地后续产业发展没有跟上，未能吸纳移民群众在在迁入地本地就业。因此，“人居分离”的现象的存在，本身就说明了可持续发展问题尚需进一步解决。而这一问题的解决，还需要从经济、生态和社会各个层面通盘考虑，尤其是要符合国家生态文明建设和新型城镇化建设的方向。

第十一章　陕南生态移民可持续发展的主要对策

陕南生态移民搬迁是一项庞大的、复杂的系统工程，既没有成熟的经验可以借鉴，也没有现成的模式可以照搬，要坚持省委、省政府提出的“搬得出、稳得住、能致富”三项基本要求和“小城镇建设、产业支撑、避灾扶贫”三位一体的原则，积极稳步地推进陕南生态移民搬迁，实现陕南生态移民搬迁的可持续发展，在前述各章分析的基础上，遵循《陕南地区移民搬迁安置总体规划（2011—2020 年）》的精神，结合陕南地区的实际，特提出如下对策建议。

一、拓宽融资渠道，突破资金瓶颈

陕南生态移民搬迁是关系到移民安居、乐业和发展的大事，需要大量的资金支持，资金问题是制约陕南生态移民的关键问题。针对目前政府配套资金数量不足、到位率不高，特别是市县财政存在较大困难的情况，应该全面系统地研究和解决移民资金筹措问题。结合陕西省、市、县的财力状况，按照“政府补资、群众筹资、企业垫资、公司借资、门面增资”的思路，坚持政府主导、市场运作的解决机制，在提高政府资金投入的同时，也要充分运用市场机制，通过整合项目资金、及时发放移民搬迁补助资金、鼓励搬迁户筹措资金、选择有经济实力公司先行垫资、依靠陕南移民搬迁公司借资、公开拍卖出售安置点门面房弥补土地置换费用等形式，激发群众筹资、社会投资、慈善募集等方面的积极性，提高政府资金的配置效率和杠杆效应，想方设法破解资金瓶颈问题。

（一）政府应该继续提高移民扶持资金额度

陕西省提出，要让群众自己只承担1～4万元，就可从无发展潜力的老宅搬进60～100平方米新居，该计划出台后受到群众的极大关注。但调查发现，该项目在实施中阻力较大，主要是资金困难，群众负担大，搬迁不起。在实施中，省上每户补贴1.5万元，市县配套1.5万元，共计补3万元，但就目前市场行情，按房屋价格按照1 000元/平方米计算，一套60平方米房子需6万元，80平方米8万元，100平方米10万元以上，加上土地使用费（按100元/平方米）、基础设施公摊费用（按每户1～1.5万元），每套要8～13万元，减去国家补贴部分，每户仍要负担5～9万元，对于大多数贫困户来说，仍然负担不起，因而搬迁不起。仅就"搬得出"而言，目前户均3万元的政府资助可以说仅仅是杯水车薪。各级政府应该继续提高移民扶持资金的额度，千方百计保障资金按时足额到账，这是保证移民搬迁工程顺利实施的前提条件。

（二）改革政府资金使用方式，提高资金的配置和利用效率

改革政府资金使用方式以提高其配置和利用效率，是陕南生态移民搬迁可持续发展必须深入研究和解决的问题。政府针对移民区的扶持资金包括退耕还林、以工代赈、扶贫救济农业补贴等各种类别和形式，资金使用上细碎化、条块化、低效化的倾向比较严重；目前陕南生态移民搬迁不仅体制上存在条块分割的问题，在移民资金使用上也存在着"撒胡椒面"的问题。虽然省政府已经着手对这些资金进行整合，但受到部门条块管理和时间差等因素影响，整体上看政府资金的配置和利用效率比较低下。

2011年，汉中市共需投资21.78亿元，按省定政策，农户自筹6.6亿元，除过省财政和省级配套资金，需市县配套资金6.5亿元，2011年规划的集中安置点建设水电路等配套设施需投入5亿多元。移民搬迁户按所选择户型面积出资，其余资金由各级财政补助并整合其他资金予以解决。当地政府决定，在市县财政配套资金中，由市财政承担20%，

其余80%由县区财政承担，这对县级财政来讲压力也是非常大的。

在省政府陕南移民搬迁有关的政策文件未正式下达的情况下，面对移民搬迁任务重、时间紧的要求，绝大部分县区坚持不等不靠，提早做出安排部署，提早下达年度任务，提出完成时限，克服各种困难，采取超常规的方法，千方百计筹措移民搬迁建设资金，落实集中安置点建设用地，实行边征地边规划边报批的灵活办法，为安置点快速启动建设赢得时间，争取主动。在县级财力十分困难的情况下，已筹集了部分资金，先期用于土地征用和安置点三通一平基础建设，保证了生态移民搬迁安置点的顺利开工。目前，汉中市共筹措移民搬迁资金2.8亿元，其中县区政府筹资7 097万元，移民户出资1.35亿元，整合资金7 471万元。市县政府对陕南生态移民搬迁的态度是积极的，但是，如何利用资金的时间价值并提高资金的使用效率这确是移民搬迁面临的一个现实问题，还需要进一步研究解决。

（三）创新资金运作模式，发挥政府资金的杠杆效应

依据陕南移民资金的总体概算和巨大缺口，陕西省政府及其地方政府的财政收入难以全额提供如此巨额资金。如何创新资金运作模式，发挥政府资金的杠杆效应？在坚持政府主导的同时，能否从市场角度出发，考虑利用民间资金、社会资金、外来资金甚至慈善资金，拓宽资金渠道、解决资金缺口？针对这些问题已经有可以借鉴的经验，比如汉中的宁强县坚持政府主导、社会参与、多元投入，通过最高限价、委托代建、商业配建，引进企业垫资建设、限价开发，最大限度缓解资金压力；捆绑整合农村危房改造、扶贫移民、以工代赈、农田水利、土地整理等项目资金，统筹用于移民搬迁；把集中安置点水、电、路、讯、等配套设施分解落实到责任部门，实行部门联动、合力共建；减免相关费用，实行建材价格监测，把建设成本控制在群众可承受范围之内；引导金融机构扩大建房信贷投放，缓解农民建房压力。截止2012年底，全县共筹措移民搬迁资金2.04亿元，其中，向省搬迁公司借款3 000万元，省市补助2 356.4万元，整合资金7 156万元，县级配套

2 683万元，群众缴款5 220万元。这些措施，大大缓解了移民搬迁的资金压力，为顺利实施生态移民搬迁工程奠定了良好的基础。

陕南三市经济基础薄弱，在具体实施过程中应该根据当地的情况创新资金运作模式，积极拓宽融资渠道，加大筹资力度，通过盘活移民搬迁集中安置点土地存量资本、优先向搬迁移民户出售商业用房和鼓励民间资本投入等多种方式，多元筹措资金。进一步加大对扶贫、发改、国土、税务、林业等涉农项目资金的整合力度，集中财力，捆绑使用，努力破解陕南移民搬迁工程资金瓶颈。但必须考虑把现有的政府资金整合为资本金，以此建设融资渠道、建立融资平台，使政府资金使用达到“四两拨千斤”的杠杆效应。

二、践行科学发展观，推进“科学移民”

陕南生态移民是政府主导下移民搬迁，事关240万人的民生和陕南以及陕西区域经济可持续发展，其决策、实施和结果受到全国乃至全世界人民的密切关注。要顺利实施这一宏大工程，就必须进一步深入领会科学发展观的精神实质，确立“科学移民”的观念。科学发展观第一要义是发展，强调坚持“以人为本，全面、协调、可持续发展”的理念，把这种理念应用在陕南生态移民工程中就是“科学移民”。因此“科学移民”必须考虑移民的可持续发展问题，从陕南地区的实际情况出发，制定科学合理的移民搬迁规划和生态恢复规划、后续产业开发规划等，并以产业的发展来促进陕南地区城镇化建设。同时，在尊重客观规律和群众意愿的基础上，科学选址、合理安排生态移民搬迁进度，避免急于求成，盲目攀比。移民与城镇化建设新农村建设之间有着极为密切的关系，各地应该统筹兼顾，处理好它们之间的关系，以达到相互促进的效果。此外，还需要高度重视移民的相关培训教育，提高移民生产劳动技能促进就业。进一步完善各种规划与配套措施，推动陕南生态移民和后续产业开发工作积极稳妥地进行。

（一）合理选址，科学规划

受地形制约，陕南山区选出一个既广阔又绝对安全的区域相对比较困难，只能在现有土地制约的条件下经过专家评估及历史经验进行选择。一旦选址不慎，就无法避免再次受到灾害侵袭的可能性，可持续发展也就无从谈起。因此，在移民搬迁规划设计中首先要做到安全选址，安置区域尽量靠近城镇、靠近中心村、靠近公路、靠近大川道，尽可能方便搬迁户群众的生产和生活；还要注意避开河道、滑坡体和泥石流等地质灾害区，确保搬迁群众居住安全。对于移民集中安置区的建设规划，要统筹考虑、科学论证、超前规划、合理布局。规划要综合考虑水电路视讯网等基础设施建设和教育、文化、医疗、卫生等社会事业发展，以及污水垃圾处理、新能源利用、综合防灾减灾等配套设施建设，做到功能齐全、布局合理、方便群众；同时，还要因地制宜地制定产业发展规划，为移民后续发展预作安排。如安康汉滨区的石转镇目前规划占地 50 余亩的社区正在加紧建设，建成后可解决房屋受灾户和交通不便的群众的住所问题，大大加快城乡统筹和城镇化建设的步伐。汉中的宁强县结合县城新区建设，集中建设二道河安置点，规划安置 2 904 户，2011 年实施一期工程，可安置 1 851 户、8 631 人。这些都是陕南生态移民搬迁过程中有代表性的选址，并且考虑到了移民的可持续发展问题。“十三五”期间的移民，要在总结经验的基础上，不断提高完善。

陕南生态移民搬迁中，不少县区注意移民安置点靠近城镇或产业园区，以便对未来产业发展打好基础。以汉中市为例，2011 年移民搬迁共规划集中安置点 148 个，其中 1 000 户以上的安置点 7 个，300 户以上的安置点 31 个，100 户以上的安置点 80 个。在选址上，大多数安置点确定在紧靠城镇和产业园区，有利发展商贸服务、劳务经济和主导产业，超前考虑移民户的就业增收问题，以实现“搬得出、稳得住、能致富”的目标。宁强县、勉县、西乡县、佛坪县等县区都注意把移民安置点放在靠近城镇和产业园区的地方。

在建设用地审批中，对规划规定的移民建设用地实行计划单列，审批手续实行“直通车”，以保证移民搬迁以及产业开发用地；同时也要做好土地流转工作，引进一些有实力、愿意投资的企业集团按商业化操作模式，参与复垦土地的整理开发，为提高农业的规模化生产创造条件；对移民遗留在原村庄的承包地，如果不宜继续耕种，或收归集体用于统一调剂，或交由开发商进行统一开发，或退耕还林、封山育林。条件具备的成片山区，可根据当地资源特色，分类设立森林公园或自然保护区。按照“搬得出、稳得住、能致富”的要求和“统筹城乡、统一规划、集中安置、设施配套、安全避险、有利发展”的原则，在进一步调查核实移民对象、摸清情况的基础上，按照立足长远、适度超前的思路，及时科学地编制各县区“十三五”期间移民搬迁安置规划。通过实地勘察，科学合理确定集中移民安置点的选址和安置规模，解决搬迁什么人和搬迁到什么地方以及搬迁后从事什么产业等具体问题。

（二）要把实施陕南生态移民与产业发展、城镇化建设有机结合起来

城镇是社会主义新农村的高级形态，城市化也是社会发展的必然趋势[①]。小城镇作为城市与农村的连接体和中转站，是一定区域内的政治、经济、文化中心，具有一定的区位优势和资源优势，基础设施较好，协作能力较强，信息相对灵敏，人才比较集中，是陕南农村发展农产品加工、销售、科技、信息咨询、服务等第二、第三产业和劳动力转移的重要桥梁和纽带。随着陕南生态移民产业持续快速发展，人流、物流、资金流、信息流的流转速度加快，流转总量扩大，迫切需要现代化的城镇来承载这些活动。

陕南生态移民是一项长期工程，必须把规划工作放在首位，着眼长远、科学规划，防止盲目搞建设造成资源浪费。在城镇建设中，一是要依据陕南经济社会发展总体规划，科学地制定城镇化发展体系规

① 汪世银. 区域产业结构调整与主导产业选择研究[M]. 上海：上海人民出版社，2004：146.

划，并严格抓好规划的实施、修订及检查评比工作。二是城镇建设发展与产业发展必须互为依托与支撑。一方面，城镇发展要以产业为基础，另一方面，在重点城镇通过园区开发，引导产业向城镇集中，促进产业化发展。三是有重点地选择一批具有发展潜力的中心乡镇，充分运用市场机制，多渠道地筹集建设资金，对城镇路、电、气、水、文化、教育、卫生以及其他专业市场进行改造升级，逐步实现"以城固农、以城促农、以城助农、以城带农、产业兴镇"的城镇化建设新格局，使其真正成为产业发展的集聚区和承载体。

（三）实施人才战略，加强相关教育培训

因为陕南独特的地理条件，移民搬迁很难有现成的经验可以借鉴，加之搬迁前期工作任务重，时间紧，因此，对移民的培训问题重视不够。事实上，移民的培训问题至关重要。而且培训应与移民"搬得出"和"稳得住、能致富"各个阶段紧密结合。考虑移民结构变化的现实情况，在推进生态移民搬迁过程中应注重对移民培训方式的改变。比如随着移民安置点的增加，培训重点由以干部为主兼顾以移民劳动力培训为主，由以政策法规培训为主兼顾移民的技能培训，由短期培训为主兼顾对移民的中长期培训。移民搬迁与培育区域主导产业相结合，注重后续产业发展，真正使搬迁户有稳定的收入来源，确保"稳得住、能致富"。陕南地区生态资源丰富，大量林特资源、水面资源的开发，必须以人力资源开发为前提，必须以农业实用技术普及推广作保证，才能产生较好的效益[①]。另一方面陕南地区产业发展相对落后的现状，难以容纳大量现有劳动力，必须走劳务输出路子，引导移民从事第二、第三产业，进而增加收入。陕南生态移民的培训应统筹整合人力资源、农牧、教育、扶贫、科技、林业等各方面的培训资源，坚持部门职责和培训任务相结合，各类培训和产业发展需要相结合，广泛开展移民上岗技能培训，对与企业签订一定期限劳动合同的在岗移民开展岗位技能提升培训。通过岗前培训、在岗培训、脱产培训、技能竞赛等多

① 刘格辉. 人力资源与经济增长[J]. 理论与实践，2001（10）.

种形式，加快提升移民就业技能水平。当前，在移民培训问题上，尤其要注意以下几点。

1. 加大宣传教育和培训力度，深化部分干部和群众的认识

通过适当的宣传教育，让移民群众和社会各界充分认识到，陕南生态移民搬迁工程是马拉松而不是百米赛，要均匀用力，尊重科学，进一步修订、完善和统一陕南移民的长期规划，做到规划的科学性、系统性、全面性和可持续性，规划一旦确定，就应严格实施。同时要加强调查研究，对移民搬迁工作中的经验及时总结，树立典型，指导整个工程；对于出现的问题，及时解决，把各级干部群众的思想统一到省市的决策部署上来，把精力集中到移民搬迁的具体工作中。加强移民搬迁及产业开发的过程管理和监督，确保各项措施落在实处。

陕南生态移民搬迁是一个庞大的社会系统工程，各级政府要强化“人才资源是第一资源”的观念，加强专业移民管理人才队伍的培训，努力建设一支综合素质高、专业技能好、责任感强的社会化的移民专业人才队伍，在工作实践中通过培训，准确领会省市政策精神，分析研究移民搬迁工作中出现的新情况和新问题，更新观念，创新工作思路和方法，加强信息沟通和交流，不断总结移民搬迁工作中的经验或教训，让决策和对策具有前瞻性，为做好移民搬迁和产业开发提供智力支撑。各级政府在培训中注重发挥大专院校、科研院所的扶持带动作用，如陕西理工学院成立的陕南移民搬迁研究中心，集中了大量的专家学者，他们对陕南移民搬迁进行了大量的调研和理论研究，也形成了部分反响较大的研究成果，已经被政府决策时采用。

2. 强化新型农业技术培训

陕南地区应着重发挥生态资源的优势，把新型农业实用技术培训当作陕南生态移民产业开发的核心工作来抓。农业方面，应结合农业产业结构调整，主要围绕四大产业（茶叶、蔬菜、生猪、药材），重点提高移民的生产技术和经营能力，具体培训内容可包括柑橘、茶叶、板栗、药材、蔬菜等栽培技术，生猪、水产等养殖技术以及沼气使用

等新型能源技术等。略阳县扶贫办带领农业技术人员主要从农产品初加工、魔芋高产栽培、猪苓高产栽培和科学化养鸡等方面进行了系统的培训，移民积极性很高。他们抓住这来之不易的学习机会，认真学习，收到了良好的效果。在学习中，当地移民针对在生产中遇到的问题与专业人员进行了交流，学习了农业先进实用技术，提高了生产技术水平和就业能力。培训结束后，移民普遍感到培训内容实在，针对性强。

3. 强化职业技能培训

开展移民职业技能培训，是贯彻落实中、省生态移民后扶政策，加快陕南地区经济社会科学发展、跨越式发展，实现社会和谐稳定和长治久安的重要举措。移民职业技能培训工作，是一项惠及广大移民群众的民心工程，是有效提高移民素质和劳动技能，促进移民就业致富和产业发展的重要途径。陕南地区是我省的劳务输出的主要地区，必须以“治穷先治愚，扶贫先扶智”为理念，按照国家“一体两翼”的扶贫开发战略和“培训一人、输出一人、就业一人、脱贫一户”的要求，进行广泛宣传，要着眼于改变移民观念，使他们形成自觉学习的习惯。在培训的内容和方式上，应根据根据陕南地区经济社会发展实际和需求，有针对性地设置培训内容，采取理论教育与实际操作相结合的培训方式，使适龄移民都能够比较熟练地掌握 1 到 2 门职业技术，解决其就业问题，逐步拓宽增收渠道，逐步实现脱贫致富奔小康的目标。如汉中宁强县结合“雨露计划”，对移民群众进行劳动技能培训，使该县四百多名农村青年通过劳动技能培训实现了由农民到技术工人的转变，不仅使移民群众的收入提高了，更起到了宣传带动效果。在移民职业培训过程中，还要结合移民的子女未来就业，切实办好职业技术教育，一方面要做好劳动力“转移培训”，适应城镇化及第二、第三产业发展的需要；另一方面，要着眼于培养新型农民，为我国农业现代化和新农村建设奠定人才基础。

三、选择好产业开发模式，推进产业集群发展

（一）因地制宜，选择产业开发模式

因地制宜就是要从本地实际出发，不搞“一刀切”和一个模式。陕南各地的资源状况、经济条件以及人力资源条件各不相同，在选择产业发展模式时也应该有所不同，宜农则农，宜工则工，宜商则商。尤其要汲取历史上“以粮为纲”排斥多种经营以致带来灾难的经验教训。陕南移民搬迁可持续发展的一个最重要的内容和环节就是发展产业，脱贫致富，只有通过产业开发实现经济的发展，才能使移民真正做到安居乐业，使可持续发展落到实处。由于陕南三市经济基础薄弱，产业项目少，吸纳就业能力低，无法提供足够的就业岗位，“稳得住、能致富”将是今后移民搬迁工作中的重中之重、难中之难。尽管如此，陕南各县市在后续产业发展方面也作了一些有益的探索，目前已经尝试了一些产业开发模式。各地应该根据实际情况，因地制宜地选取适合自己的产业发展模式。

1. 旅游景点带动模式

陕南自然风光秀丽，生态旅游资源和观光农业资源有着独特的优势，通过旅游产业的开发带动移民就业不失为一个好的选择。如汉中市洋县草坝村安置点靠近“朱鹮梨园”景区，新搬迁的移民一方面通过在丘陵地大面积栽培优质水果梨，作为其特色产业，并形成独特风景，发展观光农业；另一方面，一些移民通过建立“农家乐”的形式提供游客餐饮、观赏、休闲、娱乐等服务，找到了就业的门路。目前，已有 74 户移民入住草坝村，而且大都确定了经营项目，有了较可靠的生活来源。新移民搬迁后的感受是：这里的交通方便，选择务工经商都比较容易，机会比原来多很多。

旅游景点带动模式确实是一种比较好的产业开发模式，尤其是移民依托旅游景点发展“农家乐”，具有投资少、见效快的特点，但这一产业开发模式要受到客观条件的限制，对于迁入地没有旅游景点的移民则无法选择。正因为如此，移民安置点选址要尽可能靠近旅游景区。

2. 工业园区带动模式

陕南三市在移民安置点的选址上，大多数确定在紧靠城镇和产业园区，有利发展商贸服务、劳务经济和主导产业，超前考虑移民户的就业增收问题，以实现“搬得出、稳得住、能致富”的目标。其中：汉中市宁强县结合县城新区建设，集中建设二道河安置点，规划安置 2 904 户，2011 年实施一期工程，可安置 1 851 户、8 631 人。洋县磨子桥安置点规划面积 550 亩，安置移民户 3 000 户、1.19 万人。勉县围绕推动城镇化发展，建设陕钢工业园区、武侯墓旅游景区、周家山农业产业化科技园区，分别规划了勉阳镇 3 000 户、周家山镇 2 000 户、定军山诸葛村 1 000 户以上的集中安置点。安康市紫阳县移民安置点也选择尽可能靠近工业园区，以便为移民就业创造便利条件。

工业园区带动模式的优点在于有利于移民到企业务工经商，多渠道增加群众收入。工业园区的发展必然带来第二、第三产业的兴旺，从而带动农村劳动力转移，更会带来移民户致富的希望。在有条件的地方，这种模式在产业开发上将有着很大的发展潜力，能够给移民带来稳定的收入，也符合产业升级和社会发展的趋势。

3. 股份合作制带动模式

农村股份合作制是在农村市场经济发展的基础上，随着变革传统的集体企业的过程中产生的。自 20 世纪 80 年代以来，随着农村经济体制的改革，实行以家庭联产承包为主的责任制，解放了农村生产力，极大地调动了农民的生产积极性，使得农民在自己生产的基础上积累了一定的财富。紫阳县借助工商业主资本+土地流转入股形式，修建移民户安置公寓。该县双安闹热村富硒油茶综合开发项目投资 1.3 亿元，由业主集中修建农民公寓，对高山农户进行整体搬迁，集中流转土地开发种植油茶 2 万亩。同时农户与业主签订土地流转，置换房屋合同，再通过房产、林权、土地等形式入股，参与企业劳动分配。在高桥镇的裴坝移民搬迁安置社区，搬迁群众依靠一位回乡创业的本村人开办的厚朴药材加工厂改变了就业方式。仅这个药材加工厂就惠及种植群众 3 000 多户，还吸纳了 300 多人在工厂就业。

这种公司+农户+基地的移民搬迁经营模式本质上是一种股份合作制，既有资本合作，又有劳动合作，在产业发展方面前景广阔，已列为安康市市级重点项目并广泛推广。

4. 种养业产业化经营带动模式

安康汉滨区七堰社区目前已经入住 75 户 308 人，预计三期工程结束后，整个社区有劳动力 2 000 余人，该社区拟通过兴建茶园和蔬菜基地以及养猪场等，推进产业化、集约化经营，使搬迁群众能够实现“稳得住、能致富”的目标。除大力发展养猪外，七堰社区还决定打造三个千亩示范园。在社区周边规划新建优质高产示范茶园 3 000 亩，全力打造 1 000 亩精品示范观光茶园，改造原有低产茶园 2 000 亩，依托七堰自然地域资源新建 1 000 亩核桃园，依托七堰沟灾害治理和水土治理将七堰沟两山栽植 1 000 亩樱桃园；培育发展四项特色产业。

汉中镇巴县渔渡镇九家榜移民点目前已安置了 108 户 443 人。在移民点启动前，县上先期扶持建立了 1 000 头生猪养殖场、500 亩茶园、1 600 亩欧洲樱桃、25 亩食用菌等产业，解决了 200 名剩余劳动力，并在山野菜加工等后续产业开发上给移民户一定扶持，以确保“移得出、稳得住、能致富”。

种养业产业化经营模式最大的特点在于不脱离传统意义上的农业，对于移民来讲，在不脱离本行的情况下，基本上不需要支出职业转换成本，也易于移民接受，这种模式比较适合中老年农民，但是产业化往往会受到当地资源条件限制。

5. 特色产业带动模式

陕南生态移民搬迁有相当一部分移民安置点在丘陵地带，而这些地区则是陕南土特产品的主要产区。一部分移民可以靠果林、药材、香菇、木耳等特色产品作为生计，只要按照产业化经营模式运作，完全可以做大做强，成为移民产业开发的一种可选择的模式。

安康市紫阳县在移民搬迁中坚持不搞一刀切，根据当地实际，尊重群众意愿，对搬迁群众进行集镇集中安置和农村集中社区安置。同时，进行相应的配套产业作为支撑，以期达到搬迁群众“能致富”的目的。焕古镇蜡烛村是个偏远山村，全村 1 200 余人，有 3 000 多亩茶园，并建有一个板石厂。若把农户集中搬迁到集镇，村民们距茶园和石板厂就很远，种茶、打工都很不方便。为此，按照群众的意愿，蜡烛村在半山腰一处平坦地势上，规划了一个集中安置点，分别建起 2 层和 5 层的安置房，既解决了群众避灾搬迁问题，又让农户就地兴产业、增收入。

这种特色产业带动模式，一般要求当地必须形成一定的特色产业，并且有一定规模。解决移民未来的生计，就是把原有的特色产业做大做强。但对于没有形成特色产业的移民，选择这种模式则没有条件。

6. 劳务输出带动模式

劳务输出是外出打工也是生态移民产业开发的一种重要形式。移民搬迁后，短期内受当地生产力发展水平和劳动力吸纳能力的限制，势必会造成一部分移民处于失业状态，解决这种问题的最好途径就是劳务输出，通过劳务输出，一方面学习谋生的劳动技能，另一方面也可以积累未来产业开发的资金，可以达到一举两得的效果。

近年来，陕南镇巴县一直作为一个劳务输出的大县，在这方面积累了丰富的经验，有的移民点的群众就是靠长期外出打工，积累了购买移民安置房的资金，有的在外地学习了技术，增长了见识，回到当地后已经成为产业开发和致富的带头人。可见，劳务输出也是移民产业开发的一种重要途径。

从长期看，移民不论是进城务工经商，还是在迁入地发展产业，最重要的是要有就业能力，因此加强对移民的技能培训十分重要。要让每一个搬迁户至少有一到两个劳动力学会一门知识、掌握一种技能。通过教育和培训，使他们在种植业、加工业、畜牧业等方面获得一技之长。有了技能，就是离开农村来城市生活也能找到安身之本、生存之道。

（二）发展产业集群，实现聚集效应

在土地、资源有限，产品技术含量低以及减少环境污染等多项制约条件下，要提高陕南地区的工业化、现代化水平，必须加强对产业的科学规划和引导，要优化产业布局，引导产业向园区集中，增强重点地区产业集聚和辐射能力，以园区建设促进整体产业水平的提高。产业集群是在特定领域，由相互关联的企业、专业化供应商、服务供应商、相关产业厂商、产业协会等相关支撑机构在特定空间上集聚，并形成强劲、持续竞争优势的现象。高度专业化的技能、知识与人力资本集中，有利于隐含经验类知识在集群内迅速扩散，增加知识存量，加快信息传播与更新速度，为企业提供创新素材和物质基础；集聚使企业间的竞争压力表面化，迫使企业积极参与创新活动，获得更强大的市场竞争力；产业集群能够激发创新活动参与者间的协同作用，提升企业应对创新风险的能力①。产业集群建设对于经济技术进步、结构调整升级、强化区域特色和工业化整体推进具有极为重要的作用。只有产业化和集群发展，才能产生聚集效应。移民搬迁不仅有利于人口聚集，也有助于产业集群。

由于陕南属多山地区，土地供给不足，工业基础薄弱，同时又是我国中部最重要的生态屏障及“南水北调”中线工程的主要水源地，具有生态保护的重要职责，这就决定了陕南的发展必须统筹经济、社会与环境的关系，以提高质量和效益为目标，加强资源节约和环境保护。在生态移民产业开发政策上，应通过高起点规划和高科技引领，走科技含量高、经济效益好、资源消耗低、环境污染少的新型工业化道路，创造以绿色、低碳为特征的新经济增长点②，才能让移民“稳得住、能致富”的目标得以实现，也才能够在较高起点上实现经济的突破发展，缩短与发达地区的差距，同时保持经济与资源、环境的协调发展。

---

① 汪世银．区域产业结构调整与主导产业选择研究[M]．上海：上海人民出版社，2004:271.

② 彭炳忠．农业产业化本质是农业工业化[J]．农村经济，2004（6）：25.

1. 发展以茶叶为特色的茶产品种植及加工产业集群

陕南地区种茶历史悠久，文化底蕴深厚，古巴蜀地区是中国历史上最早记载种茶的地区。陕南产茶始于西周，已有3000多年历史，是历代封建王朝“茶马交易”国策的实施地和重要市场，是全国茶文化的鼎盛地区和传播中心，在中国茶史上有着举足轻重的历史地位。陕南茶叶主产于秦岭和巴山之间，汉江流域贯穿其中，气候温和湿润，土壤肥沃且富含锌、硒，昼夜温差大，有利于茶叶有效成分的积累。同时，陕南茶区远离工业区和人口集居区，环境污染小，是生产优质无公害茶叶的理想地区。陕南地区处于我国南北气候过渡带，是中国最北端的茶叶生长区，茶叶生长周期长，内含物丰富，孕育了陕南茶叶“香高、味浓、耐冲泡，且富含锌硒”的卓越品质，具有其他茶区无法比拟的优势。经过近10年大力发展，陕西省现有茶园94.4万亩，其中开采茶园40余万亩，年产茶叶达1.28万吨，实现产值12亿元，资源优势已经形成，具备了产业化发展的基地规模，在全国形成一定的比较优势。不仅如此，陕南茶叶在良种化、标准化、规模化建设以及茶叶品质方面均有较大幅度的提高，特别是茶形规整、汤色明亮、香气高浓，滋味鲜爽、醇厚，在全国处于前列，先后获得省以上著名商标称号15个，省部级授予名牌产品称号20个，创立“午子仙毫”“紫阳毛尖”“秦岭泉茗”“汉中仙毫”等品牌，得到了业界的认可和广大消费者的喜爱。

在陕南生态移民产业开发中，选择具有一定文化基础的移民劳动力，加大培训力度，具有针对性的培训其和茶产业有关的专业技能，能够在扩大茶企规模、产业化经营、提高技术水平、改善加工流程，促进茶产业的生产和加工领域，发挥自己的一技之长，不仅增加移民家庭的收入，也能加速陕南茶产业的发展。

2. 发展以柑橘为特色的果品种植及加工产业集群

柑橘主要分布于秦岭南麓与巴山北麓之间的丘陵平坝区，陕南是我国柑橘适生地。以汉中为例，柑橘是城固县的传统特色产业，栽培历史悠久，迄今已有2000年的历史。城固柑橘以其成熟早、着色好、酸甜适口、果味浓郁等特点享誉北方各地，基本形成了东起宝山镇、西至老庄镇，沿秦岭南坡连绵25公里的柑橘产业林带，成为我国最北缘地区最大的优质柑橘生产基地。“宫川”“兴津”“城蜜 02”三个品种经农业部柑橘及苗木质量监督检验测试中心检测，被认定为“优质果品”。由于城固柑橘味美质优，备受西北、华北、东北等各地消费者的青睐，产品远销甘肃、宁夏、新疆、内蒙古、北京、辽宁等省区的50多个大中城市，出口韩国、俄罗斯，被国家林业局命名为“中国柑橘之乡”。由于柑橘在城固等县区脱贫致富中发挥了重要作用，因而，市内其他县区也已将柑橘作为调整农村产业结构的主要树种和优势产业进行发展。

在生态移民产业开发过程中，建议适宜栽培柑橘的县区立足当地资源优势，以柑橘生产为主体，以四季水果为补充，走食用鲜果与加工协调发展、规模与特色相结合的路子，同时抓好与此相配套的无病毒良种苗木繁育、采后商品化处理、加工企业、交易市场和信息、人才与技术培训、民间行会等体系建设，未来有望发展成为移民产业中的一个奇葩。事实上，陕南汉中城固县的秦岭北麓的柑橘生产带，本身也应该是一个移民产业带。

3. 发展以生猪养殖为特色的畜牧产业集群

陕南历史上有着重视畜牧业发展的传统，其生猪产业不仅在陕西，甚至在全国都占有重要地位，养牛业也是其一大传统产业。生猪产业不仅是陕南的优势产业，也是农民增收的重要来源。近年来，陕南生猪产业取得了长足发展，规模化、产业化水平有了明显提高。

在生态移民产业开发中，大力发展以生猪养殖为特色的畜牧产业集群，以乡镇畜牧兽医站为依托，着力抓好生猪养殖的基础设施建设、队伍建设和人员培训工作。鼓励移民千家万户办养殖的同时，积极推行生猪的规模化养殖和一体化经营，实现畜禽产品深加工，提高产品的附加值规模效益。同时，生猪养殖的链条比较长，在发展生猪养殖产业的同时，还可以加快发展饲料工业，引导饲料工业产品向系列化、多元化、功能化和无公害化方向发展，促进畜牧业由粗放型向集约型转变。因为养殖业链条比较长，可以吸纳大量的劳动力就业，这对生态移民产业开发来说，不失为一个好的选择。

4. 发展以特种养殖为特色的水产业集群

陕南依托秦巴山区气候湿润、水质优良的有利条件，史上一直为“鱼米之乡”，也被誉为西北的“小江南”，因此，在陕南移民搬迁产业发展中，坚持以市场需求为导向，科技进步为动力，增加投入为支撑，合理利用渔业资源，大力发展食用鱼与观赏鱼，发展名优品种的捕捞业，发展水产品加工业，特别是近年来兴起的大鲵人工养殖，将成为非常有前景的移民产业。

安康的汉阴县针对传统的水产养殖成本较高、经济效益低的现状，通过“走出去、请进来”的方式，多方考察学习，广泛征求意见，采取内引外联的方式，大力发展大鲵人工驯养繁殖特种水产养殖业。该县已发展大鲵养殖企业 10 家，完成总投入 4 000 余万元，养殖存量 4 716 尾。到“十二五”末，全县大鲵年产量将达 517 吨，产值 5.17 亿元。

5. 发展以无公害反季节为特色的蔬菜产业集群

无公害蔬菜是指产地环境、生产过程和目标产品质量，符合国家或农业行业无公害农产品标准和生产技术规程，经质量监管部门检验合格，使用无公害农产品标识销售的蔬菜产品。随着人们生活水平的不断提高，消费者在满足蔬菜数量的同时，其消费理念也发生了根本性的变化，对蔬菜品种结构和内在品质要求日益强烈，因此推动了蔬菜的生产从数量型向质量型方向转变①。近年来，无公害蔬菜深受市场青睐，价格上扬，我国无公害蔬菜的生产具有广阔发展空间和市场潜力。陕南气候条件较好，适宜多品种蔬菜的栽培，尤其是水生蔬菜更有优势，目前已经有了较好的发展基础。在生态移民产业开发过程中，充分利用气候等方面综合优势，扩大无公害反季节早春菜、延秋菜、高山淡季菜、名特优精细菜的生产规模，建立上规模、上档次的

① 高宗仁.城郊型农业结构调整的思考[J]. 河南科技，2002（5）.

蔬菜基地，也是移民产业开发的一个方向。

汉台区充分发挥区位优势，紧扣城市“餐桌”和市民“菜篮”，强力推进城郊型农业发展，积极培育主导产业，加快农业产业结构调整，逐步形成了以优质粮油为主的粮食产业、以无公害和精细菜为特色的蔬菜产业、以生猪和乳制品为重点的畜禽产业。区上立足“生态、环保”和“设施化”的发展方向，积极改造传统农业，逐步建立起9万亩绿色无公害种植基地、4个无公害畜牧生产基地，涌现出马家坝、大坝“养猪村”、桂花“养鸡村”等10多个专业养殖村和金江、元房等30多个蔬菜专业种植村，全区肉、蛋、奶2011年上半年产量分别达到9975吨、3586吨和2516吨，蔬菜种植品种超过100种，其中大棚种植的精细、反季蔬菜近三分之一，在满足城市供应的同时，提高了农业产出效益，增加了农民收入。可见，无公害蔬菜发展的前景是非常广阔的。

6. 发展以优质地道药材种植及加工为特色的中药材产业集群

陕南中药中的天麻、杜仲、枣皮、绞股蓝、红豆杉有着良好的发展基础，有的已经成为全国的药材种植基地。在陕南全面实施《中药材生产质量管理规范》（GAP），建立符合GAP的中药材种植基地；同时，实施《药品生产质量管理规范》（GMP），建设符合GMP中药饮片生产企业；由通过《药品经营质量管理规范》（GSP）认证的药品经营企业经营中药材和中药饮片。陕南目前已形成多种如天麻、西洋参、绞股蓝等中药加工产业链，经营效益稳步上升，逐步成为区域经济的支柱。此外，中药技术研发也具有较高水平，天麻、猪苓、杜仲、西洋参、丹参、绞股蓝等品种的种植生产技术在全国处于领先水平。要切实搞好中药材的商品化处理，促进其产业化发展，完善产业发展配套。在生态移民产业开发中，通过培训专业化的中药加工和销售人才，既能吸纳移民就业，又能提升中药材和医药产品的市场占有率。更重要的是，中药材产业集群符合陕南生态移民可持续发展的方向。

附　录

陕南地区移民搬迁安置总体规划

（2011—2020年）

陕西省人民政府

二〇一一年八月

谨以此规划

向陕南地区特大洪水、地质灾害中罹难的同胞致以深切悼念

向抗洪救灾中自强不息的灾区干部群众，英勇无畏的解放军、武警官兵、公安干警和各方救援人员致以崇高敬意

向社会各界所有关心支持抗洪救灾与恢复重建的人们致以真挚感谢

目 录

前 言

为做好陕南地区抢险救灾、防灾减灾工作，尽快恢复受灾地区正常的生产生活秩序，切实保护人民群众生命财产安全，努力改善当地群众生产生活条件，提高人民群众生活质量，统筹受灾移民、生态移民、扶贫移民和工程移民搬迁安置。从长远发展出发，消除贫困，修复生态，保障建设，促进经济社会的可持续发展，确保陕南循环发展战略目标顺利实现。根据 2010 年省政府第 12 次、13 次常务会议和专题会议精神，以及陕南三市国民经济与社会发展规划，制定《陕南地区移民搬迁安置总体规划（2011—2020 年）》（以下简称《规划》）。

《规划》是抵御自然灾害、抢险救灾、防灾减灾的重大战略举措，是从根本上消除隐患、脱贫致富、修复生态，促进经济社会可持续发展，确保陕南循环发展的长久之计，是市、县（区）人民政府及省、市各部门制定移民搬迁安置规划和指导移民搬迁安置工作的重要依据。

《规划》由省人民政府组织编制，具有宏观性、政策性、指导性。市、县（区）人民政府根据《规划》结合实际，编制实施规划并负责组织实施。省、市各相关部门按照本部门职责具体落实移民搬迁安置工作任务。

《规划》主要任务是：调查分析陕南地区地质、洪涝等自然灾害的类型、分布以及受灾情况；研究移民搬迁类型、分布及规模；制定移民搬迁安置方案；确定移民搬迁安置的用地规模和布局；制定移民搬迁安置生产生活配套设施规划；提出规划实施的保障措施。

《规划》主要依据是：《中华人民共和国土地管理法》《中华人民共和国环境保护法》《中华人民共和国城乡规划法》《地质灾害防治条例》《陕西省地质环境管理办法》《防洪标准》《镇规划标准》以及国家和省有关移民搬迁安置相关政策规定等。

《规划》范围为陕南汉中、安康、商洛 3 市共 28 个县（区），土地总面积 70 220.07 平方公里。

《规划》期限为 2011—2020 年。以 2009 年为基期年，2020 年为规划目标年。

第一章 规划背景

一、区域概况

汉中、安康和商洛三市位于陕西省南部，位于东经 105°30′50″～111°1′25″，北纬 31°42′27″～34°25′40″，西、南、东部分别与甘、川、渝、鄂、豫五省市接壤，北部自西向东分别与宝鸡市、西安市、渭南市毗邻。汉中、安康、商洛 3 市共辖 28 个县(区)。土地总面积 70220.07 平方公里，占全省土地总面积的 34.13%。

陕南自北而南依次形成秦岭高、中山、秦岭南麓低山丘陵、商洛低山、汉江一月河盆地、大巴山北坡低山丘陵等地貌类型；气候属秦巴山地南暖温带北亚热带半湿润湿润气候，雨量充沛，四季分明。年平均气温为 12.1 °C～13.7 °C，年降水量 731.4～1089.1 毫米，年平均无霜期 210.4～243.4 天。

陕南地区水资源丰富，地表水资源量 383.49 亿立方米，占陕西省地表水总量的 91.3%，是我国南水北调中线工程的水源地；林地面积大，是全省林地主要分布区，其面积占全省 50.1%，森林覆盖率高达 55.5%；矿产资源种类繁多，且分布区域集中，汉中市的勉（县）略（阳）宁（强)、安康市的旬（阳）白（河）平（利）和商洛市的山（阳）镇（安）柞（水）是本区矿产资源最富集的地区；生物物种居全省之首，仅种子植物即有 2 000 余种；大熊猫、羚牛、金丝猴、朱鹮、云豹等国家Ⅰ级重点保护野生动物有 12 种；农业生产条件优越，特色经济优势明显。复种指数高达 200%以上，是全省灌溉水田主要分布区，占全省的 88.61%；又是西北地区茶叶最大产区，紫阳县是全国仅有的两个富硒茶区之一；柑橘、板栗、核桃等林特产品资源丰富；药用植物有 900 余种，多种名贵紧缺中药材、本区均有出产，堪称“中药宝库”。

汉中、安康、商洛市地处关天、成渝、江汉经济区结合地带，区位优势日趋明显。宝成、襄渝、西康、阳安等铁路穿境而过，京昆、包茂、福银、沪陕、十天、榆商、陇汉多条高速和108、210、312、316国道等组成的公路干线网络四通八达。

2009年末，陕南地区总人口928.17万人，占全省总人口的24.10%，人口密度为45人/平方公里。其中农业人口734.4万人，非农业人口为193.77万人，分别占总人口的79.12%和20.88%。总户数293.4万户，户均3.2人。陕南地区生产总值915.06亿元，占全省生产总值的11.20%；人均GDP 9859元；固定资产投资731.53亿元，占全省的11.16%；财政总收入33.07亿元，占全省的2.38%。汉中、安康、商洛市城镇居民人均可支配收入分别为12562元、12525元和12857元，农民人均纯收入分别为3446元、3313元和3002元。

二、搬迁的必要性

（一）严重的地质灾害威胁

陕南地处秦岭巴山腹地，地形地貌复杂、地质环境脆弱。该区域以基岩山地为主，断陷盆地星散于群山之中，汉江谷地贯穿于秦岭、巴山之间。内外地质作用强烈，受流水侵蚀和新构造活动影响，突发滑坡、崩塌、泥石流及岩溶地面塌陷等地质灾害的几率很高，而且爆发突然、能量大、来势凶猛、破坏力极强。

陕南地质灾害高易发区达14 230平方公里，占全区面积18%；中易发区21 762平方公里，占全区面积32%。高易发区安康市主要分布在紫阳、汉滨、旬阳、白河两岸以及石泉、汉阴、宁陕、平利、岚皋、镇坪县城等人口稠密地区；商洛市主要分布在洛南、山阳、丹凤、商南、镇安、商州等人口稠密地区；汉中市主要分布在嘉陵江、褒河河谷及其支流两岸和阳平关至勉县的中低山区、洋县至佛坪一带和镇巴县城等地。

由于陕南地质环境脆弱、气候变化及人类工程活动频繁，以滑坡、崩塌、泥石流等为主的地质灾害隐患数量多、分布广、密度大、发生频繁、危害严重。陕南这种特有的地形地貌和地质构造给地处山区的人民生命财产安全造成极大威胁。

据统计，截至目前，陕南地区共有各类地质灾害隐患点 11 269 处，威胁 128 579 户、530 180 人和 367 890 间房屋安全，潜在经济损失达 175.5 多亿元。2001—2010 年间，共发生地质灾害两千多起，造成 590 多人死亡或失踪，直接经济损失 460 亿多元。特别是 2010 年入汛以来，新增地质灾害 965 起，造成了 88 人死亡、138 人失踪、6 人受伤、49 万间房屋受损、4.9 万公顷耕地损毁的重大人员伤亡和财产损失。

（二）频繁的洪涝灾害威胁

陕南地区气候属南暖温带北亚热带半湿润湿润气候，雨量充沛，但年内分配不平衡，局地时有强降雨发生。区内河网纵横、水系密布，大部分地区山高坡陡、岩石风化、剥蚀严重，山洪危害极为严重，是我省山洪危害最主要的群发区和危害地带。

近年来，陕南地区防洪设施虽在不断地健全和完善，但广大山区防洪设施标准依然很低，质量很差，远远达不到防洪抗灾要求。据不完全统计，近 10 年来陕南地区几乎每年都会发生不同程度的洪涝灾害，其中不乏 50 年一遇和百年一遇的特大洪水。

（三）改善条件，脱贫致富

陕南山区占国土面积的绝大部分，3 市 28 个县（区）中，至今还有大约 400 多万人生活在距乡、村公路 5 公里以上的偏远山区，这里人均耕地少、质量差、产量低，农作物经常会遭受野生动物危害。而且交通、饮水、用电、求医和就学等十分困难。生存环境恶劣，生产生活条件极差，群众长期处于贫困状态。因此，实施异地搬迁式的移民工程是解决群众贫困问题的重要途径和最好方式。从根本上改变生产生活条件，充分享有社会各类公共资源，提高自我发展能力，促进增产增收，脱贫致富。

（四）统筹城乡发展，促进城乡一体化建设

陕南受自然、历史、社会、经济等因素制约，城镇化与新农村建

设进程相对滞后，在产业结构、社会经济和人口城乡构成上还存在一定的不足，导致山区群众生产生活条件落后，农业产业单一，基础设施薄弱。因此，通过实施移民搬迁，能有效改善群众生产生活条件，完善和优化基础设施，逐步扩大村庄及小城镇规模，发展壮大特色产业，拓宽经济发展门路，增加群众收入，实现以移民搬迁推动人口向城镇聚集，以城镇化建设吸引移民搬入的良性循环，以此推动生态环境建设，改变农村贫穷落后面貌，加快新农村建设和城镇化进程，促进城乡一体化发展。

（五）促进生态建设，保障生态安全

陕南目前仍有很大一部分人民群众居住在偏远的秦巴深山区，生存条件恶劣，资源匮乏，交通闭塞，生产力水平低下，资源承载能力脆弱，群众生计艰难。长期的人口压力和经济贫困，形成了落后的生产方式，对资源的掠夺式开发，过垦、过伐、过樵导致生态不断恶化，自然灾害频繁。因此，移民搬迁后，实现了陡坡地退耕还林、还草，缓解了人口与资源的矛盾，保护了自然植被，有效促进了生态系统的良性循环。此外，实施移民搬迁是落实“再造一个山川秀美的大西北”的重要举措，是实施西部大开发战略的重要组成部分，为发挥陕南地区的生态优势创造了有利条件。

三、搬迁的可行性

（一）省委、省政府对陕南三市移民搬迁安置工作的高度重视和支持

省委、省政府历来对陕南移民搬迁安置工作十分重视，并相继出台了一系列相关支持政策，有力地促进了陕南移民搬迁安置工作的顺利开展。特别是今年陕南地区发生的特大地质灾害和洪涝灾害，给当地人民生命财产造成了巨大损失。为从根本上解决山区群众安全隐患，最近，省政府对陕南地区移民搬迁安置工作进行了专项研究部署，并在今年第 12 次常务会议明确指出“要按照长远规划、分步实施的原则，下决心从根本上消除一些重大安全隐患”。省政府第 13 次常务会议也明确提出了“下决心解决陕南受地质灾害威胁群众的整体搬迁和全省

的重点隐患。省财政从明年起每年安排专项资金2亿元，市、县级财政也要将移民搬迁资金列入预算”的重大战略决策。

（二）受灾害威胁和极其贫困群众有非常强烈的搬迁愿望

由于长期处于自然灾害威胁和贫困之中，部分群众改善自身生存、生活条件的愿望十分强烈，已由过去的“要我搬”逐步转变为“我要搬”。这一根本性的观念转变是移民搬迁的强大内在推动力。

（三）市、县政府的积极性普遍较高

移民搬迁工程不但能减轻各市、县防灾抗灾工作的压力，更能大力推进城镇化和新农村建设进程，对于构建农村和谐社会、促进县域经济社会的快速发展具有积极作用。

（四）各地的安置能力逐步增强

随着西部大开发战略的深度实施和经济的快速发展，通过工业反哺农业，陕南各市、县的可用财力正在逐年增加。另外，中、省专项资金投入的增加，通过整合规划使用，为移民搬迁安置提供了进一步的资金保障。而产业发展、工业园区建设和非公有制经济的发展壮大等等，更为移民就业创造着越来越多的机会。

四、安置面临的挑战

（一）移民安置资金严重不足，安置难度大

移民搬迁安置需要大量的资金投入。各级政府和有关部门在移民搬迁安置过程中虽然会给移民搬迁群众一定的资金补助，但陕南地区需搬迁群众普遍生活贫困，移民搬迁安置资金投入与搬迁安置实际所需费用存在着较大差距，部分群众没有足够的移民搬迁资金，不得不依靠银行贷款和亲友帮借解决搬迁资金困难与后续生活保障问题。因此，资金严重不足是移民搬迁安置工作顺利进行的最大障碍。

（二）土地资源供需矛盾十分尖锐

受山区地形和气候条件制约，陕南三市绝大部分地区耕地少、坡

地多、土层薄、质量差、产量低，生态环境敏感度高，人地矛盾突出。为此，国家必须投入大量的资金、人力进行土地整治，增加有效耕地面积，为搬迁安置群众补充一部分赖以生存的口粮田。另外，要为安置群众建移民新村又需要占用一定的建设用地，但国家目前严格控制建设用地规模，建设用地供需矛盾十分尖锐。因此，进行规模化移民搬迁解决土地资源问题困难多、难度大，在很大程度上影响了移民搬迁工作的整体推进。

（三）移民安置地区产业发展薄弱，群众增收困难

移民搬迁安置过程中，政府和搬迁群众首先把修建房屋、安置群众住房放在首要位置。由于群众自有资金和国家补助资金都十分有限，致使部分群众因搬迁负债。因此，缺少足够的资金和项目，无力投资发展和壮大安置地区产业，导致搬迁安置地区产业发展缓慢，移民增收依旧困难。

（四）部分搬迁安置后的移民难以适应新的环境

移民是国家现代化建设过程中出现的一个特殊群体，他们在搬迁安置过程中多属非自愿性的，由于丧失了原住地生产生活资料，告别故土，搬迁到另一个陌生的环境，重新创业，并面临着新环境生产、生活、文化冲突、社会习俗等各方面的挑战，难以适应安置地区社会、经济、文化、人员交往、风俗习惯等社会区域性的新环境。因此，移民自愿搬迁显得异常困难。

（五）移民后续管理扶持缺乏有效的政策、措施

国家现行的法律法规和有关政策，对移民搬迁工作没有明确的、具体的规定，对于安置后续的产业扶持、自主创新、劳动力转移、技能培训等帮助移民增收致富，办法不是很多，措施还不够具体有力。

第二章 总体要求

一、指导思想

以邓小平理论和“三个代表”重要思想为指导，深入贯彻落实科学发展观，结合城乡统筹发展、城镇化建设、新农村建设以及生态移民、扶贫移民搬迁计划，统筹安排，超前谋划，立足应急，着眼长远，合理布局，分步实施，加快地质灾害（隐患）、洪涝灾害地区和贫困山区的移民搬迁安置工作，加快城乡一体化建设，构建和谐家园，恢复受灾避险群众的基本生产生活条件和公共服务设施，大力开展生产自救和重建家园，确保陕南突破发展目标任务的顺利完成，努力实现全省经济社会又好又快发展。

二、基本原则

（一）科学规划，分步实施

移民搬迁安置工作要着眼长远，科学论证，总体布局，分步实施。在搬迁安置过程中，要坚持规划的前瞻性，并与当地国民经济和社会发展规划相衔接；用地布局与方向要与土地利用总体规划、城乡一体化和新农村建设规划等相衔接。

（二）以人为本，民生优先

要把保障民生作为移民搬迁安置工作的基本出发点和落脚点，尊重农民自主搬迁的意愿，避免强行搬迁，以及因搬迁返穷现象出现。涉及移民搬迁安置的各类建设项目要尊重群众意愿，安置地选址、建房样式等要充分尊重当地民俗，重点解决人民群众住房、饮水、就医、上学、行路等困难，切实扩大就业，增加居民收入，充分利用现有耕地、自留地（山），维护农村土地承包的稳定性和延续性，让搬迁群众安居、安定、安全、安心。

（三）统筹兼顾，突出重点

立足当前，着眼长远，结合工业化、城镇化建设、新农村建设，统筹城乡发展，着力解决灾害隐患点群众的安置问题，引导农民通过城镇化途径，积极向城镇集中；加大各项政策扶持力度，推动经济结构调整和发展方式转变，努力提高安置地区自我发展能力。

（四）尊重自然，科学布局

针对陕南地质地貌的特殊性质，充分考虑资源环境承载能力、地质灾害和其他潜在自然灾害威胁，科学合理确定不同搬迁安置区域的主要功能，努力保持农村原有亲缘关系和社会组织结构，优化城乡布局，调整人口分布、产业结构和生产力布局，促进人与自然和谐发展。

（五）政府引导、群众自愿

各级政府要通过政策导向和利益驱动，积极引导和充分调动移民搬迁安置的积极性。在移民安置选址布点、建设标准以及建房样式等方面要充分尊重群众意愿和当地民俗习惯，鼓励和引导移民重建美好家园。

（六）因地制宜，传承特色

从实际情况出发，充分考虑当地经济、社会、文化、自然和民族等因素，尊重传统民俗文化特点，合理确定风格多样、适度超前的安置建设方式，并为群众留足后续发展空间。

三、规划目标

规划期内，结合工业化、城镇化发展、社会主义新农村建设和生态环境建设等，积极实施城乡一体化发展战略，优化资源配置，促进人口集聚，全面提高移民搬迁安置城镇和村庄建设的整体水平，逐步建立和完善层次结构合理、布局有序的城乡结构体系，并建立与经济发展水平相适应的社会保障体系，全面改善和提高陕南地质灾害、洪涝灾害易发区群众移民搬迁安置生产生活条件，使移民“搬得出、稳得住、能发展、再致富”，争取到规划期末，把移民搬迁安置地区建成经济繁荣、城镇发展、农民富裕、政治民主、社会文明、环境优美、城乡协调的社会主义现代化移民新城镇和新农村。

（一）移民搬迁安置目标

到 2015 年，陕南地区地质灾害、洪涝灾害频发易发区、贫困山区移民以及生态移民共安排搬迁安置 38 万户，140 万人。

到 2020 年，陕南地区共安排搬迁安置移民 60 万户，240 万人。

（二）具体目标

1. 移民搬迁安置后，其经济收入和生活水平应不低于搬迁前的水平；

2. 建成能够满足移民粮食自给的旱涝保收农田，保证移民群众人均 0.5～1 亩以上的基本口粮田；

3. 实现移民群众饮水安全，实施户户通电；

4. 基本解决移民安置地区的交通问题；

5. 确保每个行政村有卫生室；

6. 全面解决移民群众子女义务教育阶段的上学问题；

7. 争取每户至少有 1 个以上劳动力接受劳务输出培训或实用技术培训；

8. 基本实现移民安置地区通广播电视、通电话。

第三章 移民搬迁范围、规模及方式

一、范围和对象

（一）受地质灾害、洪涝灾害或其他自然灾害影响严重的村、户；

（二）距离行政村中心较远，基础设施、服务设施落后，发展条件较差，基础设施配套困难，无发展潜力的村、户；

（三）人口规模过小，经济收入来源少的村、户；

（四）距乡、村公路 5 公里以上的偏远山区，交通不便的村、户；

（五）位于自然保护区、风景名胜区、文物保护区和生态敏感区范围内，影响区内环境的村、户；

（六）已规划或即将建设的水库库区范围内的村、户；

二、类型和规模

根据陕南移民搬迁的范围和对象，将移民搬迁分为地质灾害移民搬迁、洪涝灾害移民搬迁、扶贫移民搬迁、生态移民搬迁和工程移民搬迁五种类型。

规划期间，陕南地区共安排移民搬迁 645 574 户，2 448 308 人，分别占陕南地区总户数和总人口的 21.98%和 26.38%。其中，汉中市共搬迁 239 932 户，852 540 人；安康市共搬迁 226 252 户，876 829 人；商洛市共搬迁 179 390 户，718939 人。各类移民搬迁涉及的村庄共有 6 253 个，占陕南村庄总数的 89.3%。其中，汉中市涉及 2 408 个村庄、安康市涉及 2 434 个村庄、商洛市涉及 1 411 个村庄。

（一）地质灾害避险移民搬迁

主要是对乡镇驻地及村庄范围内地质活动频繁，滑坡、泥石流、崩塌、地面塌陷等地质灾害危害严重，人民生产生活用地受到威胁，人居环境恶劣地区进行的移民搬迁。

规划期间，陕南地区地质灾害避险移民搬迁共安排 123 927 户，491 594 人。其中，汉中市 45 860 户，164 607 人；安康市 56 854 户，224 229 人；商洛市 21 213 户，102 758 人。

（二）洪涝灾害避险移民搬迁

主要是对长期受洪水灾害及其引发的次生灾害威胁的地区进行的移民搬迁。

规划期间，陕南地区洪水灾害避险移民搬迁共安排 93 732 户，320 185 人。其中，汉中市 76 956 户，25 4530 人；安康市 16 740 户，65 515 人；商洛市 36 户，140 人。

（三）扶贫移民搬迁

主要是对交通和基础设施建设困难、维护成本高，生产生活条件极差，农民生活贫困、增收困难、生存环境恶劣地区的移民搬迁。

规划期间，陕南三市扶贫移民搬迁共安排 289 742 户，116 6071 人。其中，汉中市 97 254 户，360 080 人；安康市 69 685 户，274 995 人；商洛市 122 803 户，530 996 人。

（四）生态移民搬迁

主要是对历史文化遗址、风景名胜区、自然保护区地质公园、森林公园、水源涵养区、水源地和生态敏感地区范围内，因群众生产生活对生态环境产生潜在威胁和负面影响地区的移民搬迁。

规划期间,陕南三市生态移民搬迁共安排 127 554 户,468 838 人。其中，汉中市 19 862 户，73 323 人；安康市 82 973 户，310 470 人；商洛市 24 719 户，85 045 人。

（五）工程移民搬迁

主要是对库区建设和水库下游范围内，以及铁路、公路、民航、管道运输、高压输变电设施、矿产资源开发等工程项目建设对群众生产生活带来威胁的地区实施的移民搬迁。工程移民搬迁由工程建设单位具体实施。

陕南地区移民搬迁规模详见附表7。

三、移民搬迁方式

1. 向城镇迁移。充分利用县城、中心镇以及集镇基础设施完备、社会保障服务体系健全、产业发展初具规模等优势，结合城镇化和城乡一体化建设，有组织地将一部分有能力、有条件的农户安置到城镇发展产业、居住和就业。

2. 向移民新村迁移。对移民搬迁量大而且集中，自然条件宜居，土地资源相对宽裕，交通，通信、水源、能源等基础设施条件相对较好的地方，结合社会主义新农村建设建移民新村，集中进行移民搬迁安置，促进移民安居乐业和地方经济社会全面、协调和可持续发展。

3. 小村并大村迁移。对移民搬迁量少且比较分散，自然条件受限、土地资源紧缺，交通等基础设施相对较差的地方，选择和依托经济和用地条件较好的中心村、基层村进行迁并，就近实现移民搬迁。扩大村庄人口规模，完善基础设施，促进村级经济发展，改善农村人居环境。

4. 自主分散迁移。有自愿迁移愿望和有条件的农户利用移民补助资金分散迁入条件相对较好的中心村或集镇。或从事第二、第三产业，投亲靠友、自谋出路和自谋职业等。鼓励和支持移民自主分散迁移。

5. 跨行政区迁移。对受灾程度严重、移民搬迁规模较大、境内自然环境脆弱、土地资源有限、本辖区确实无法安置的，可在省域范围内的黄龙农场、马栏农场、沙苑农场及华阴农场等区域，进行跨行政区移民搬迁安置。在条件允许的情况下，也可跨省进行移民搬迁安置。

第四章　移民安置

一、安置区域适宜性评价

根据陕南资源环境承载能力、国土开发强度、灾害风险、产业发展方向、人口聚集和城镇建设的适宜程度，将陕南三市国土空间划分为适宜安置区、适度安置区和不宜安置区三种类型。

（一）适宜安置区

主要为资源环境承载能力强、地质、气象灾害风险小、产业发展前景好、可以较大规模集聚人口、适宜在县城、建制镇和集镇进行移民安置的区域。

主要分布于陕南秦巴山地山前冲洪积扇裙、浅丘地区、汉江、丹江沿岸二级以上河谷阶地、汉中盆地、安康盆地、商丹盆地以及各县（区）零散分布的相对平坦地块。

该区域主要功能为推进工业化、城镇化，集聚人口和经济承载，发展各类产业。商洛4县区为关天经济区的组成部分，汉中、安康形成汉江工业走廊和月河经济开发区，依托优势资源发展水电、生物制药、有机农业等绿色产业，促进区域经济又好又快发展。

（二）适度安置区

主要为资源环境承载能力较弱，地质、气象灾害风险较大，在控制移民搬迁规模的前提下，允许适度向县城、乡镇和中心村进行安置的区域。

适度安置区主要分布在地块比较零散的秦巴山区河谷、低山和丘陵地带。

该区域主要功能为保护优先、适度开发、点状发展，建成人口规模适度、生态环境良好、产业特色鲜明的新农村。

（三）不宜安置区

主要为资源环境承载能力很低，地质气象灾害风险很大，生态屏障功能重要，建设用地严重匮乏，交通等基础设施建设维护代价大，不适宜在原址区进行移民安置的区域。

主要分布在陕南秦巴山地高山地区，勉（县）略（阳）洋（县）断裂带，各类各级自然保护区、风景名胜区、森林公园、地质公园、天保林、重要水源涵养区和水源地一级保护区，水域、水库及湿地保护区，地质气象灾害高易发区等区域。

不宜安置区以保护和修复生态为主。主要功能为将该区域建成秦岭、巴山生态屏障、自然文化资源、珍稀动植物、生物基因多样性、水源涵养、并提供多种生态产品、实施生态移民搬迁的区域。

二、移民安置方案

（一）安置原则

1. 坚持开发式移民安置方针，引导移民在国家必要的帮助和扶持下，以市场为导向，调整经济结构，开发当地资源，发展商品生产，改善生产条件，通过发展生产力，提高贫困农户自我积累和自我发展能力；

2. 坚持以大农业生产安置为主，遵循因地制宜、有利生产、方便生活、保护生态的原则，合理规划农村移民安置点；

3. 集中安置点要做好环境影响评价、水文地质与工程地质勘查、地质灾害防治与地质灾害危险性评估工作，并考虑抗震等安全要求；

4. 移民安置点要结合城乡一体化和社会主义新农村建设统一规划；

5. 移民安置要与当地的经济发展、旅游资源开发、水土保持和环境保护相结合，以促进安置点社会经济的可持续发展和生态环境的良性循环；

6. 采取以种植业为主的安置方式，通过村内土地调整和新开垦耕地，使移民或原住民的耕地资源得到一定的补充。并通过旱改水、建蔬菜大棚的方式提高经济收入；

7. 坚持移民搬迁安置与推进城镇化进程相结合。鼓励和扶持移民迁入各级城镇，在户籍、住房、就业、子女入学等方面给予政策支持，使其“迁得进、留得住、能就业、有生计”，同时提高城镇水平；

8. 积极探索依托农业产业化龙头企业，畜牧业，旅游业，工矿企业，撤销后的农场、林场闲置、撂荒地二次开发，移民的土地、房屋置换等安置移民的多种安置途径和形式，推进安置工作的顺利实施。

（二）安置模式

陕南移民安置主要采取集中安置与分散安置、有土安置与无土安置、政府安置与自主安置相结合的安置模式。

集中安置以城镇安置、建立移民新村和小村并大村移民安置模式为主；分散安置以移民自主迁移为主。

有土安置主要指以耕园地为生产资料的安置方式。对于土地资源相对丰富、有条件进行土地开发和土地调整的村组、且移民生活来源主要依赖于土地，对移民宜采取以土为主的农业安置方式。主要以集中安置和政府安置方式为主。

无土安置主要指对移民给予一定的补偿，利用补偿资金自发从事依赖土地之外的其他生产资料进行的安置。如从事第二、第三产业、投亲靠友、自谋出路和自谋职业等。主要以城镇安置和自主安置方式为主。

（三）安置标准

1. 集中安置。移民建房标准根据家庭人口和家庭经济条件分别按60平方米、80平方米、100平方米三种户型进行设计。由群众自愿选择户型并分别负担1万元、2.5万元和4万元。建房所需其余资金由各级财政补助并整合项目资金统筹解决。对于搬迁群众中的特困户按照30~50平方米安置，由政府免费提供住房，所需资金由各级财政安排解决；对于五保户和孤寡老人，按照规定面积，由政府免费提供住房，所需资金由各级财政安排解决，同时，也可纳入敬老院社会福利院等形式安排供养。

2. 分散安置。按每户 3 万元标准予以补助，并按省和市县各承担 50%的比例落实。

（四）安置类型和安置规模

根据陕南移民搬迁的类型和分布，结合当地的自然社会经济条件、移民搬迁安置能力以及安置意愿，将陕南地区移民安置分为城镇安置、移民新村安置、小村并大村安置和自主分散安置四种类型。

1. 城镇安置：规划期间，进入城镇的安置移民共有 118 467 户，总人口 440 989 人，分别占安置总户数和总人口的 18.3%和 18%。城镇移民建房需占用土地 1 881 公顷。

2. 移民新村安置：规划期间，通过建移民新村进行安置的移民共有 393 092 户，总人口 154 3794 人，分别占安置总户数和总人口的 60.84%和 63.07%。移民新村建房需占用土地 7 706 公顷。

3. 小村并大村安置：规划期间，通过小村并大村进行安置的移民共有 75 242 户，总人口 257 009 人，分别占安置总户数和总人口的 11.6%和 10.5%。小村并大村安置移民需占用土地 1 584 公顷。

4. 自主分散安置：规划期间，通过自主分散安置的移民共有 58 775 户，总人口 206 516 人，分别占安置总户数和总人口的 9.25%和 8.43%。

三、城乡建设要求

（一）移民安置选址

移民安置用地选址应符合抗震设防和防灾减灾要求，避开地震活动断层分布地带和可能发生洪涝、山体滑坡、泥石流、崩塌等地质、气象灾害的区域。并应有利于生产、方便生活、具有适宜的卫生条件。同时严格控制占用耕地，尽量使用闲散地、未利用地等，节约集约利用土地。

具体要求如下：

1. 应具有适宜建设的工程地质与水文地质条件，并有较丰富的可开发土地或可调整的耕园地资源；

2. 居住建筑用地应布置在大气污染源的常年最小风向频率的下风侧及水污染源的上游；

3. 交通较为便利、水电条件较好，或通过搬迁安置建设较易解决水、电、路等基础设施；

4. 尽可能与原居住地靠近；

5. 应符合城、镇、村规划用地布局要求，并应综合考虑相邻用地功能、道路交通等因素，提高人居环境的质量；

6. 居住用地与工业、畜牧业、易燃易爆物品仓储设施、环保设施、高压线走廊、输变电设施、军事、通信设施之间的距离，应符合现行有关规范标准的安全要求，并应避开自然保护区，水源地、有开采价值的地下资源和地下采空区；

7. 居住建筑应根据不同住户的要求，选择不同的住宅类型，合理组合，相对集中地进行布局；

8. 避免被铁路、重要公路、高压输电线路、地下通信线路、管道运输线路跨（穿）越；

9. 自然环境条件良好或与原居住地相近，尽可能照顾移民群众原有的生产、生活习惯。

（二）城镇安置

主要对进入县城、中心镇和一般乡镇移民的进行安置。

1. 城镇移民安置布局

进行移民安置的城镇，在严格实施城镇体系规划的前提下，应进一步调整和完善符合移民安置条件的各项城镇功能和用地布局，并将移民尽量安排在沿干线公路、铁路、沿江等条件较好的城镇，以点带面，促进移民搬迁城镇的经济社会全面发展。另外，根据现状城镇体系格局，要重点解决移民城镇发展的深层次问题，并结合生产力布局，合理确定移民城镇的空间布局和发展方向。

2. 保障移民群众城镇住房

（1）按照政府引导、市场运作、政策支持、积极推进的原则，依据城镇规划和近期建设规划，加快受灾城镇居民住房恢复重建和移民迁入城镇的住房建设，主要实行原址重建、异址新建、建设移民安置小区、安置楼相结合的形式。

（2)把城镇居民和移民迁入的居民住宅建设放在突出和优先位置，与城镇保障性住房建设相结合，优先向灾民、移民提供重建和迁移住房，确保基本住房面积，满足家庭基本生活居住需求。

（3）城镇安置建筑设计，应根据气候、用地条件和使用要求，确定建筑的类型、转向、层数、间距和组合方式；安置建筑应符合当地建筑转向和日照间距、平面类型应满足通风和抗灾防灾要求；建筑风格与风貌应把握建筑与自然环境以及人文历史、风土人情和生活习惯的融合协调，并充分考虑陕南山水田园背景的融合渗透；建筑色彩应尊重地方传统。

（三）村庄安置

主要包括建设移民新村和小村并大村安置。其中小村并大村以中心村安置为主。

1. 安置村庄设置原则

（1）安置选址必须坚持“高程适度，地质稳定”的原则，既要保证布点村庄有效避免洪涝灾害影响，又要避免发生滑坡、泥石流等地质灾害。

（2）交通条件相对便利，能够方便联系周边村庄，并保证至少联系两个以上行政村。

（3）对于居民点规模较小、分散零乱的自然村庄，结合移民搬迁安置村庄布点，采取集中并村方法，以利于设施配套和抗灾防灾。

（4）安置地区中心村位置应与乡（镇）政府驻地有一定距离，并配套完善各种基础服务设施，辐射周边地区，并且辐射区域的人口规模约为 2 000—3 000 人。

2. 优化安置村庄布局

移民安置村庄布局主要以建设放射状（或枝状）村庄和面状村庄为主，线状村庄为辅。

（1）放射状（或枝状）村庄：选择地形较为开阔、用地适宜的地点，以此为村庄核心，吸纳移民搬迁村落与群众，不断合并壮大，并集中布置公共服务设施，以及预留适当产业用地。主要适用于小村并大村移民安置方式。

（2）面状村庄：选取建设条件较好、确保居住安全、水源方便和利于农业耕作的地区，集中建设规模较大、基础服务设施完备的安置村庄，同时安排产业用地。主要适用于建设移民新村安置方式。

（3）线状村庄：移民安置中应尽量避免此类村庄建设，但为避让山体和河流等危险地段，避免环境污染和安置需求，在保障居民生活生产安全的前提下，仍可适当根据情况建设布局紧凑的线状村庄，村庄内应分段进行基础设施配套。

3. 安置村庄环境整治及建筑设计导则

（1）建设方式：安置村庄建设根据群众意愿，选择统规统建或统规自建方式。由政府按照相关标准合理确定每户宅基地用地面积和建筑形式进行统一规划，搬迁安置群众可根据自身实际情况，选择由政府统一建设（统规统建）或自行按照规划进行建设（统规自建）。

（2）住宅类型：移民安置住宅以生态式住宅、独立式住宅和联排式住宅三种类型为主。住宅设计和建设既要充分考虑农民日常生活、生产习惯对建筑功能的要求，同时也要考虑住宅平面功能的适用性和舒适性，以达到便捷合理和分区明确。

（3）建设要求：安置村庄建设要充分适应新时期村庄发展建设要求，结合新农村建设与村庄整治改造规划，积极建立就近从业、密切的邻里关系、优雅的田园风光和浓厚的乡土气息的村庄模式。安置村庄在建设过程中应节约集约用地，合理组织功能结构，精心安排道路交通，巧妙布置住宅群体空间，努力完善基础设施，使村庄环境整洁优美，安置区服务设施配套完善，符合现代家居生活行为的需要，从而达到舒适文明的居住标准。

a. 强化环境保障，展现秀丽的田园风光

村庄规划应充分利用安置地区的地形地貌，强化生态绿地系统的规划建设，努力实现大地园林化、道路林荫化、住区花园化。

b. 灵活布置住宅群体空间，丰富住区整体景观安置村庄建筑设计应以低层院落式为主，有条件的村庄，安置住房可建多层公寓式住宅。建筑单体设计应结合建筑组群的空间组织统一考虑，除朝向、日照、通风、防灾和楼房间距等要求外，还应考虑避免视线干扰，确保住户隐私及建筑视觉等室内外环境要求，同时还应做到节地、节水、节能、节材。

c. 充分挖掘安置地区用地潜力，促进节约集约用地

安置村庄应尽可能在老村或旧村的基础上改造扩建，充分利用村庄内的闲散土地、废旧宅基地等进行重新布局和建设。对于移民新村建设，要在严格执行土地利用总体规划和村镇建设规划的前提下，控制村庄用地规模，严格用地标准，并尽量少占优质耕地，鼓励利用未利用地和废弃地等，以节约集约用地、提高土地利用率。

d. 建设良好的村庄基础设施，方便群众生活

安置村庄建设应实施“四化”（硬化、绿化、美化、亮化）、“五通”（通水、通电、通路、通电话、通有线电视）、“四改”（改房、改厕、改圈、改灶）、“四清”（清理污水、粪堆、柴堆、垃圾堆）、“四有”（有两委办公室、党员活动室、卫生室、文化娱乐室）为内容的村容村貌综合规划，重点规划好村庄道路、排水、露天粪坑等突出问题，设立专门场地，实现安置村庄垃圾、柴草、粪土集中堆放，村庄建设“四化、五通、四改、四清、四有”率达到100%。

4. 安置村庄建设用地规模

根据陕南地区地形地貌特征和居住习惯，按照科学规划、合理布局、因地制宜、节约集约的原则，合理确定农村宅基地用地标准。集中安置每户宅基地用地控制在0.2亩以内；分散安置每户宅基地用地控制在0.25亩以内。

四、安置的土地保障

（一）保障移民搬迁安置建设用地

搬迁安置移民需要一定的建设用地。规划期间，在切实保护耕地，节约集约用地，严格控制建设用地总量，不断提高土地利用率的前提

下，合理安排移民安置建设用地规模，保障建设用地需求，并根据当地土地资源禀赋和移民集中安置点城镇、村庄分布，优化建设用地结构和布局。积极引导移民安置点充分利用其他农用地或未利用地，尽可能少占耕地或不占耕地。

根据陕南地区移民搬迁安置规模和安置方式，规划期间共安排移民安置新增建设用地规模 11 171 公顷，户均增加 173 平方米。其中汉中市 3 703 公顷，安康市 4 026 公顷，商洛市 3 442 公顷。

规划期内共安排城镇移民安置新增建设用地规模 1 881 公顷。其中汉中市 616 公顷、安康市 628 公顷、商洛市 637 公顷。

规划期内共安排移民安置村庄新增建设用地规模 9 290 公顷。其中汉中市 3 087 公顷、安康市 3 398 公顷、商洛市 2 805 公顷。

（二）加大土地整治力度，保障搬迁安置移民口粮田

1. 移民安置土地整治主要任务

进行土地整治，增加有效耕地面积，保障移民赖以生存的口粮田是移民搬迁安置的基础，也是移民搬迁安置的重要工作任务。按照“人口、土地、生态相协调”的原则，结合小流域综合治理和生态退耕，对田、水、路、林、村综合治理，并采取集中连片整治方法，在不影响搬迁点和安置点自然生态环境的前提下，开发复垦整理搬迁点和安置点耕地后备资源，提高耕地质量，为搬迁安置移民提供赖以生存的口粮田，实现土地资源的可持续利用，促进社会经济可持续发展。土地整治的主要对象是：因灾害损毁耕地、移民搬迁弃用的村庄建设用地和废弃独立工矿用地以及安置地区需要进行土地开发复垦整理的耕地后备资源等。

2. 土地整治具体安排

（1）增加口粮田面积

移民搬迁土地整治主要包括安置点土地整治和搬迁点土地整治两部分。

规划期间，陕南地区移民搬迁点和安置点通过土地整治共可增加口粮田面积 37 217.1 公顷，户均增加口粮田 0.9 亩。其中，汉中市增加 19 762.5 公顷，安康市增加 11 253.8 公顷，商洛市增加 6 200.8 公顷。

（2）土地整治重点项目

规划期间，陕南移民搬迁安置共安排土地整治重点项目 125 个，可增加口粮田面积 7 467.1 公顷。其中，汉中市安排项目 73 个，增加耕地面积 4 102.3 公顷；安康市安排项目 10 个，增加耕地面积 348.5 公顷；商洛市安排项目 42 个，增加耕地面积 3 016.3 公顷。

（3）着力提高移民安置地区耕地质量

以改土培肥为中心，加强安置地区坡改梯等水土保持工程建设，推广防灾减灾技术，切实改造安置地区中低产田，提高耕地生产能力；大力实施高标准农田建设，实施沟、渠、田、林、路、桥、涵、闸综合整理，全面提升耕地质量。

陕南地区土地整治规划及投资估算详见附表 10，土地整治重点项目详见附表 12。

（三）协调土地生态环境保护与建设

通过加大对陕南地区移民搬迁废弃工矿、废弃农村居民点的整理，退耕还林还草，使其回归自然，着力恢复移民安置区域生态环境，创建移民搬迁安置环境友好型土地利用模式。

1. 绿色产业土地利用模式

利用陕南地区良好的生态环境，大力发展安置地区现代农业和生态农业等绿色产业。坚持“因地制宜”原则，建设名特优农林牧产品生产基地，大力发展中药材、蚕桑、茶叶、蔬菜、生猪饲养等绿色产业，扩大种植面积和生产规模，大力发展水电、生物等绿色能源、现代中药、绿色食品等企业，调整优化产品结构，推行标准化生产体系，达到农业资源的高效利用和保护生态环境、提高产品质量和增加地方收入等效果。

2. 生态旅游土地利用模式

重点发展安置地区“中药宝库”“自然保护区”等旅游资源特色，以旅游促进生态保护，以生态保护促进旅游业发展，把生态系统保护与经济发展结合起来，有计划、有限度地合理利用自然景观资源。同时对旅游区加强生态环境管理，防止旅游污染，保护生态旅游资源，提高安置移民收入水平。

3. 循环工业土地利用模式

安置地区重点发展和建设循环经济型工业体系，加快建设一批符合循环经济发展模式的生态工业园区。积极探索和推广有色金属、贵金属和非金属尾矿综合利用技术，提高矿产资源利用效率；加大产业结构调整力度，淘汰规模较小、但污染严重的企业，限制高污染、高耗能项目，开展项目环境影响评价；采用清洁生产工艺和设备，减少污染物排放。

（四）移民安置区重点建设项目用地安排

根据陕南地区移民搬迁安置建设任务要求，为加快移民安置区城镇化进程，推进城乡一体化建设，保障安置地区交通、水利、教育、卫生、通信等配套公共服务和基础设施建设，提高移民群众生产生活条件，改善人居生活环境。

规划期间共安排移民搬迁安置重点公共服务和基础设施项目6501个，安排用地规模7108公顷，总计投资130.7亿元。其中，汉中市安排重点项目3813个，用地规模1675公顷，需投资88.3亿元；安康市安排重点项目566个，用地规模4605公顷，需投资22.2亿元；商洛市安排重点项目2122个，用地规模828公顷，需投资20.2亿元。

五、安置区域产业发展引导

（一）移民安置地区产业发展的基本思路是：依托当地丰富的自然资源、优良的生态环境和后发潜力，把资源开发与生态环境保护相结合，产业布局与城镇建设相结合，产业发展与居民增收相结合。并按照“一村一品、一乡一业、以工带农、以农促工”的思路，通过龙头企业与农户协作、建设绿色产业基地的途径，着力构建安置地区农、副、林、特、中药、旅游、水产品为主的生产和加工产业体系，加快农业产业化，全力推进工业化、城镇化，促进城乡一体化。

（二）移民安置应以大农业安置为主。安置区域通过优化农产品区域布局，促进地区特色农产品向优势产区集中，走区域化布局、专业化生产、产业化经营的发展道路。在巩固提高陕南传统产业的同时，积极探索和发展“药、茶、菜、烟”等特色产业，加快先进适用技术的推广普及，建立绿色产品注册培育和发展区域名牌产品，提高农产品的市场竞争力。

（三）移民安置区应围绕农业产业化和为大中城市提供服务的方向，调整产业结构，因地制宜发展以农林特产品深加工、医药化工、建筑材料为主的支柱产业，积极发展劳动密集型工业和工艺手工业，创造更多的就业岗位。

（四）进入城镇的移民应结合自己的劳动技能和经济条件，积极从事第二、三产业。特别是安置地区应大力发展服务业，提高第三产业整体水平，不断提高服务业在生产总值中的比重和从业人员在全社会从业人员中的比重。要着力发展商贸、餐饮、服务、劳务、旅游等五个方面，增加城镇安置移民收入，促进地方经济发展和社会文明进步。

（五）安置地区应积极支持、发展壮大现有企业，按照就近、互利的原则，加快产业化龙头企业、国营农、林场、旅游景区、农业项目开发区和工矿企业的发展，为移民安置提供多渠道多方式的就业岗位，促进安置区优势产业的发展。

（六）安置地区应大力发展旅游商品生产。依托陕南旅游资源优势，就地取材，开发旅游商品工艺，生产制造具有地方特色的手工艺品，丰富旅游商品，增加移民收入。

（七）发挥陕南地域文化优势，积极发展文化产业。支持和组织民间文化演艺活动，丰富群众文化生活，拓展就业门路。

（八）加强对移民的技术培训，拓展劳务市场，有组织地向区外输出劳动力，增加移民收入。

第五章 安置区配套设施建设要求

一、公共服务设施

（一）依据搬迁安置现状城镇和村庄的实际条件，公共服务设施设置主要包括教育、文化、医疗、商业等公共服务设施等，并以中心镇，一般乡镇、中心村、基层村四级结构为主进行规划布置。具体见表1。

表1 公共服务设施项目配置表

序号	项目	中心镇	一般乡镇	中心村	基层村
1	居委会（村委会）	●	●	●	●
2	高级中学	○	○	—	—
3	初级中学	●	●	○	—
4	小学	●	●	●	○
5	幼儿园、托儿所	●	●	●	○
6	文化站（室）	●	●	●	●
7	党建室、图书室	—	—	●	●
8	体育场	●	●	●	○
9	科技站	●	●	○	—
10	中心卫生院	●	○	—	—
11	卫生院（所、室）		●	●	●
12	百货店	●	●	●	○
13	食品店	●	●	●	—
14	生产资料、建材、日杂店	●	●	●	—
15	粮店	●	●	●	—
16	煤气、煤店	●	●	●	—
17	药店	●	○	○	—
18	书店	●	○	○	—

续表 1

序号	项目	中心镇	一般乡镇	中心村	基层村
19	银行、信用社保险机构	●	○	○	—
20	饭店、饮食店、小吃店	●	●	○	—
21	旅馆、招待所	●	○	—	—
22	理发、浴室、洗染店	●	●	●	—
23	照相馆	●	●	○	—
24	综合修理、加工、收购店	●	●	●	—
25	蔬菜、副食市场	●	●	○	—
26	百货市场	●	●	—	—
27	粮油、土特产市场	●	○	—	—
28	建材、生产资料市场	●	○	—	—

注：表中●为应设的项目；○为可设的项目。

（二）公共建筑应按其性质和使用要求进行选址。在不影响各自使用功能和互不干扰的前提下，宜将性质相近的项目进行组合。村庄和范围较小的集镇，宜集中布置公共建筑（学校、卫生院除外），选择位置适中，内外联系方便的地段，形成公共中心。

公共建筑的布置应结合陕南地形、地貌的特点，借助建筑体型和色彩的变化，使景观丰富多彩。

（三）各类公共建筑的用地指标应符合表 2 的规定。

表 2　各类公共建筑人均用地面积指标

村镇层次	规划规模分级	各类公共建筑人均用地面积指标（m^2/人）				
		行政管理	教育机构	文体科技	医疗保健	商业金融
中心镇	大　型	0.3 ~ 1.5	2.5 ~ 10.0	0.8 ~ 6.5	0.3 ~ 1.3	1.6 ~ 4.6
	中　型	0.4 ~ 2.0	3.1 ~ 12.0	0.9 ~ 5.3	0.3 ~ 1.6	1.8 ~ 5.5
	小　型	0.5 ~ 2.2	4.3 ~ 14.0	1.0 ~ 4.2	0.3 ~ 1.9	2.0 ~ 6.4
一般镇	大　型	0.2 ~ 1.9	3.0 ~ 9.0	0.7 ~ 4.1	0.3 ~ 1.2	0.8 ~ 4.4
	中　型	0.3 ~ 2.2	3.2 ~ 10.0	0.9 ~ 3.7	0.3 ~ 1.5	0.9 ~ 4.6
	小　型	0.4 ~ 2.5	3.4 ~ 11.0	1.1 ~ 3.3	0.3 ~ 1.8	1.0 ~ 4.8
中心村	大　型	0.1 ~ 0.4	1.5 ~ 5.0	0.3 ~ 1.6	0.1 ~ 0.3	0.2 ~ 0.6
	中　型	0.12 ~ 0.5	2.6 ~ 6.0	0.3 ~ 2.0	0.1 ~ 0.3	0.2 ~ 0.6

二、教育设施

（一）规划方针

一次规划，分步实施；合理布局，优化配置；改善条件，确保入学；提高质量，方便群众。

力争到规划期末搬迁安置村庄普及九年义务教育人口覆盖率达到100%。

（二）规划原则

移民安置地中小学的设置与布局，由县级教育行政部门依据适龄人数、辖区服务范围、交通环境、现有教育资源等情况，提出中小学设置布局规划，经县级人民政府批准后组织实施。原则上规划设置的高中在校学生人数不超过 3 000 人，初中和小学不超过 2 000 人，幼儿园不超过 360 人。

（三）用地布局原则

1. 学校用地应设在阳光充足、环境安静的地段、距离铁路干线应大于 300 米，主要入口不应开向公路，并远离污染严重的工矿企业。应设置符合国家要求的运动场地，也可与村镇的体育用地结合布置。

2. 托儿所、幼儿园宜布置在接近公共绿地和环境良好的地段。

三、医疗卫生设施

（一）规划方针

合理布局、严格标准、就近就医、方便群众。

（二）规划原则

1. 建立比较完善的医疗卫生服务体系。建立和完善突发性公共卫生事件应急指挥系统和公共卫生信息、传染病疫情报告系统，形成卫生监督体系；完善医疗救治、疾病预防控制体系。

2. 加强卫生院基础设施建设，基本达到房屋设备配套、医疗设备齐全、预防接种达到规范接种门诊要求、人员配备合理、基本功能完善，具备提供急救、常见病诊治和一般预防保健服务的条件。

3. 建成卫生、计生、防疫“三位一体”的村卫生综合服务室，配备病床、消毒柜、药品等，保证每个迁并的中心村、移民新村有一个村卫生室。加强中心村医疗防疫保健设施的配置。

4. 建立和完善新型农村合作医疗制度和医疗救助制度，到规划期末实现新型农村合作医疗制度覆盖面达到100%。

（三）用地布局原则

卫生院、卫生所宜布置在交通方便、村民相对集中的位置，并要避免对环境和水源的污染。

四、道路交通

（一）村庄道路和对外交通应根据村镇之间、村村之间的联系和村镇各项用地的功能、交通流量，结合自然条件与地形地貌现状特点进行布设，建成安全畅通、经济合理的道路和对外交通系统，并为建筑布置和管线敷设创造有利条件。

（二）集镇、村庄内部道路系统的组成，应根据移民安置城镇和村庄的层次与规模，按表3的规定进行配置，其规划的技术指标应符合表4。

表3 村镇道路系统组成

村镇层次	规划规模分级	道路分级			
		主干道（一）	次干道（二）	一般道（三）	巷道（四）
中心镇	大型	●	●	●	●
	中型	○	●	●	●
	小型	—	●	●	●
一般镇	大型	○	●	●	●
	中型	—	●	●	●
	小型	—	○	●	●

续表 3

村镇层次	规划规模分级	道路分级			
		主干道（一）	次干道（二）	一般道（三）	巷道（四）
中心村	大 型	—	○	●	●
	中 型	—	—	●	●
	小 型	—	—	●	●
基层村	大 型	—	—	●	●
	中 型	—	—	○	●
	小 型	—	—	—	●

注：表中●为道路系统应设的级别，○为根据需要可设的级别。

表 4 村镇道路规划技术指标

规划技术指标	村镇道路级别			
	一	二	三	四
计算行车速度（km/h）	40	30	20	—
道路红线宽度（m）	24～32	16～24	10～14	—
车行道宽度（m）	14～20	10～14	6～7	3.5
每侧人行道宽度（m）	4～6	3～5	0～2	0
道路间距（m）	≥500	250～500	120～300	60～150

注：表中一、二、三级道路用地按红线宽度计算，四级道路按车行道宽度计算。

（三）道路布置要适应村、镇交通运输发展的需要，根据现有道路现状，充分结合地形、地质等条件，节约用地。结合建筑用地布局的调整，综合考虑房屋的朝向、工程管线的敷设，对村、镇内部及对外交通道路进行合理布置。

（四）考虑到未来车辆逐渐增多的情况，移民安置城镇和村庄均应设计并预留停车场，避免车辆占用村、镇街道，妨碍交通。

五、给水工程

（一）水源规划

规划水源采用地下水和地表水两种水源。河谷阶地采用地下水，低山丘陵区依水源情况选择地下水或地表水，山地以采用山泉、溪流、库塘等地表水水源为主。

（二）水源的选择

1. 水量充足，水源卫生条件好、便于卫生防护；
2. 对水源地要充分论证，优先选用保证率高的水源；
3. 取水、净水、输配水设施安全经济、具备施工条件；
4. 选择地下水作为给水水源时，不得超量开采；选择地表水作为给水水源时，供水保证率不低于95%。

（三）规划原则

1. 村庄供水在完善给水管网的同时，尽量采用集中式供水；
2. 村庄相对集中的，可以联合建水塔集中供水；
3. 给水工程规划中，集中式给水应包括确定用水量、水质标准、水源卫生防护、水之净化、给水设施和管网布置；分散式给水应包括确定用水量、水质标准、水源及卫生防护和取水设施；
4. 集中式给水的用水量应包括生活、生产、消防、浇洒道路和绿化、管网漏水量和未预见水量；村镇用水量分为生活、生产、消防以及未预见水量；具体用水量应符合国家有关标准；
5. 完善供水设施，对水质较差的水源，必须经过处理，水质符合国家饮水卫生标准后方可饮用，保证人畜饮水安全；
6. 以地下水为水源的供水工程，水源供水半径300~500米及水厂周围30米范围内不得使用工业废水或生活污水灌溉及施用持久性和剧毒性农药，不得修建渗水厕所、渗水坑，不得堆放垃圾、粪便、废渣或铺设污水管道；
7. 大力发展节约用水工程。农业灌溉应采用喷灌、滴灌、管道灌溉等节水灌溉措施。

六、排水工程

（一）村庄排水可视村庄基础设施状况以及当地社会经济条件等实际情况，以村庄为单位或村庄联合布置排水管道，选择采用分流制或合流制方式进行排水。有条件的村庄可以村庄为单位建沼气净化池，污水处理后可农用或排入自然水体。

（二）排水沟、管的布置，可采用贯穿式、低边式或截留式等形式。雨水应充分利用地面径流和沟渠排除，污水通过管道或暗渠排放，雨污水均尽量考虑自流排水。

七、电力工程

（一）规划内容

1. 电力工程规划应包括预测村镇所辖地域范围内的供电负荷、确定电源和电压等级，布置供电线路、配置供电设施。

2. 村镇所辖地域范围供电负荷的计算，应包括生活用电、乡镇企业用电和农用用电的负荷。

（二）规划原则

1. 供电电源和变电站站址的选择应以县域供电规划为依据，并符合建站条件，保证线路进出方便和接近负荷中心。

2. 重要公用设施、医疗单位或用电大户应单独设置变压设备或供电电源。

3. 结合村庄布局的调整，适时对配电线路进行优化改造。各村庄结合用电负荷大小，设变配电箱。

八、电信、邮政及广播电视

（一）加快完善农村地区通信网络建设，主要是完善移动电话，互联网通信系统，快速推进宽带下乡工程，满足新时期农村经济和社会信息化发展的需要，并在各中心村设置电信业务代办点。

（二）逐步在各中心村设置邮政代办点。

（三）加快有线广播电视联网和接入网的双向改造，逐步建成宽频带、高速率的综合信息传输网，完成有线电视网络双向传输和多功能开发的改造，形成高速宽带双向网络。规划期末，实现有线电视村通率100%。

九、综合防灾减灾

（一）地质灾害防治

1．建立健全预防监测网络系统

群测群防网络系统主要由县（区）、乡（镇）、村组三级组成。县（区）应按期编制本辖区年度地质灾害防治方案和突发性地质灾害应急预案。乡镇应结合汛情、雨情做好本辖区内地质灾害隐患点的监测预警工作，并定期开展巡查检查，规范监测记录和数据上报工作管理。各村、组具体负责该村组地域内地质灾害隐患点的监测工作，确定专人定期开展监测，并按照有关要求做好监测记录和数据上报工作。

2．加强地质灾害气象预报预警系统建设

市级国土资源部门与气象部门联合，研究降雨引发地质灾害的规律，对降雨过程地质灾害发生的概率进行科学预测，建立地质灾害预报预警体系，并向社会发布汛期地质灾害气象预警预报。

3．加强地质灾害应急反应系统建设

地质灾害应急指挥系统由地质灾害指挥部和地质灾害应急调查组主要负责突发性地质灾害应急处理，指挥并督促辖区地质灾害现场抢险救灾工作，组织制定抢险救灾工作方案，启动突发性地质灾害应急预案。并根据抢险救灾工作需要及时奔赴灾害现场，调查分析灾险情，制订现场应急技术措施，参与抢险救灾工作，按时编写并提交应急调查报告。

4．建立健全地质灾害信息系统

规划期内陕南各市、县（区）完成地质灾害数据库和图形库建设，实现地质灾害隐患点信息化管理和专业监测点监测数据的采集、传输、存贮、处理自动化。

5. 地质灾害减灾防灾工程

对交通不便，生活困难，不宜工程治理或治理费用过大的地质灾害隐患点实施搬迁避让措施。

对于威胁城镇居民且规模较大、稳定性较差、危害严重、人口密集区的地质灾害隐患点，实施系统化工程治理。对于规模较小，危害性较轻的地质灾害隐患点，采取修筑排水渠，夯实裂缝，削坡卸载，修砌防档墙等简单措施处理。

（二）防洪工程

1. 有河流穿越的县、乡、集镇和村庄要修筑防洪堤，设防标准按陕西省河道堤防管理规定及《城市防洪工程设计规范》有关规定，并结合镇区的政治、经济、文化地位及发展规模等因素综合考虑。

2. 山洪防治应采用工程措施和生物措施相结合，进行综合治理。村庄周围山坡及山洪流域范围内，加强植树造林，增加植被，做好河道及坡面的水土保持工作。

3. 村镇的防洪规划，应与当地江河流域、农田水利建设、水土保持、山洪防治和绿化造林等规划相结合，统一安排河道整治、堤坝、圩垸、分洪、滞洪或蓄洪区等防洪工程设施。

（三）抗震防灾

1. 根据《中国地震动参数区划图》（GB18306—2001），勉县、略阳、留坝三座县城位于基本烈度七度设防区，但县域部分区域属于基本烈度八度设防区。宁强、南郑县城所在地为基本烈度为六度设防区，县域部分区域属于基本烈度七度设防区。除此之外，其他地区均属于基本烈度六度设防区。规划建议陕南地区勉县、略阳、留坝三座县城按 8 度设防，汉中、安康、商洛三市及其余县城均按 7 度设防。

2. 地震设防区确定村镇安置点建设用地和布置建筑物时，应选择对抗震有利的场地和地基，严禁在断裂、滑坡等危险地带和由于地震可能引起水灾、火灾、泥石流等次生灾害的地区选址，并避开软弱黏性土、液化土、新近填土或严重不均匀土层的地段。

3. 地震设防区的村镇应充分考虑震灾发生时避难、疏散和救援的需要。道路应安排多路口出入，保持灾后不少于 3.5 米以上的路面通行宽度，并设置疏散避难的小型广场和绿地。

4. 地震设防区的村镇应确保交通、通讯、消防、医疗和重要企业、物资仓库等的安全，为震后生产、生活的迅速恢复提供条件。

第六章 投资估算和资金筹措

一、投资估算

根据陕南地区移民搬迁安置建设任务的要求，规划到2020年，陕南地区移民搬迁安置共需投资1109.4亿元。主要包括以下五部分：

（一）移民建房投资：规划期间，陕南移民安置建房共需投入772.2亿元。

（二）基础设施投资：规划期间，陕南移民安置基础设施建设共需投资217.6亿元。

（三）公共服务及其他投资：规划期间，陕南移民安置公共服务设施建设及其他投资共需投资94.8亿元。

（四）土地整治投资：规划期间，陕南地区移民搬迁点和安置点土地整治共需投资24.8亿元。

二、资金筹措

（一）省级财政扶持资金：根据省政府实施陕南移民搬迁工作对资金筹措的有关要求，陕南移民安置建房补助资金由各级财政负责筹措并管理使用。省级财政每年将安排移民建房及公共服务和基础设施补助资金29.6亿元，10年共安排资金296亿元。

（二）地方配套资金：根据陕南三市移民安置的任务，在省财政资金支持的基础上，另需市、县配套移民搬迁补助资金。按每年10.3亿元计算，10年共需配套103亿元。

（三）中央财政统筹资金：中央等相关部门为支持陕南地区移民搬迁安置工作，每年按2亿元投入计算，10年共安排20亿元。

（四）项目支持资金：由省发改委、建设、民政、扶贫、水利、交通、国土、电力、农业、林业等相关部门本着积极支持的原则，通过项目建设的方式解决。基础设施和公共服务设施等资金共计 325.1 亿元。

（五）对口支援：由西安、宝鸡、咸阳、榆林等财力较好的市及省属国有企业、中央驻陕企业、中省金融机构等，对口支援陕南移民搬迁安置工作，给每个县平均援助 2 000 万～3 000 万元。陕南 28 个县（区）共需援助资金 8.4 亿元。

（六）群众自筹：移民搬迁安置群众自筹共需 355.9 亿元。

第七章 规划实施的保障措施

一、建立和完善规划实施行政保障

（一）建立强有力的规划实施管理体系

1. 加强移民搬迁工作的组织领导

省政府成立陕南地区移民搬迁工作领导小组，全面负责陕南地区移民搬迁规划的实施管理工作。

汉中、安康和商洛三市成立由分管领导任组长的领导小组，负责移民搬迁规划的具体实施、管理和监督检查，制定和协调市级部门的有关政策措施。各市既要落实省政府下达的各项工作任务，保证辖区移民搬迁工作的稳步推进，又要指导和督促各县、乡移民搬迁实施管理工作。

各县（区）成立由主要领导任组长的领导小组，各相关部门协作配合，具体落实移民搬迁规划中各项工作任务，及时发现、汇报和研究解决移民搬迁进程中出现的各种问题，制定规划实施计划，并按时上报移民搬迁工作进展情况。

2. 建立高效率规划实施管理机制

各级政府和相关部门实施规划时，应遵循“省级规划、市级协调、县级实施、部门指导”的原则，以移民、搬迁、扶贫相关法律、法规、行政规章和技术规范等为依据，切实做好移民搬迁对象的思想动员工作，严格把好移民搬迁对象的申请关、审核关，在尊重群众意愿的前提下，科学选定安置地点。发改、财政、建设、国土和民政等有关部门应着力简化各项审批程序，提高工作效率，确保搬迁群众尽快恢复生产生活，促进安置地经济社会发展。

3. 明确部门职责，建立部门联动

移民搬迁工作政策性强，涉及面广，协调任务重，工作难度大，省发改、教育、民政、财政、国土、环保、住建、交通、水利、农业、林业、卫生、金融办等相关部门都严格按照移民搬迁安置规划任务和省政府《关于印发“7·18”和“7·23”特大暴雨洪涝灾害损毁农村民房恢复重建实施方案的通知》(陕政发〔2010〕31号)文件要求，明确部门职责，建立保障规划实施的横向协调与联动机制，各司其职，共同把关，相互配合，形成合力，协调解决移民搬迁规划实施过程中存在的相关问题。

省发展改革委：做好易地扶贫搬迁试点工程、生态移民搬迁项目与农村民房恢复重建的衔接工作。

省民政厅：核实因灾倒塌和损坏房屋数量；承担贫困移民生活救助工作，拟订贫困移民救助政策、规划和标准；负责移民最低生活保障、医疗救助、临时救助、生活无着人员救助工作；指导社会捐赠、群众互助等社会扶助活动。

省财政厅：及时下拨各类移民迁建所需资金；会同省发改委、省住房城乡建设厅、省扶贫办等单位，统筹安排生态移民搬迁、扶贫移民搬迁、农村危房改造等项目资金。

省国土资源厅：搞好地质灾害隐患排查；牵头制订陕南山区移民搬迁规划，保障移民搬迁建设用地。

省住房城乡建设厅：负责民房重建、新建、集中安置点规划选址和建筑风格指导，并提供相关建筑图纸；承担指导移民安置点村镇建设和村镇人居生态环境的改善工作；加强建材、建筑质量监管。

省交通厅：指导相关市、县拟定移民安置点道路交通规划；积极争取国家有关专项资金，支持符合投资政策的移民安置点道路建设；指导市、县交通运输主管部门做好通往安置点道路建设的技术支持及工程质量监管等工作。

省水利厅：负责移民安置点水资源的合理开发利用和生活、生产经营和生态环境用水的统筹兼顾和保障，实施水资源的统一监督管理，拟订水资源中长期供求规划。

省农业厅：指导减轻移民安置点农民负担和村民筹资筹劳管理工作；指导耕地和基本农田质量保护与改良工作；指导农村可再生能源

综合开发和利用、生态农业和循环农业等产业的发展。

省林业厅：负责移民安置点林业及其生态建设的监督管理、造林绿化工作；指导、监督农村林地承包经营和林权流转。

省教育厅：搞好移民安置点九年义务教育的普及工作，制订中小学、幼儿园的设置布局规划，监督教育经费的筹措和使用情况。

省卫生厅：负责移民安置点卫生防疫工作，搞好移民安置点乡镇卫生院和行政村卫生室规划建设。

省环保厅：组织评估移民安置点生态环境质量状况，监督对生态环境有影响的开发利用活动；指导、协调农村生态环境保护、生态示范区建设和生态农业建设；负责移民安置点环境污染防治和监督管理。

省国资委：组织协调省属国有企业、中央驻陕企业开展对口支援。

省扶贫办：制订贫困移民中长期发展规划和救助政策；筹措扶贫移民资金并实施监管。

省金融办：协调组织中、省金融机构开展对口支援。

4. 编制市、县（区）及各部门移民搬迁专项规划

陕南各市、县（区）人民政府应依据本《规划》编制本市、县（区）移民搬迁安置规划。省、市各相关部门也应编制本部门移民搬迁专项规划。

省、市、县（区）相关部门编制的扶贫、土地、城镇、村庄、交通、水利、能源、卫生、生态建设产业发展等相关规划，应充分考虑陕南地区移民搬迁总体规划，并与其相衔接。各相关规划在确定建设项目、用地规模和布局以及制定政策措施时应将移民搬迁规划内容纳入考虑范围，积极配合当地移民搬迁工作。

（二）建立健全规划实施法规和行政管理制度

1. 制定《陕南地区移民搬迁总体规划实施细则》，明确规划实施管理的目标、方针、权利、义务及违反规划应承担的责任，作为实施规划的根本性法律依据。

2. 制定《陕南地区移民搬迁指导意见和管理办法》，加强对陕南地区移民搬迁工作的指导，严格控制和避免移民搬迁地区群众无序建

房的状态。

3. 建立规划实施领导目标责任制

各级政府主要领导要把移民搬迁总体规划实施管理纳入到政府日常工作的重要位置，建立规划实施领导目标责任制。将移民搬迁人数、安置地点建设、公共设施配套、节约集约用地情况、移民搬迁资金和生态环境建设等作为政绩考核的主要内容。在明确各级实施部门权利与义务的基础上，建立目标明确、权责对等的考核责任制度，层层建立移民搬迁总体规划目标责任制，由上到下逐级签订目标责任书，并每年组织考核。科学设计考核内容，要体现民主化、科学化决策，要吸收专家和公众参与，并进行必要的可行性研究，保证政绩考核与所要实现目标相一致。

4. 强化移民搬迁的年度计划管理

依据陕西省国民经济与社会发展规划、陕南地区移民搬迁安置总体规划和省委省政府提出的陕南实现突破发展的战略要求，汉中、安康、商洛市应依据当地实际，分清轻重缓急，组织编制移民搬迁年度计划，并逐级上报省政府，待省政府综合平衡，正式下达移民搬迁安置计划后，严格按照省政府下达的年度计划统一组织实施移民搬迁工作，未列入年度计划的地区与居民点不得擅自组织移民搬迁，避免产生违法占地、破坏生态环境、延误整体工作进度等重大问题与纠纷。

二、加大移民搬迁政策支持

（一）加大移民搬迁财政支持力度

1. 广泛筹集移民搬迁安置资金。移民搬迁资金采取中央、省、市、县各级财政补贴、部门筹措、对口支援和社会捐助等办法，广泛筹集移民搬迁安置资金。由省政府设立移民搬迁安置资金财政专户，资金捆绑、统一分配、集中使用、专款专用。

2. 明确各级财政支出。根据灾损情况和移民搬迁安置类型，制定相应补助标准。补助以安置地点房屋建设为重点，由省级财政全面负责；市县级财政主要负责基础设施建设与群众生产生活补助；社会捐赠资金，要重点用于城镇和安置点房屋建设，必要时可部分投入基础设施建设。

3. 制定生活补助标准。对移民搬迁群众生活补助按照“先急后缓、先重后轻”的原则，结合群众自身经济实力与劳动技能等实际情况，制定补助标准，确保移民搬迁群众收入水平不降低、生活质量有提高。

4. 加强金融信贷保障。为了积极推动陕南地区移民搬迁安置工作，减轻安置移民的经济承受能力，促进安置地区经济发展和社会稳定，各级政府应积极引导各金融机构，把对移民安置区生产开发和后期扶持工作列为信贷扶持重点，并研究制定切实可行的信贷扶持规划。鼓励金融机构降低门槛，向搬迁安置移民提供信贷支持。

（二）制定移民搬迁安置税费优惠政策

1. 减轻个人税收负担。对移民搬迁个人按照规定标准获得的补助收入，免征个人所得税；对进入城镇从事二、三产业的农民，在税收方面应制定优惠政策，尤其是对于自主择业从事服务业或个体工商业的农民，在创业初期的3～5年享受城镇下岗职工再就业的优惠政策，减免一定的税收和工商管理费，并在小额信贷资金扶持以及生产生活用地等方面给予必要的政策照顾。

2. 移民搬迁工程实行零税费管理制度。在法律、政策允许的范围内尽可能减轻移民负担。土地、林业、市政、建设、房管、规划设计、税务、水务、公安等部门应对移民搬迁中所有相关费用实行减免或优惠。移民搬迁建房免交耕地占用税、防洪保安资金、土地使用税、房产税、建筑安装营业税，占用林地免收林木林地补偿费和森林植被恢复费，自采沙石免收有关税费，免收建房设计图纸费和建筑行业上级管理费、市政配套费，免收水、电增容费、开户费，使用自用材采伐指标的免收各种税费，办理迁移户口手续、房产证、土地使用证只缴纳办证工本费。

（三）制定移民搬迁各项援助政策

1. 实施孤残救助。各市、县（区）政府应大力支持社会福利、社会救助、康复等设施建设；新建公共服务场所应配备残疾人专用设施；

并鼓励企业、社会团体和个人为在对受地质灾害影响的孤残人员提供多种扶助。

2. 加大就业援助和技能培训。以劳动力转移、劳动技能培训及科技培训为手段，切实提高移民素质。充分发挥移民搬迁地区劳动力转移培训和技术培训平台的优势，优先将移民对象纳入年度培训计划。劳动技能培训和科技培训要适应市场需求，结合当地主导产业，按照“实用、实际、实效”的原则，不断提高移民户从事种养业的水平，帮助他们拓宽增收渠道。鼓励和帮助移民户从事非农业生产，通过开展贫困地区劳动力转移培训，帮助移民户稳定从事二、三产业。无土安置的，使每个有条件的移民家庭，至少有一人以上进城、进园区务工或自主创业，从根本上解决长远生计问题。

3. 加强扶贫援助。加大农村低保投入力度，对原贫困人员和因灾返贫的困难群众按规定纳入低保，并从移民搬迁资金中安排部分资金用于援助贫困人员。

4. 开展法律援助。各级法律援助机构应依法为移民搬迁群众提供法律咨询、代理、刑事辩护等无偿法律服务；律师协会应为法律工作提供必要协助；司法、行政部门要做好法律援助监督工作。

5. 加大对口援建扶持力度。在全省加大政策支持力度的基础上，采取对口援建方式，组织省内各市（区）对陕南三市移民搬迁工作进行援助，鼓励省、市相关企业承担施工建设任务，军队和武警部队参加部分项目援建和承担部分运输任务。

三、移民安置用地与建设保障

（一）用地保障

1. 调整用地计划。抓住陕南三市新一轮土地利用总体规划修编契机，与移民搬迁总体规划充分衔接，重新核定和调整新增建设用地总规模，适当增加安置区新增建设用地规模，扩大城乡建设用地增减挂钩周转指标范围。对于近期移民搬迁重点安置项目，先行安排使用土地，简化审批程序，边建设边报批，并按照有关规定办理用地手续。

2. 节约集约用地。依法保护耕地，加大国土整治力度。优化土地利用布局，促进工业集中布局，城镇内部紧凑布局，有条件的村庄相对集中，公共服务设施共建共享，努力提高土地利用效率，促进土地节约集约利用。

（二）建材保障

各市、县政府与建设部门要组织技术人员深入农村了解情况，加强地方建筑材料利用研究，测算移民搬迁安置点建设的主要建材需求量，制定建材保障工作方案。根据建设任务合理确定建材需求，统筹组织市内及周边地区建材生产供应，采取集中采购与自主采购相结合的方式，确保建材供应。要切实加强对建材质量的监督检查，确保各类建材安全、合格。还要加强对建材市场价格的监督检查，防止哄抬物价，必要时对所需主要建筑材料启动价格干预机制。

（三）运输保障

各市、县政府与交通运输部门负责制定运输保障方案，科学统筹物资运输。采取有效的工程措施，确保重要运输通道通行能力。加强道路管理，维护交通秩序和安全，实行物资运输全程监控，开辟绿色运输通道。统筹组织调度各方面运输力量支援移民搬迁物资运输。

（四）施工保障

各市、县政府要制定施工保障方案，加强施工现场指挥调度，统筹安排，分片包干，协调推进，确保现场施工安全、有序、高效。加强电力保障，对在地质灾害中受损电网设施与水电站尽快修复，保障移民搬迁建设施工的用电需要。加强用水用油保障，做好饮水工程与应急水源建设，加大油料供应，满足施工用水用油需要。加强卫生保障，建设临时医疗卫生设施，做好施工人员健康保障工作。加强生活保障，做好后勤保障物资调控，组织粮油蔬菜等食品、生活用品供应。加强安全质量保障，建立完善安全质量监管体系和施工企业质量安全保证体系，落实安全质量责任制和各项规章制度。

四、加强移民搬迁监督检查

（一）强化监督检查

加强对移民搬迁资金和物资使用各环节的监督检查，确保资金和物资合规使用。及时公布安置地区建设进展情况，自觉接受社会监督。加强对资金、物资使用以及重点项目全过程的跟踪审计，定期公布审计结果。严禁挪用移民搬迁资金和物资，对违反规定的，进行严肃处理并追究其刑事责任。

（二）建立档案制度

对各类移民搬迁的补贴费用和安置项目建设资金和物资的筹集、分配、拨付、使用情况要登记造册，建立健全台账和档案，按年度上报主管部门或其他有关部门。

（三）严格项目管理

各安置地点建设项目必须严格履行审核程序，由各市统筹做好相关核查工作，并上报省级部门审核。建设项目实行项目法人责任制，认真执行招投标制、合同管理制、工程监理制和竣工验收制。加强对建设工程质量和安全监管，组织开展对重大建设项目的监察。严格执行工程竣工验收规定，未经竣工验收不得投入使用。

参考文献

[1] 罗宪祯. 必须突破把计划经济同商品经济对立起来的传统观念[J]. 商业研究，1986（3）.

[2] 中华人民共和国减灾规划（1998－2010年）.

[3] 廖正宏.《人口迁移》[M]. 台北：三民书局，1985.

[4] 曹向昀. 西方人口迁移研究的主要流派及观点综述[J]. 人口科学，1995-1.

[5] 任耀武，袁国宝，季凤瑚. 试论三峡库区生态移民[J]. 农业现代化研究，1993 （1）.

[6] 李东. 中国生态移民的研究——个文献综述[J]. 西北人口，2009（1）.

[7] 包智明. 关于生态移民的定义、分类及若干问题[J]. 中央民族大学学报哲学社会科学版，2006 （1）.

[8] 李宁，龚世俊. 论宁夏地区生态移民[J]. 哈尔滨工业大学学报：社会科学版，2003（1）.

[9] 桑敏兰. 论宁夏的"生存移民"向"生态移民"的战略转变[J]. 前沿论坛，2004（1）.

[10] 池永明. 生态移民是西部地区生态环境建设的根本[J]. 经济论坛，2004（16）.

[11] 皮海峰. 小康社会与生态移民[J]. 农村经济，2004（6）.

[12] 王玉冰，马永杰. 生态移民研究综述[J]. 新财经，2010（4）.

[13] 盖志毅. 草原生态经济系统可持续发展研究[D]. 北京林业大学，2005.

[14] 周建，施国庆，李菁怡. 生态移民政策与效果探析——以新疆塔里木河流域轮台县生态移民为例[J]. 水利经济，2009（5）.

[15] 冯家臻，等. 240 万地质移民十年搬迁耗资千亿远超三峡移民[N]. 南方周末，2010.

[16] 张志辽. 生态移民的缔约分析[J]. 重庆大学学报，2008（8）.

[17] 赵宏利，等. 生态移民后续产业发展模式研究—以三江源国家级自然保护区为例[J]. 生态经济，2009（7）.

[18] 葛根高娃，乌云巴图. 内蒙古牧区生态移民的概念、问题与对策[J]. 内蒙古社会科学，2003（2）.

[19] 徐江，欧阳自远，程鸿德，林庆华. 论环境移民[J]. 环境科学，1996（3）.

[20] 中央编译局. 马克思恩格斯全集[M]. 北京：人民出版社，2008.

[21] 中央编译局. 马克思恩格斯选集[M]. 北京：人民出版社，1995.

[22] 叶文虎. 创建可持续发展的新文明—理论的思考[M]. 北京：北京大学出版社，1995.

[23] 吴季松. 水资源及其管理的研究与应用—以水资源的可持续利用保障可持续发展[M].北京：中国水利水电出版社，2000.

[24] 皮海峰，吴正宇.近年来生态移民研究述[J].三峡大学学报（人文社会科学版），2008（1）.

[25] 胡振军，黎与.关于发展青海三江源生态移民后续产业建议[J].现代农业科，2009（3）.

[26] 赵宏利，陈修文.PRA 方法在生态移民后续产业发展项目选择中的应用[J].开发研究，2008（5）.

[27] 冯亮， 彭洁.陕南移民搬迁应有系统的观点. [J]. 新西部，2011（24）.

[28] 王维博. 陕西拟十年移民近 280 万人[J]. 中国新闻周刊，2011（6）.

[29] 李华，马丽华，等. 生态移民—山区新农村建设的一条重要途径[J]. 政策瞭望 2007（2）.

[30] 汪三贵. 扶贫资金效率的提高需要制度创新[J]. 农业经济问题，1997（10）.

[31] 王嗣均. 中国城市化区域发展问题研究[M]. 北京：高等教育出版

社，1995.

[32] 刘格辉. 人力资源与经济增长[J]. 理论与实践，2001（10）.

[33] 汪世银. 区域产业结构调整与主导产业选择研究[M]. 上海：上海人民出版社，2004.

[34] 彭炳忠. 农业产业化本质是农业工业化[J]. 农村经济，2004（3）.

[35] 高宗仁. 城郊型农业结构调整的思考[J]. 河南科技，2002（5）.

[36] 一迪. 生态移民的困惑[J]. 华夏人文地理，2003（11）.

[37] 孟琳琳，包智明. 生态移民研究综述[J]. 中央民族大学学报（哲学社会科学版），2004（6）.

[38] 杨龙，贾春光，等. 西北干旱半干旱区生态移民可持续发展策略探讨[J]. 新疆师范大学学报（自然科学版），2004（4）.

[39] 何涛.生态移民的喜与忧[J]. 发展，2008（3）.

[40] 李德滨. 当代中国移民基本经验[J]. 人口研究，1995（2）.

[41] 阿布力孜·玉素甫，陈祖群. 生态移民反贫困的实证研究[J]. 广西民族大学学报：哲学社会科学版，2007（3）.

[42] 梁福庆. 中国生态移民研究[J]. 三峡大学学报（人文社会科学版），2011（4）.

[43] 国务院. 退耕还林条例[Z]. 中华人民共和国国务院第367号令，2002.

[44] C.M.Pearce and J.L.Manuel, Depth and timing of settlement of veliger from different populations of giantscal[M]Placopecten magellanicus(Gmelin), in thermally stratified mesocosms, Journal of Experiment Marine Biology and Ecology Vol. 39. 2004.

[45] Stojanov, Novosák. Environmental migration in China[J]. Geographica, 2006, 39.

[46] Shen Jianfa. Internal Migration and Regional Population Dynamics in China[J]. Progress in Planning, 1996 (45).

[47] Black, Sessay. 1997. Forced migration, environmental change and woodfuel issues in the Senegal River Valley. Environmental Conservation, 24.

[48] G.J.Borjas.Economic theory and international migration[J]. International Migration Review，Special Sliver Anniversary Issue，1989（2）.

[49] O.Stark. The Migration of Labour[M]. Oxford:Black well, 1991.

[50] S.Saseen. The Mobility of Labour and Captial[M]. Cambridge: Cambridge University Press，1988.

后 记

《告别贫困的抉择——陕南生态移民可持续发展研究》总算成书了。本书凝结着笔者及课题组成员近年来对陕南生态移民可持续发展问题的关注和思考。陕南生态移民开始于 2011 年，目前还尚在进行之中，我们课题组从一开始就尽力对其进行跟踪研究，尽管对一些问题的研究目前还不够深入细致，对有些问题的认识也有待于进一步深化，但是作为应用型研究，实践总是走在前面的，研究成果要能够对实践提供指导并解决现实问题，应该在正确地理论指导下不断地对实践活动及时地进行总结，并接受实践检验。考虑到这一点，我们虽然对目前的研究和书中的一些内容还不够满意，但还是尽可能早日成书。

在本书付梓之际，需要说明的是，在前期调查研究、搜集与整理资料以及书稿写作的过程中，得到了陕西理工学院汉水文化研究基地、汉水文化省级重点学科、秦巴山区经济发展研究中心、陕南移民研究中心等研究机构的大力支持和帮助，身边的同事们也给予了很大的支持，正因为如此，本书才得以顺利完成。在此，我们表示衷心的感谢！

本书在写作和出版过程中，西南交通大学出版社的老师们为本书付出了辛勤的劳动，并提出了宝贵的意见，在此，谨向他们致以诚挚的谢意！

本书在写作过程中，曾参考了国内外学术界相关的专家学者有关移民及生态移民方面的研究成果，在此也深表谢意。如有不慎疏忽遗漏，敬请谅解。

本书的撰写，除主体部分由彭洁、冯明放完成之外，第五章由西安交通大学在读博士冯亮完成，第七章由西北农林科技大学在读博士韩锦完成，对他们的辛勤付出，也表示感谢。

在《告别贫困的抉择——陕南生态移民可持续发展研究》各章中，笔者及课题组尽管力求实事求是地分析陕南生态移民可持续发展的现状和问题，全面客观地总结国内外移民及生态移民的经验和教训，认真负责地探讨陕南生态移民可持续发展的途径与措施，但由于水平和时间有限，在探讨和写作中肯定存在诸多问题和不足，敬请同行专家们和读者给予批评指正。

作 者

2015 年 10 月 16 日